Isabella Huser

Zigeuner

Roman

bilgerverlag

Erster Teil

1

Anna, Kind in Kon, 1965

Der Mann war vom Bauernhaus auf sie zu gerannt. Anna hatte jenes Haus zuvor nie beachtet. Sie hat es einfach nicht gesehen. Die Ställe ja, auch die Scheune und den Miststock, das Schweinegatter sowieso, aber nicht das Wohnhaus. Dabei grenzte der Hof direkt an den Obsthain, lag exakt dort, wo der Weg unvermittelt in eine steile Kurve floh, als wäre das Gehöft aus dem Nichts vor ihm aufgetaucht.

Theres und sie waren über die große Wiese gelaufen, die uneben war wie im Wald, dicht bewachsen mit hohen Gräsern und Blumen. Sie waren in den Hain vorgestoßen, wo sie in großem Bogen um die knorrigen Apfelbäume kreisten, die braunen Äpfelchen meidend, die am Boden verfaulten und schwarze Insektenwolken ausstießen, wenn man ihnen nahe kam. Beide trugen sie weiße Kniestrümpfe unter den Regenjacken, die Beine nackt, obwohl das Schwimmbad oben am Hügel längst geschlossen war, der Sommer vergangen. Die Wiese war nass, doch das machte nichts, die hohen Gräser strichen wie Federn über die Haut. Amseln flogen auf, eine Katze trottete davon. Bald bogen sie zu den andern Kindern auf den Fußweg ab, lungerten im Rudel vor der eingeworfenen Scheibe der Bauhütte, die noch vom Bauplatz für die neuen Wohnblöcke stammte, flogen im Schwarm den Weg hoch zum Schulhaus – um dann doch in einer kleinen Gruppe auszuscheren, das Gatter im Sinn. Sie waren über die schlammigen Pfützen hinweg auf den Lattenzaun gestiegen. Die Ferkel waren weg. Die ausgewachsenen Schweine, die zurückblieben, waren massig, die Haut gräulich und wie geschoren, mit einzelnen starren Borstenhaaren. Die Tiere stießen und schoben sich vom Fresstrog weg, wühlten grunzend mit ihren dicken Nasen wie Ärschen in den breiigen Essensresten zwischen den Beinen der Mitschweine. Es stank.

Vom Schwarm war nur ein Häufchen Kinder übrig geblieben, alle aus Annas Klasse, die jeden Tag zur selben Zeit denselben Weg nahmen, und je nachdem, wie früh oder spät jedes einzelne zuhause aufgebrochen war, in immer neuen Konstellationen aufeinandertrafen. Es nieselte, und wer eine Kapuze hatte, zog sie sich über den Kopf. Anna und Theres berieten über die Zitzen der Schweinemutter, die dem Tier schlaff vom Körper hingen. Sie merkten nicht, dass die anderen fort waren. Nur sie beide hingen geschützt von ihren Regenjacken am Gatter, als der Mann im fleckig dunklen Overall, der Bauer, vom Haus her, Schaufel in der Hand, auf sie zugelaufen kam. Er schnaufte. Theres rutschte in der Pfütze aus, rote Flecken im Gesicht, Schmutz im blonden Haar, sie raffte sich auf und rannte. *Ihr stinkt!*, schrie der Mann. Anna, noch immer am Gatter, starrte ihn an. *Hältst dir die Nase zu, du!*

Tschingg, verfluchter, hier, bei uns!, schrie der Bauer. Er spie Speichelfäden. Sie schlüpfte an der Schaufel vorbei. Er keuchte. Noch als sie schon auf der Straße war, keuchte er in ihrem Rücken.

Verschwinde dahin, wo du herkommst, rief der Mann ihr hinterher.

2

Anna, zuhause, 1965

Sie war kein Ausländerkind. Sie war Anna Huser, und Huser, das konnte jeder hören, war ein Schweizer Name.

Richtig, sagte Mutter. *Früher*, hob sie an, hielt jedoch ein, besah ihre Flickarbeit, riss am Faden. Sie biss ihn entzwei, reckte sich in ihrer Sofaecke und setzte neu an: *In der Schweiz wusste früher jeder, jedenfalls jeder Einheimische, dass die Huser von Magliaso Jenische sind.* Annas Blick löste sich vom Zackenmuster im Teppich.

Sie stand verloren im Raum.

Im Hals staute sich etwas, der Blick verschwamm. Unwirsch schluckte sie die Tränen weg. Was hatte sie denn nur? Es fühlte sich an wie wund. Doch da war nichts. Kein blauer Flecken am Knie oder Ellenbogen, keine aufgeschürfte Haut. Kein Wespenstich am Arm. Ihr Zeigefinger rieb über das winzige Pflaster, das die Daumenkuppe bedeckte. Mama summte einen Liederfetzen, ein Stück Refrain. Sie stimmte das Lied neu an, sang es mit all seinen Worten. Es erzählte von einem Vogel. Amsel oder

Schwalbe – oder Möwe, ja, Möwe. Anna kannte das italienische Wort nicht, das für den Vogel stand, aber es musste ein Meeresvogel sein: schwebte wie auf der Stelle über der Brandung, wie es die Möwen tun am Strand, bevor sie sich fallen lassen, wenn sie einen Krebs oder auch nur einen angespülten Fischleib entdecken, den sie sich dann laut schimpfend gegenseitig abjagen, bis der Stärkste ihn im nassen Sand umkreist, Stücke aus dem Leib reißt. Und keiner wagt sich heran. Oder aber bevor die Vögel, des Streitens müde, abheben, in die Weite fliegen. Sie stand mit dem Rücken zur Balkontür. Sie war ein Kind wie die andern, wie alle. Die Sonne schien ihr auf den Hinterkopf, den Nacken, die Schultern, wärmte sie, überstrahlte alles im Raum, den Perserteppich mit seinen Flügelwesen, die Möbel, selbst Mama in ihrer Sofaecke, wie sie den Arm hob. Sie hielt die Nadel gegen das Licht, fädelte ihren Faden ein. Und tatsächlich schwang sich der Gabbiano in Mutters Lied in die Lüfte. Flog ins Meer hinaus. Und sie, Anna, holte tief Atem, strich hart über die Augen und nahm den Faden von vorhin wieder auf.

Jeder im Land wusste, dass die Huser von Magliaso Schweizer sind, ja, aber jenische, Schweizer Zigeuner. Das war ihr unerklärlich. Klang doch Huser nicht anders als Meier und Müller. Helbling, Ochsenknecht hießen die Kinder ihrer Klasse. Theres' Nachname war Montag, die Lehrerin hieß Fräulein Frei und die Neue in der Klasse Ostertag.

Calovi, Camelli, Corsini – oder Donizetti oder Vivaldi, wie die Komponisten von Mamas Platten mit dem Hund und dem Grammophon hießen … Da konnte auch sie erkennen: italienische Leute.

Die Huser von Magliaso, erklärte Mutter vom Sofa her, *die Kolleger von Obervaz, dann die Graf oder Graff von Cureggia: Jenische.* Außerdem waren die Nobel Jenische, die Kolleger, nicht zu vergessen die Mehr und manche Huber, Moser, Waser waren Jenische.

Aber was ist denn nun mit den Namen?

Mutter sah sie an, forderte eine Antwort. Sie hatte ihre Näharbeit weggelegt, schälte eine Orange. Anna nahm den Orangenschnitz, den Mutter ihr hinstreckte – Blutorange –, verharrte, die duftende Frucht in der Hand, wo sie war. Sie seufzte, setzte sich zu Mama aufs Sofa.

Dann gab es Namen wie galoppierende Pferde: Katić und Kostić hießen die Nachbarn im ersten und dritten Stock und waren aus Jugoslawien in die Schweiz gelangt. Sie konnten sich nicht leiden, und Mama meinte, die einen kommen aus Kroatien, die andern aus Serbien, mögen sich womöglich deshalb nicht: wegen der Geschichte. Sie hätten früher verschiedenen Lagern angehört, auch im Krieg, und seien noch nicht lange Bürger eines gemeinsamen Landes. Was Annas Mutter wusste, weil sie Italienerin war, und auch Italien im Krieg einem Lager angehört hatte.

Für die Schweizer hingegen – auch für Anna – klangen Katić und Kostić, als stammten sie aus derselben Geschichte; in einem Gebiet angesiedelt, das Jugoslawien hieß und kommunistisch war, der Schweiz fremd. Annas Kindergartenfreundin hatte Nadsch geheißen, ein ungarischer Name, in Buchstaben N-a-d-j geschrieben, wie sie in der Schulbank an die Freundinnenschulter gelehnt feststellte. Das war ganz am Anfang des Schuljahrs gewesen. Vor jedem Kind lag das Blatt mit seinem Namen.

Dann war Annas Freundin mit den Eltern weggezogen von Kon – wo jeder hören konnte, dass sie Fremde waren. Aber Huser? *Auch manche Ostertag – so heißt doch das neue Mädchen in der Klasse? – sind Jenische,* warf Mutter ein, die Bescheid wusste, obwohl sie keine Einheimische war, weil man es ihr erklärt hatte als junge Frau. Kaum dass sie Pa kennenlernte in jenem schneereichen Winter am Ort hinter den Bergen, wo sie arbeitete, als sie nach dem Krieg in die Schweiz gekommen war.

Die Ausländer, auch das wusste jeder, wurden hier »Tschingg« genannt. *Nicht alle Ausländer, nur die Italiener*, stellte die Mutter klar, *ein Schimpfwort.* Sie warf Anna einen prüfenden Blick zu. *Wie kommst du denn jetzt darauf?*

Anna rutschte näher heran, lehnte sich an Mutters festen Oberarm. Mama befreite eine weitere kleine Blutorange von den bitteren weißen Häutchen, brach die Frucht entzwei. *Die jungen Männer im Café zum Beispiel, die werden manchmal Tschingg genannt*, sagte Mutter, und Anna vernahm das Schmunzeln in der Stimme, sah sie verwundert an. *Abgeleitet von »cinque«, das Wort.* Also von »fünf«, führte Mutter aus, was wiederum von einem Kartenspiel herrührte, Briscola, bei dem zuweilen plötzlich einer eine Karte auf den Tisch knallte und *cinque* ausstieß – was für die Schweizer wie »Tschingg« klang, erklärte Mama. Anna hatte nie einen der jungen Männer cinque sagen hören. *Genau*, bestätigte Mutter. Sie kennen das Spiel gar nicht. Zuerst, so ging die Geschichte, sind Arbeitssuchende aus Norditalien in die Schweiz gekommen. Sie haben das Spiel mitgebracht. Heute hingegen stammen die meisten Italiener in der Schweiz aus dem Süden des Landes, wo das Spiel genauso unbekannt ist wie hier – was die Schweizer jedoch nicht wissen – und so die jungen Männer und manche andere aus purem Nichtwissen Tschinggen schimpfen. *Ein Irrtum*, erklärte Mutter, lachte hell auf, vergnügt, dass auch Anna lachen musste.

3

Itala erzählt, 1967

Als der Krieg vorbei war und immer mehr Leute aus den umliegenden Dörfern in die Städte abwanderten, ließ die Fabrik am Ort junge Frauen aus Norditalien in die Schweiz holen, wo es Arbeit gab, auch für sie, das Fräulein Itala Camelli. Am Hang lag das Hotel Bellevue, eine Gastwirtschaft mit ein paar bescheidenen Gästezimmern, aber einem herrlichen, rundum von Fenstern durchbrochenen Saal. An den Winterwochenenden wurde hier getanzt, mit Blick in den Sternenhimmel oder hinunter ins spärlich beleuchtete Dorf. Im Winter war etwas los am Ort. Städter kamen zum Skilaufen und brachten Unruhe mit, die man hinnahm, hielt sie doch Vorteile für viele parat: die Gastwirte, den Metzger, die Bauern sowieso, ganz zu schweigen von den Skiliftbetreibern. Die Bäckerei, die Molkerei, selbst die Postautonutzer profitierten, denn ihr Fahrplan wurde dichter, und der Apotheker brachte an seinem Haus eine Extraklingel für die sonntägliche Klientel an. Seit Kriegsende übernachteten immer mehr Wochenendsportler im Dorf, und in den Gasthäusern knauserten sie nicht, wenn der Abend vergnüglich war. Die

Bellevue-Wirtin wiederum engagierte eine neue Kapelle – aus der Innerschweiz, wie ihr schien, die Formation war aber auch schon in Zürich aufgetreten, im Niederdorf, der schönen Altstadt, oder umgekehrt, stammte aus Zürich und spielte auch in der Innerschweiz zum Tanz auf, sehr gefragte Leute: versprachen Aufregenderes als die Fröhlichkeit der Kärntner Lederhosen – die den Dörflern gefallen, die ausländischen Mädchen hingegen verschreckt hatten. Sie waren weggeblieben. Und den Abenden im Bellevue fehlte seither der Glanz des Besonderen.

Die Italienerinnen am Ort, als Fabrikarbeiterinnen hergeholt, stammten selbst aus ländlichen Gegenden, wie der Fabrikdirektor das Dorf beizeiten hatte wissen lassen. Die jungen Frauen schienen gleichwohl von Weltgängigem umweht, das viele am Ort irritierte, manche empörte, einige geradezu irremachte. Die jungen Italienerinnen waren ganz allein unterwegs, kein Vater, kein Verlobter, geschweige denn ein Ehemann, der ihnen hätte Schranken setzen können. Zudem südländisch und katholisch. Man fand sie – dies nun war unerträglich – hochnäsig, wo sie doch dankbar sein müssten. Man sah sie durchs Dorf stolzieren in ihren ausländischen Röcken, die in weichen Linien die Hüften nachzeichneten, ihren ärmellosen Blusen oder Pulloverchen und den eierschalenfarbenen Jäckchen, die den jungen Frauen lose von den Schultern über die Brüste hingen; die Ärmel baumelten wie abgetrennte Gliedmaßen schlaff am Körper, nutzlos, und ein jeder, man konnte es im Blick der anderen erkennen, erwartete, dass das Jäckchen fiele. Was jedoch nie geschah, denn wenn eines rutschte, wurde es zurechtgerückt, während das Mädchen für sich allein oder bei einer Kumpanin untergehakt unbeirrt seiner Wege ging. Zuweilen war es, als schritten die Ausländerinnen, wenn sie so Arm in Arm gingen, über einen prächtigen Dorfplatz, wie es ihn im Dorf nicht gab. Es gab überhaupt keinen Dorfplatz. Die Häuser waren nicht um die Kirche, sondern um die Fabrik gruppiert und folgten dem Verlauf von Straße und Fluss im engen Tal. Und wenn die Italienerinnen leichtfüßig dahinschlenderten, immer wieder ihre melodiösen Lieder singend, schien mehr und mehr Hiesigen bewusst zu werden, wie sehr hier ein prächtiger oder wie auch immer gearteter Dorfplatz fehlte. Das war befremdlich. Wo doch die Ausländerinnen froh sein müssten, dass man sie aus ihrem kriegsversehrten Land geholt hatte zu Arbeit und Brot.

Itala unterbricht sich. Sie sitzt mit Anna in der Stube. Was hatte das Kind gefragt? Sie weiß nicht, wohin diese Erzählung sie führt. Ihre Stimme ist ganz dünn geworden. Auf Groll hat sie jetzt keine Lust, auch auf Spott nicht. Ihr Kind schmiegt sich an sie. Durch die offene Balkontür weht eine Brise. Itala nimmt einen tiefen Zug ihrer Marylong, und während sie sich vorlehnt, sieht sie Anna im Spiegel des Buffets, der Blick weit weg in der fernen Welt der Geschichten um das italienische Fräulein Itala Camelli, Itala von Trento, die Lehrerin geworden war im Krieg und, als er endlich zu Ende war, in einem entlegenen Schweizer Dorf zur Arbeiterin mutierte, in den ersten Jahren des Friedens, der bis heute andauert, in den das Kind hineingeboren ist. Es kennt nichts anderes als diese Selbstverständlichkeit, fragt nach den Geschichten aus einer anderen Zeit.

Erzähl weiter, Mamma, sagt Anna. *Warum erzählst du denn nicht?*

Mit der Asche streift Itala auch die dünne Stimme ab, bevor sie in ihre Sofaecke zurückgleitet.

Sie waren rund 30 junge Frauen. Im Inserat stand: *Bürstenfabrik AG sucht 18- bis 40-jährige »ragazze«.*

Sie, Itala, war schon lange kein Mädchen mehr. Im Jahr geboren, als Mussolini in Rom die Macht übernahm, mit faschistischen Lobliedern aufgewachsen, war sie 17 gewesen, als der Krieg begann.

Nun war sie 24 Jahre alt und in Trento ihrer Schulfreundin Germana über den Weg gelaufen, die wie sie Deutsch lernte am Istituto Tecnico Commerciale, und wie sie ins Lehrerinnenseminar wechselte während des Kriegs, in dessen vorletztem Jahr Germanas Vater genau wie ihr Vater es schaffte, die Tochter mit einem Arztzeugnis vor dem Abtransport zur Arbeit nach Deutschland zu bewahren. Stattdessen war Itala hier im Trentino einer Einheit der Wehrmacht zugeteilt worden. Alles Österreicher, nette alte Männer. In einem hübschen Ort, im italienischsprachigen Teil der Region gelegen, mit dem wohlklingenden Namen Grigno. Es ging um den Bau von Straßen, den Schutz von Brücken, solche Sachen. Itala bediente das Telefon, übersetzte Berichte, tippte Briefe. Der Mutter in Trento konnte sie Würste heimschicken, Zigaretten, manchmal auch Fleischkonserven aus den Beständen der Wehrmacht.

Nun, da der Krieg zu Ende war, gab es keine Arbeit mehr.

Sie gehe in die Schweiz, sagte Germana.

Ja, hast du denn die Inserate nicht gesehen, fragte die Freundin.

Sie standen in allen Zeitungen.

Man warb gelernte und ungelernte Arbeiterinnen an, gelernte waren solche, die schon in Italien in einer Fabrik Maschinen bedient hatten, die Borsten in Bürsten steckten, sowas. Sie als Lehrerin war eine Ungelernte, würde vielleicht am Band eingesetzt, wo die Borsten sortiert wurden.

In der Agentur traf Itala auf Parolari, Schulkollege auch er. Sein Vater hatte unter den Faschisten im Handelsamt Karriere gemacht, besaß nun diese Agentur. Parolari trug ein weißes

Hemd, bot ihr eine Zigarette an. Die Agentur war einzig für die Anwerbung zuständig, organisierte außerdem die Reise bis an die Grenze, wo die Schweizer die Arbeiterinnen übernähmen.

Itala müsste sich für sechs Monate verpflichten, das Unternehmen würde die Reisekosten bezahlen.

Zuhause – das waren ihre Mutter und eine der beiden Schwestern, der Vater, Ettore, war da ja schon tot, und wäre er noch am Leben gewesen, er hätte es nie zugelassen, dass seine Tochter sich ins Ausland verdinge –, also zuhause sagte Itala, ein Schulkollege habe ihr eine Bürostelle verschafft.

In der Schweiz.

Wo genau: nicht klar.

Was spielte das für eine Rolle?

Sie würde nur sechs Monate bleiben.

Bruno, mit dem sie damals zusammen war – sie lasen dieselben Bücher, sahen sich im Kino amerikanische Filme an –, ihrem Bruno sagte sie bis zum Tag der Abreise nichts.

Das Kind an ihrer Seite fährt hoch. Anna ist entrüstet.

Wir waren nicht verlobt, sagt Itala.

Aber ihr wart doch zusammen!

Ihre kleine Tochter starrt sie an. Bruno hat es ihr angetan, vielleicht wegen der Filme.

So war es im Krieg, hört Itala sich sagen.

Aber war denn der Krieg nicht vorbei?, fragt das Kind.

Der Krieg war zu Ende gegangen, ja, im Jahr davor. Italas Vater, noch bevor der Krieg endlich verloren war, war allein in einer zur Klinik umfunktionierten Irrenanstalt an einer Lungenentzündung gestorben. Englische Bomberpiloten hatten Italas Straße in Trento in Schutt gelegt. Das Haus, in dem sie mit der

Mutter und ihrer Schwester lebte, Olga, die hätte Schauspielerin werden können, so begabt war sie, war lange verschont worden. Sie überlebten alle Bombenangriffe auf die Stadt, auch die abziehenden deutschen Truppen überlebten sie. *Wir sind drei Frauen allein*, sagte Itala, der Sprache der Besatzer und ehemaligen Verbündeten mächtig, als Wehrmachtsoldaten, oder vielleicht waren es doch SS-Männer, an das Tor des Unterschlupfs polterten, wohin sie sich während eines Fliegerangriffs geflüchtet hatten. Und sie hatten Glück, der Offizier befahl seine Männer zurück. Bis dann die Glocken läuteten: Sie war ein Mädchen gewesen, als der Krieg begann, nun war sie eine junge Frau. Es war Frieden.

Aus Mailand – ihr scheint, es sei zur gleichen Zeit geschehen wie das Glockenläuten: das Foto aus Mailand in den Zeitungen. Es zeigt den an den Füßen aufgehängten Mussolini, und den toten Körper der Petacci, die doch nur seine Geliebte gewesen war, nicht einmal seine Frau. Das ruhmreiche Italien, in das Itala hineingeboren worden war: die Leiche einer unehrenhaften Frau, das Gesicht blutverschmiert, an den Füßen aufgehängt.

Dann bist du abgereist, Mamma.

Als alles gepackt war, Itala reisefertig, gute Schuhe, leichte Jacke über dem Sommerkleid – als sie ihre Mutter umarmte, erschrak sie, wie zerbrechlich sich die Mutter anfühlte, wie alt sie geworden war.

Auf dem Weg zum Bahnhof ging sie bei Bruno vorbei, um ihm Bescheid zu sagen. Auf der Treppe stolperte sie, vertrat sich den Fuß, der Koffer polterte die Stufen hinunter. Er war nicht schwer. Ein Paar Schuhe, ihre Unterwäsche, zwei Kleider, die Blusen, ein Pullover, auch für den Winter. Laken musste man nicht mitbringen. Der Fuß schwoll augenblicklich an.

Am Bahnhof kamen viele junge Frauen zusammen. Parolari von der Agentur hakte jede Einzelne auf seiner Liste ab. Junge Frauen im Sommerkleid stiegen in den Zug. Auf der Fahrt durch die Poebene, es war heiß, stiegen weitere Frauen zu, auch ältere. Italas Fuß glühte. In Mailand angekommen, hinkte sie durch die Bahnhofshalle voller Menschen, vorbei an Koffern und verschnürten Pappkartons zur Infermeria. Im letzten Moment, der Fuß verbunden, den Schuh in der Hand, fand sie das Gleis mit dem Zug in die Schweiz.

An der Schweizer Grenze, in Chiasso, hielt der Zug.

Sie mussten alle aussteigen.

Doch daran will sie sich jetzt nicht erinnern. Ihr Kind lässt es zu.

Und dann fuhrt ihr ins Kaff hinter den sieben Bergen, sagt Anna.

Ein abgelegenes Dorf, antwortet Itala, *aber nett.*

Kein Kaff.

Zwei Frauen, eine Architektin aus Turin (denn es war nicht so, dass alle ungebildete Landmädchen gewesen wären, wie der Direktor dem Dorf weismachen wollte) –, also eine Turiner Architektin, die das Dorf, die Fabrik, die Leute, die alles furchtbar fand, und eine Bergbauerntochter aus dem Veneto, die ein Telegramm erhielt, und Telegramme bedeuteten Todesnachrichten, wollten schon in den ersten Wochen weg. Itala, die Deutsch sprach, übersetzte. Vom Vorzimmer des Direktors schickte man die Frauen zum reformierten Pfarrer: der hatte die Pässe in Verwahrung. Die beiden Arbeiterinnen, weil vertragsbrüchig, sollten die Reisekosten erstatten. So waren die Bestimmungen. Dem Direktor wurde zugetragen, dass eine Arbeiterin dolmetsche und verhandle. Die beiden Frauen fuhren, und Itala wechselte von der Fabrikhalle ins Büro, Fakturaabteilung.

In den Briefen nachhhause konnte sie nicht von ihrem Aufstieg berichten, hatte sie doch von Anfang an erzählt, sie arbeite im Büro. Sie schrieb, man habe ihr den Lohn erhöht, und zu Weihnachten schickte sie Strümpfe heim, Kosmetik und Schokolade. Ihre Mutter, auch die Schwestern mahnten – Olga, die noch zuhause wohnte, und Anita, die schon verheiratet war: Komm nachhause. Du findest auch hier Arbeit. In den Bergen gibt es freie Stellen, Bergdörfer suchen Lehrerinnen. Sie antwortete: Nach der vereinbarten Zeit komme ich zurück. Sechs Monate.

Mit dem Geld würde sie sich ein Fahrrad kaufen. Besaß sie ein Rad, konnte sie eine Stelle im Bergdorf annehmen und an den Wochenenden nachhause fahren, in die Stadt, Kino, Konzerte. Nach den sechs Monaten blieb sie dann doch, weil das mit den Bergschulen nicht so einfach war, außerdem der Sommer anstand, das Land blühte. Im Herbst blieb sie, weil zum Jahresende eine Gratifikation ausbezahlt würde. Der Fabrikdirektor, Näf mit Namen und nett, hatte dem Drängen seiner ausländischen Arbeiterinnen nachgegeben und sie alle in der Villa Steiner untergebracht, die ja wirklich leer stand. Sie mussten nicht mehr abends in der Gastwirtschaft Wähen, Stullen oder »Café complet« essen, was Milchkaffee, Brot, Butter und Konfitüre bedeutete – zum Abendessen! Sie waren die Aufpasserin los, die man ihnen zur Seite gestellt hatte. In der Villa Steiner bekochten sich die jungen Frauen selbst. Im Sommer standen lange Tische unter den Bäumen im Garten, es duftete nach heimischen Gerichten. Italas Freund vom Nachbardorf, Artur, fuhr sie am Wochenende auf dem Motorrad durchs hügelige Land, kannte Aussichtsplätze, malerische Weiler, Badebuchten am Fluss. Sie lernte das Träumerische der Landschaft und Arturs unkompliziertes Wesen kennen, den frischen Humor und seine Verbindlichkeit. In der Villa Steiner gab Itala an zwei Abenden die Woche Deutschunterricht, und ihre Freundin Silvana sprach bald so gut Deutsch, dass auch sie ins Büro wechseln konnte. Die Leute im Büro, wenn man sie einmal kannte, waren freundlich, ja fürsorglich.

Und nie war das Dorf schöner als im Winter.

Im zweiten Winter, sie war fest entschlossen, im Frühling zurückzukehren, sprach die Wirtin vom Hotel Bellevue in der Villa Steiner vor. Es gab zu wenig junge Frauen an den Tanzabenden für die Skifahrer. Die Wirtin lud Itala mit den Freundinnen der Villa Steiner zum Tanzabend ein. Freie Getränke. Neue Kapelle, Musikanten aus der Stadt, die sich – Ehrenwort – nicht auf die Schenkel klopften und nicht schunkelten, nur Gepflegtes spielten: Foxtrott, Englischwalzer, Wiener Walzer, die eine oder andere Mazurka. Ländler? Wenig. Oder keine.

Der Abend hatte erst begonnen und schon herrschte eine wunderbare Stimmung. Alles tanzte. An Italas Tisch zogen die Freundinnen – wer nicht selbst in einem Männerarm trippelte, hüpfte oder schwebte – über manchen einheimischen Tänzer her (Italiener gab es keine), die sich schaukelnd wie ein Boot über die Tanzfläche schoben, spottete Silvana (die Deutsch gelernt hatte und später den Amacker heiraten sollte), um dann doch einem Kavalier die Hand zu reichen. Sie war die Kleinste, er der Schönste, aus Winterthur, ein Städter.

Itala gefiel einer der Musiker, der Akkordeonist.

Auf der leicht erhöhten Bühne vorn: zwei auffallend hübsche junge Frauen, sehr schlank, etwas kantig. Sie wirkten städtisch, modern, in Italas Alter, blond und rotblond, recht hochgewachsen. Eine spielte Mandoline, die andere Laute (Schwestern, hatte die Wirtin erklärt).

Am Kontrabass: eine vitale Alte, die alle Blicke auf sich zog (die Mutter der ganzen Truppe). Manchmal ließ die Musikerin den Kontrabass um die eigene Achse drehen, jodelte auf dabei, dass mancher Tänzer sein Mädchen um die Taille fasste und hochhob, ja in die Luft warf und wieder auffing wie der Schöne die Amackerin.

Und drei junge Männer.

Ein Klarinettist, groß, muskulöser Typ, freundliches Gesicht.

Ein Gitarrist, kleiner, spritzig, wendig.

Und eben der hagere junge Mann mit dem verschlossenen, ernsthaften, aber hellen Blick, der Itala gefiel an seinem Akkordeon, das er innig umarmte, um es bald im großen Bogen aufzuspannen. Er spielte, fand sie, göttlich, hingegeben an sein Instruments, hatte dabei etwas Unbeirrbares. Sie konnte den Blick kaum von seinen Händen lösen. Aus den Augenwinkeln beobachtete sie, wie seine Hand, die immer ganz genau zu wissen schien, was zu tun war, zwischen einem Musikstück und dem nächsten das Wasserglas zum Mund führte, wie er es auf den Hocker zurückstellte, um sich wieder in die Schlaufe seines Instruments einzufädeln, und wie er das Akkordeon auf die Oberschenkel hob, wenn er sich setzte. Er lächelte nicht. Sie tanzte häufiger als sonst, nicht um sich ihm zu präsentieren – sie tanzte gut –, nein, sondern um ihren Blick zuverlässig von jenen hellen Augen zu nehmen, die sein verschlossenes Gesicht, wie ein Blitz den Himmel, erhellten, wenn er unvermittelt aufsah während des Spiels, ihr Wellen über den Rücken schickten, wenn sie saß wie jetzt, und er sah her, bevor er sich wieder ganz seinem Spiel hingab. Und sie richtete sich auf am Tisch der Italienerinnen und tat einen tiefen Atemzug, wodurch sich ihre Brust reckte und den nächsten Tanzwilligen vom eingeschlagenen Weg – er hatte die Mütterliche am dicht umschwärmten Italienerinnentisch im Auge gehabt – abkommen ließ und zu ihr hinlenkte. Sie hatte sich eben erst wieder gesetzt. Saß erhitzt noch vom Wiener Walzer mit dem Rücken zur Bühne am Tisch. Auch dieses Stück war zu Ende.

Die Kapelle machte Pause.

Gemurmel hob an im Saal, Lachen.

Die Freundinnen jedoch verstummten. Sie spähten hinter sie, Itala, als nahe Gefahr. Worauf Itala sich umdrehte. Drei Schritte vor ihr steht er auf der leeren Tanzfläche, groß, ein Lächeln aus wasserhellen Augen.

Auf der Bühne oben: das Akkordeon im aufgeklappten Instrumentenkoffer, verlassen. Der Kontrabass angelehnt an sein Gestell, die Mandoline versorgt im Lederbeutel, so auch die Laute.

Die beiden anderen Musiker, der Starke und der Spritzige, kehren auf die Bühne zurück. Der Kräftige – der Bläser – legt das Handtuch auf einen Schemel, stellt sein Bier dazu. Die Klarinette lässt er stehen. Der Bläser schnallt sich das Instrument des Akkordeonisten um. Stehend gibt er dem Gitarristen das Zeichen. Akkordeon und Gitarre stimmen das Stück an.

Ein Tango.

4

Im Archivkeller von Kon

Die Abgesandte vom Amt stieß die schwere Eisentür auf, drehte sich nach mir um. *Ab hier, Anna* – oder vielmehr *»Frau Huser«*, wir duzten uns ja nicht, natürlich nicht –, *ab hier kann ich Ihnen keine Orientierungshilfe mehr geben.* Ihre Stimme hallte fremd von den Kellerwänden in meinem Rücken. Ich war eingetreten: Metallschränke in verschiedenen Anordnungen standen im Raum. An den dunklen, hohen Betonwänden: aufeinandergeschichtete Kisten, Schachteln – durchbrochen von Regalen, Regale voller Schriften vergangener Leben am Ort. Wir verharrten eine Weile wie im Eingang zu einer verfallenden Kirche still nebeneinander.

Sie kenne sich nicht aus in den verschlungenen Wegen dieser vernachlässigten Anlage, wie die junge Frau das Archiv ihrer Gemeinde nannte. Niemand kannte sich hier aus. Ein Archivverzeichnis gab es nicht, das Findmittel war vor unbestimmter Zeit verloren gegangen. Aktenaufbewahrung sei zwar für jede Gemeinde in diesem Land Pflicht, wie sie als Praktikantin in verschiedenen Behörden gelernt habe; dies geschehe indes zumeist ohne Ordnung und Plan, so ihr Eindruck, ganz wie ein Wurzelwerk sich ausbreite, wo es halt Platz finde. Auf diese Weise müsse über die Jahre und Jahrzehnte im Keller des Stadthauses von Kon – denn das Dorf war längst zur Stadt angewachsen – diese Sammlung entstanden sein, ein Labyrinth ohne Mittelpunkt.

Wo wollen Sie also anfangen?, fragte die kluge junge Frau vom Amt in Kon, wo ich aufgewachsen war.

Der Kälte im Archivkeller zum Trotz lag ein penetranter Geruch in der Luft. Ich roch Metall, Gummi. Der Staub, den wir aufwirbelten, schwebte in den Lichtstreifen vom einzigen Fensterchen, legte sich auf den Nasenrücken meiner Begleiterin. Der Moment kam, dass sich die Eisentür hinter ihr schloss. Ich war allein mit den Schriften, sah mich um.

Ich weiß nicht mehr, ob ich mich sofort dem Wandregal mit den Stapeln zuwandte, an denen die junge Frau gezupft hatte. Ich weiß, dass ich erstarrte: Akten unserer Zeit lagerten dort, 21. Jahrhundert, Schulamt, Sozialamt, in den Archivkeller zur Aufbewahrung entsorgt, lieblos abgelegt. Mit spitzen Fingern blätterte ich in der Hängeregistratur. Stieß auf die Taxifahrerin. Sie fiel mir auf, weil sie einen bestimmten Familiennamen trug, ich erfuhr, dass sie, von einem besseren Ort stammend, einem lichten Städtchen am Ufer des Zürichsees, arbeitsunfähig Konkurs gemacht hatte mit ihrem kleinen Unternehmen. Wie es zur Arbeitsunfähigkeit kam, blieb unerwähnt. Es war nicht von Belang für die Verfasser dieser Akte, angelegt im Dienst der Behörde, als der Konkurs bereits Geschichte war, die Frau unterstützungsbedürftig, alleinstehend, kein Mann, keine Frau, keine Geschwister oder Freunde, die hätten helfen können auf Dauer. Sie erhielt Geld vom Amt, es verging kein Jahr, bis sie starb. Wie, auch das unerwähnt. Akten verfolgen einen Zweck, sie beschreiben kein Leben und Sterben; über die Taxifahrerin würde ich hier nicht mehr erfahren. Alles Weitere müsste ich anderswo in

Erfahrung bringen, was ich jedoch nicht tun werde, nicht im Fall dieser Frau mit gutem Schweizer Namen, die nach Kon kam, um hier zu sterben. Was also machte ich da?

Ich zog die Hand von jener Hängeregistratur zurück, voll Scham, weil ich ohne jedes Recht in ein fremdes Leben Einblick genommen hatte.

Verneigte mich.

Wandte mich ab.

Fühlte unbestimmt, dass mich das fremde Schicksal nicht so leicht freigeben würde. Kaum dass ich mich weggedreht hatte von der Hängeregistratur, spürte ich das fremde Schicksal im Rücken, als stünde dort die Taxifahrerin in Person, spürte sie, je nachdem, wie ich mich bewegte im Raum: am Hinterkopf, an der Hüfte, der Schulter, der Schläfe.

Ich besann mich. Was ich suchte, war klar. Mich interessierte das ausländische Leben am Ort. Ich suchte nach Spuren des Fremden, als die Italiener noch das Bild der Ausländer prägten und Zielscheibe des Hasses waren in der Schweiz, wo ich herkomme, und ich, die ich aussah wie ein Ausländerkind, fremd war im Blick der Leute. Nach Fremdem suchte ich und danach, was das Heimische ausmachte, wie es aussah, vielleicht heute noch aussieht.

Ich wandte mich den blassgrünen Eisenschränken zu, öffnete sie, stand vor Stapeln, Büchern, Registern, fand mich endlich in der Zeit wieder, in die ich hineingeboren worden war: 60er Jahre des 20. Jahrhunderts. Alte, braune und schwarze Buchrücken.

Meine Hand griff nach einem Buch. »Bussenkontrolle«, so die Gravur. Es enthielt Strafzettel, ausgestellt Mitte des 20. Jahrhunderts.

Verzeichnet waren die Namen der Gebüßten und ihre Geburtsjahre – geboren 1903, 1887, 1925 –, dann die Bürgerorte und Wohnadressen der Ansässigen und Durchreisenden, die sich etwas zu Schulden hatten kommen lassen am Ort, an dem nur blieb, wer nicht anders konnte. Ich löste den Blick vom Papier. Mir schien, ich habe Kon, diesen Ort, immer schon so gesehen: Zwischenstation, Niemandsland, eine Art Purgatorium oder Ellis Island: Tor zum Leben, das dich da draußen irgendwo erwartet.

Im Raum erzitterten die Schrankreihen.

Draußen donnerte ein Lastwagen vorbei.

Ich lauschte ihm nach, vernahm den Raumton: ein dumpfes Rauschen. Ich stand vor einem offenen Aktenschrank, ein Buch in Händen: Bussenkontrolle. Darin aufgelistet, wer im Laufe des Jahres 1955 sich einen Strafzettel eingefangen hatte am Ort. Wofür, blieb jedoch im Dunkeln, die Vergehen waren als kryptische Kürzel notiert, und schon war ich bereit, das Bussenregister zuzuklappen, ein anderes Buch zur Hand zu nehmen, als mein Blick zum zweiten Mal an diesem Morgen an einem bekannten Namen hängenblieb – diesmal meinem eigenen, Huser.

Ich suchte nach Ausländischem, Fremdem, und stieß auf Rosa. Meine aparte Tante Rosi, Lieblingsschwester meines Vaters. War sie es denn? Huser gibt es einige im Land, auch Rosas. Was mich jedoch aufmerken ließ, war der Heimatort der verzeichneten Rosa Huser, junge Frau von 31 Jahren: Bürgerort Magliaso.

Magliaso war unser Bürgerort, auch Heimatort genannt – Ort der Abstammung, weitergegeben seit erdenklicher Zeit über unzählige Generationen bis zu meinem Vater und bis hin zu mir und meinen Geschwistern.

Rosas Vergehen lautete: »*Verstoß gegen das Ges. v. 17. Juni 1894*«. Was mochte dieses Gesetz besagen? Ich konnte es nicht nachschlagen im Keller von Kon, es gab kein Netz. *Außerdem*, ermahnte ich mich, *suche ich anderes, Ausländisches, nichts Schweizerisches.* Rosas Vergehen würde ich zuhause in Erfahrung bringen, beschloss ich, stellte Rosas Buch mit dem Gesetz vom 17. Juni 1894 in den Schrank zurück, war aber etwas irritiert: Was suchte Rosa 1955 in Kon? Sie hat nie hier gewohnt. Auch wir lebten zu jener Zeit nicht in Kon. Ich und meine Geschwister waren noch nicht geboren, meine zukünftigen Eltern wohnten in Zürich, wenn ich nicht irrte, in Wohngemeinschaft mit Rosi. Ich kam etwas durcheinander, wer kennt sich denn schon aus in den Geschichten der eignen Herkunft. Jedenfalls wohnte damals keiner von uns in Kon.

Vielleicht war es doch nicht unsere Rosa.

Rosa Huser, von Magliaso, Teppichhandel, geboren 1924, wohnhaft in Zürich.

Auch das Geburtsjahr passte, und der Teppichhandel im Eintrag der jungen Frau: Unsere Tante Rosa hatte wie alle väterlichen Verwandten im Teppich- und Möbelhandel begonnen. Im Aufschwung der Nachkriegszeit war man von billigen Bettvorlegern in den Kommissionshandel mit Orientteppichen umgestiegen. Meine Leute schickten Vertreter los, die sich an ihrer Stelle in alle Richtungen auf den Weg machten, um im abgelegenen Tal so mancher Bauern- und Handwerkerfamilie einen Afghan oder Perserteppich ins Wohnzimmer zu legen. Niemand war dabei so erfolgreich wie Rosa.

Wenn mein Vater, Toni, in Gedanken schon bei seiner Musik, auf dem schnellsten Weg vom Büro nachhause fuhr, um dort eine Idee aufs Notenblatt zu bringen, sortierte Rosa bis in die Abendstunden die neu erstandene Ware, schulterte Seidenteppiche, verbuchte Ausgänge, bis ihr vor Müdigkeit die Augen zufielen.

Woher hatte ich das?

Familiengeschichte. Itala sagte: Rosa hätte Luft verkaufen können, und sie war eine »Chrampferin«, also eine unermüdliche Arbeiterin.

Mein Vater und seine Geschwister waren als Musikantenkinder aufgewachsen. In den Kriegsjahren, als er und sein Bruder, damals junge Männer, eingezogen wurden, traten die vier Schwestern als Frauenkapelle auf – Laute, Mandoline Gitarre, eine strich den Kontrabass, adrette Frauenband. Wann die Teppiche und Möbel ins Spiel kamen, typisch jenisches Geschäft, war nicht Teil der Erzählung. Die beiden Brüder traten nach dem Krieg weiterhin auf Bühnen der Volksmusik auf, die Schwestern, bald Mütter kleiner Kinder, waren mit der Familie beschäftigt. Ihr Geld verdienten sie sich in einer Anstellung in Teilzeit oder in einem kleinen eigenen Laden, wie andere Frauen auch.

Nicht so Rosa.

Sie geschäftete.

Rosa war stets allein unterwegs. Unabhängig war sie, kinderlos, elegant, uns Kindern zugetan, aber etwas schroff.

Ich nahm ein anderes Buch aus dem Schrank, höher als das erste, dünn, auch dies ein Büsserverzeichnis, der Buchrücken genauso abgewetzt vom täglichen Nachtragen der Missetaten, begangen in den Straßen und Häusern von Kon.

In diesem Buch, es stammte aus den frühen 1970er Jahren, waren die Verfehlungen beim Namen genannt. Ich erkannte die Verheißung (Rosa und die inländische Seite meiner Familie hin oder her): Ich würde die Beschaffenheit der Gesellschaft am Ort meiner Herkunft über die geahndeten Verfehlungen erkunden können. Ich schichtete die Strafzettelbücher aufeinander, legte den ältesten Band obenauf. Den ganzen Stapel an der Brust, trat ich aus dem Zwischenraum der Schrankreihen ins Tageslicht vom Kellerfensterchen her.

Ich sah mich nach einem Arbeitsplatz um im neonbeleuchteten Raum, groß, hoch, die Wände kahl bis auf die Regalreihe mit den Hängeregistraturen, wo ich auf die Taxifahrerin gestoßen war. An der gegenüberliegenden Wand fand sich ein Bürostuhl, unter verstaubten Kartons schien ein roter Balkontisch hervor, einst im Luftschutzkeller abgestellt, dort vergessen. Ich bugsierte die leeren Schachteln weg, legte meinen Bücherstapel auf den abblätternden Lack, zog den Tisch ins Licht. Zwischen den Büchern und meinem Heft: eine von Kinderhand in den Lack geritzte Palme.

Rosas Buch legte ich aufgeschlagen dazu.

In Magliaso, meinem Bürgerort im Tessin, war ich bislang nie gewesen, und ich hätte nicht sagen können, ob irgendjemand unserer Verwandten je einen Fuß auf den Dorfplatz jener Ortschaft gesetzt hatte, einem Flecken auf der Landkarte am Ufer des Luganersees, womöglich palmenbestanden, gleichwohl nicht als Touristenort bekannt. Auch in den Erzählungen über frühere Zeiten spielte das Dorf in der italienischen Schweiz keine Rolle. Zu diesem Heimatort waren wir gekommen wie manche anderen Leute auch zu ihrer bis heute zivilstandesamtlich für sie zuständigen Gemeinde. Der Bürgerort ist im Reisepass vermerkt, bestimmt auch im Fahrausweis, nach ihm werden wir im Formular der Bank und der Arztpraxis gefragt. Der Bürgerort verwahrt unsere Schriften, führt Buch über die Geburten, die Heirat, den Tod. Er besitzt den Beleg dafür, wer wir sind und dass wir Hiesige sind. In der Schweiz gehört jeder und jede Einheimische einer Gemeinde an, wusste ich – weiß jeder im Land. Auf der Idee der Bürgergemeinde als Ort der Herkunft und Heimat ist die schweizerische Staatsbürgerschaft aufgebaut. Kraft des Gemeindebürgerrechts ist man Bürger oder Bürgerin des Kantons, in letzter Konsequenz erst Schweizer oder Schweizerin. Auch das weiß jeder. Es scheint uns, die wir in diese Idee hineingewachsen sind, naturgegeben.

Es gibt eine Geschichte, die man bis heute landauf, landab erzählt bekommt. Auch mir galt sie damals als Tatsachenbericht, die sich mir aufdrängte im Ortsarchiv, die junge Rosa von Magliaso im Sinn. Diese Erzählung leuchtet – jedenfalls jedem Einheimischen – sofort ein, und sie geht so: Im 19. Jahrhundert wurde eine landesweite Volkszählung durchgeführt, damit alle Hiesigen erfasst und, wer noch keinen Bürgerort besaß, jener Gemeinde zugeteilt werde, auf deren Gebiet er am vorbestimmten Tag zur festgelegten Stunde angetroffen würde. Dieser Ortschaft sollten er und seine Familie fortan angehören, die Gemeinde sollte künftig für sie alle zuständig sein – ihr Bürgerort.

Meine jenischen Vorfahren fügten sich in die Geschichte ein, als wären sie füreinander geschaffen: Meine reisenden Vorfahren, so die Familienlegende, waren zur Zeit der Volkszählung gerade im schönen Tessin unterwegs. Am vorbestimmten Tag wurden sie in Magliaso angetroffen, das seither ihr Heimatort war.

So also soll es gekommen sein, dass der Flecken in der italienischen Schweiz zum gemeinsamen Nenner aller Nachfahren wurde – und in der Kombination mit dem Nachnamen ein jeder von uns als Abkömmling jener Urahnen identifiziert werden konnte, die am Tag der Volkszählung zur vorbestimmten Stunde in Magliaso Halt gemacht hatten.

Und deshalb, so erkannte ich über meinen Büchern im Stadtarchiv von Kon, war beim besten Willen nichts anderes vorstellbar, als dass es sich bei der 1955 in Kon mit einer Strafe bedachten 31-jährigen Teppichhändlerin um meine Tante Rosa handelte.

Ich begann mit den ältesten Büchern, arbeitete mich vor in den Bussenregistern, eine Welt der Ordnungswidrigkeiten, einiges beim Namen genannt, anderes hinter einem Gesetzesartikel verborgen. Bald hätte ich nicht mehr sagen können, was ich suchte. Hingegen war ich perplex, was ich fand.

1919, im Jahr nach Ende des Ersten Weltkriegs, der Eintrag zweier etwa 20-jähriger Schwestern, Pauline und Marie, Huserinnen von Magliaso. Ihr Gesetzesverstoß beim Namen genannt:

Hausieren ohne Patent.

Pauline und Marie zahlen satte 10 Franken. So viel zahlt 1919 nur ein Zweiter: wegen Konzertgebens ohne Bewilligung – auch dies ein typisch jenisches Geschäft.

Halb so viel wie das unbewilligte Hausieren oder Konzertgeben, also fünf Franken, kostet 1919 *die unreine Bierpression* in Kon, *der Forstfrevel und das Überfahren eines Knaben mit dem Velo;* zwei Franken *das Weidenlassen der Schafe auf fremdem Eigentum, das Aneignen von Kaninchenfutter und das Bauen ohne Bewilligung.*

Etwas benommen, der Nacken steif, stieß ich Band um Band auf Leute jenischen Namens, die alle gegen Rosas Gesetz von 1894 verstießen. Ich klemmte eine Kiste in die schwere Eisentür, um mich nicht auszusperren, und in der angrenzenden Tiefgarage, das Tor zur Straße hin offen, gelangte ich ins Netz: Rosa hatte in der Tat das »*Gesetz betreffend Markt- und Hausiererwesen*« gebrochen.

Rosa hausierte in Kon.

5

Die Familie in Kon und Rosas Strafzettel

Als ich klein war, handelte Rosa mit Liegenschaften, Einfamilienhäusern, Miethäusern, sowas. Sie war reich. Rosa wohnte in einer Villa über dem Zürichsee, wo wir sie als Kinder mit unserem Vater besuchten. Einmal holten wir sie in einem Gebäude im Bau oder Umbau ab, spannender Ort, mehrstöckig eingerüstet, *betreten verboten*. Ein freundlicher Mann wies uns den Weg über Bretter auf eine ausladende weiße Wendeltreppe. Rosa stand zwischen herunterhängenden Kabeln, langbeinig, elegant gekleidet wie immer. Größer als die Bauarbeiter, größer auch als die behelmten Männer, denen sie, Blick auf einen weit aufgefalteten Plan, etwas erklärte. Sie überragte die Männer um Kopflänge, ja überstrahlte sie. Ich fand mich im Archivkeller über Rosas Eintrag wieder, das Buch ins Licht der Taschenlampe meines Mobiltelefons gerückt, fotografierte ich jede einzelne Spalte ihres Bussenvermerks. Rosa war hochgewachsen, ja. Und dass sie auch beim Besuch einer Baustelle ausgesucht gekleidet daherkam, passte – nichts anderes vorstellbar, wobei ihre Eleganz eine schlichte war. Sie trug stets Hosen, die schmalen Schuhe flach, erinnerte ich mich und verlor mich, fasste mich. Doch dass sie sämtliche Männer um Kopflänge überragte, war nichts als eine verzerrte Erinnerung aus Kinderperspektive.

Vielleicht stand sie erhöht.

Sie hat sich dorthin gestellt, Rosa, weil der Lichteinfall vom Fenster her günstiger war – sie schaut her und lächelt.

Außerdem führte Rosa, nicht weit von Vaters Geschäft an der Stadtgrenze, einen Ausstellungsraum. Es gab Chaiselongues auf Spinnenbeinen und Gobelins in Braun- und Gelbtönen in Rosas unterkühlter Galerie, die sie ihren Kunden, Leuten, die Häuser und Lüster erstanden, nur auf Verabredung öffnete. Rosa lief auf langen Beinen durch den wie in einen Berg gehauenen, endlosen Raum, ihren Windhund auf der einen, den geifernden Boxer auf der anderen Seite.

Eine Türglocke, wie in Vaters Geschäft, gab es nicht. An der Glastür baumelte Rosas Schlüsselbund.

Im Sommer fuhr Rosa einen weißen Cadillac, lachte tonlos, hupte aber herrisch, wenn sie im offenen Wagen vorfuhr am Straßencafé, wo der Rest der Familie versammelt war. Fuhr sie vor, war es, als seien alle zusammengekommen im Café Gjuch von Kon – dem einzigen schönen Lokal am Ort –, um sie, die eigenwillige Rosa, willkommen zu heißen.

Mein Vater war da – Toni für die andern –, verbunden mit seinem Akkordeon, sodass er, wenn er ausnahmsweise ohne sein Instrument eintraf, verletzlich wirkte wie ein Mann, der den Arm im Gips trägt unter dem Jackett. Die Frau an seiner Seite – Itala – umsichtig, resolut. Dann immer das Gritli, die unbestrittten Schönste aus Vaters Schwesternkollektion, die Gesichtszüge feiner, edler, die Hüften geschmeidiger, die Haare glänzender, Rosas dunkle Zwillingsschwester, die scheu war wie Rosa, aber zart und nie herrisch, die kleine spitze Brüste hatte und einen sympathischen, zudem, wie Itala gern betonte, gebildeten Mann, der sie auf Händen trage. Er war nur selten da. Oft hingegen kam die Jüngste ins Gjuch, die aus der Reihe fiel, eine Nachzüglerin, geboren, als die anderen schon fast aus dem Haus waren. Sie war die einzig Pralle in der Familie, redete viel und lachte laut. Selten kam Trudi vorbei, die – wie die Großmutter – Kontrabass spielte, doch anders als jene auch uns Kinder zur Begrüßung in die Arme schloss und dabei so gut roch, dass man es gern geschehen ließ. Fast als wäre sie die Lieblingstante. Das war – noch vor Rosi – Frieda, die mütterlichste und blondeste der Tanten. Alle Verwandten achteten Frieda, auch unser Vater, ganz als wäre sie – und nicht die wendige Alte, unsere Großmutter – ihre Mutter. Frieda war die Älteste der Schwestern. Uns Kindern erzählte sie Märchen, solche, die jeder kannte, aber auch andere, die sie, so stellte ich mir vor als Kind, an abgelegenen Orten aufgelesen hatte, wie sie vom Sturm abgetrennte Zweige aufsammelte am Straßenrand und zuhause in Wasser stellte, so dass sie Wurzeln schlugen. In ihrer Stube gab es stets ein Vogel-, Igel- oder anderes Tierkind, das gerade von ihr aufgepäppelt wurde. Im Übrigen führte Tante Frieda eine Papierwarenhandlung in der Stadt, zwischen Rosas Ausstellungsraum und Vaters Teppichgeschäft gelegen. In ihrer Papeterie gab es in langen Reihen angeordnete Buntstifte, Kreiden, Pinsel, Federhalter, Kugelschreiber und extra dickes Zeichnungspapier. Wenn keine Kunden da waren und meine Schwester und ich malten, unser Bruder zeichnete, lernte Frieda Englisch vom Tonbandgerät. Ins Gjuch kam Tante Frieda mit ihrem Oskar, der Pfeife rauchte und wenn man ihn darum bat, uns Kindern Schweizer Heldengeschichten erzählte, gruseliges Zeug, das uns in seltsam dunkle Zustände versetzte. Auf seinem Schoß muss ich zum ersten Mal vom Winkelried gehört haben, der die Speere der Feinde in die eigene Brust lenkte, um den Sieg für seine Leute herbeizuführen. Auch vom Tell. Von der Schlacht am Morgarten, vom Hofnarren Kuony, der den Habsburgern die Niederlage gegen die Schwyzer prophezeite. Dass dies alles nicht Wirklichkeit war, sondern nur für die Geschichte geschah, war mir immer schon klar.

Bei jedem Besuch im Café Gjuch kam die stattliche Wirtin aus dem Veneto, Frau Balestra, an Mutters Tisch, und für die Zeit ihres Gesprächs in dahinfließenden Sätzen entschwanden die beiden in ferne Regionen dieser Welt. Und manchmal tauchte sogar Onkel Franz auf im Café. Das war dann ein Fest. Wenn Franz, breites Lächeln im Gesicht, im Gartencafé eintraf, wurden alle von einer freudigen Aufregung erfasst. Den jungen Italienern, die sich nach ihm umdrehten, legte er freundschaftlich die Hand auf die Schulter. Hatte er alle begrüßt, blies Franz die Klarinette oder er balancierte ein Kind auf dem Schoß, bestellte Patisserie für alle, auch für die an den Schattentischen parlierenden Mütter unter den Bäumen, die ihre Äste so niedrig trugen, dass Toni und Onkel Franz sich ducken mussten, wenn sie durch den Garten liefen, die Frauen mit den Händen über die samtenen Äste strichen, die dick und fest waren wie Männerarme.

An vielen Sonntagen traf man sich dort, im Gartencafé, die bodentiefen Fenster des Lokals weit geöffnet, die Jukebox spielte italienische Lieder.

Ich lief die Koner Hauptstraße hinunter, das Stadtarchiv im Rücken linker Hand, rechts hinter mir das alte Schulhaus vom Beginn des 19. Jahrhunderts, schwer, streng, der Pausenplatz ein Kasernenhof, daran angrenzend der Polizeiposten. Ich lief auf die Kreuzung der beiden Hauptachsen zu. Es regnete auf meinen

Schirm und regnete vor meine Füße. Ich hielt mich nah an den Hauswänden. Eine Spelunke fiel mir ins Auge, das Gebäude heruntergekommen, früher schon, als ich hier zur Schule ging. Ich drehte mich um nach dem Schulhaus, ein Moped hupte schrill. Im abschüssigen Rinnstein floss das Regenwasser schnell, verschwand vor der Kreuzung in einem Gully, der alles anzusaugen schien. Warum sich die ganze Verwandtschaft in Kon traf, hatte ich mich nie gefragt. Onkel Franz, Tante Frieda und ihr Oskar, Trudi, Rosa: Sie wohnten nicht in Kon, nur wir. Die anderen lebten verstreut im Land. In Häusern mit Gärten, umgeben von Feldern, Wäldern. Tante Rosa in ihrer Villa über dem Zürichsee. Onkel Franz im einzigen Haus auf einem grasgrünen Hügel. Tante Frieda inmitten eines Blumengartens. Zuweilen wurden die Häuser und Orte andere. Aber immer war es ein Haus, wo wir sie besuchten, nie eine Mietwohnung in einem Mehrfamilienhaus, so wie wir und die meisten Leute wohnten. Es war auch nie ein Wohnwagen. Niemand reiste. Dabei waren wir, die Huser, stolze Zigeuner. Und unsere Cousins und Cousinen – älter als wir, Tonis Kinder – gingen nicht mehr zur Schule, lebten nicht einmal mehr zuhause. Schule war wichtig, überhaupt das Wichtigste. In meiner Vorstellung als Kind war die Schule der einzige Grund, weshalb man, statt zu reisen, wie wir in den Ferien an schöne Orte reisten, irgendwo fest wohnen blieb.

Obschon keiner mehr reiste, waren wir Reisende, Zigeuner.

Zigeuner reisen, Jenische reisen.

Doch wenn wir unsere Verwandten besuchten, wunderte ich mich nicht über die Häuser, den Hügel, die Blumengärten.

Ich überquerte mit anderen Leuten unter Schirmen in Eile die Kreuzung. Drüben angekommen, lief ich auf Pflastersteinen, und ich erkannte den Platz vor der katholischen Kirche wieder, wo ich mich wie die andern hingekniet hatte als Kind, eilig die Hostie schluckte, bevor sie am Gaumen kleben bliebe. Hier, wo bis in die späten 1920er Jahre eine Simultankirche stand, ein Gotteshaus, in dem Protestanten und Katholiken ihre Gottesdienste lasen, Ehen schlossen, Kinder tauften, ich im 21. Jahrhundert ohne Blick für niemanden zum Bahnhof lief, geschah es auf dem Vorplatz der alten Dorfkirche, der kein Dorfplatz mehr sein durfte, dem vor langer Zeit schon ein Stück für die Straße abgetrennt worden war, ein zweites für die Schienen Richtung Bahnhof, dass sich die wegen Hausierens in Kon vor Ort mit einer Busse belegten Handelsreisenden vor mir gruppierten. In ihrer Mitte Rosa, die sie alle, wie im Leben, überragte. Viele Frauen, einige Männer standen beisammen, und wie Rosa, die mich prüfend ansah, misstrauisch, unsicher auch, was sie von der ganzen Sache, die hier ungefragt ins Rollen kam, halten sollte, hatten sie ihre Ware dabei, in Taschen und Säcken so groß wie Zelte. In einem Leiterwagen, sonst leer, saßen Kinder. Weitere Leute gesellten sich dazu, verschränkten die Arme, stumm und wie einem Ruf folgend oder einem Befehl, aber doch ungeordnet und im Gesichtsausdruck, ja im ganzen Gebaren, schroff. *Wie es sich für unsereiner gehört*, hörte ich jemanden denken und erkannte, dass ich es war. So stand ich vor den gebüssten Durchreisenden in Kon.

Der Ort lag auf einer althergebrachten Handelsroute jenischer Reisender, ging mir auf. Meine und die weiteren jenischen Leute, die ich in den Büchern verzeichnet fand, waren heimisch hier, Altdurchreisende sozusagen. Man kannte sich aus am Ort, wusste, wo etwas zu verkaufen war, wo man einkehren, wo unterkommen konnte. Und manchmal wurde man beim Geschäften ohne Bewilligung erwischt, über Generationen hinweg, bis hin zu Rosa.

An einem kalten Märztag im Jahr 1955 stand Rosa, 31-jährig, in Kon, wo nur blieb, wer nicht anders konnte, einem *Schmier* gegenüber, so das schweizerdeutsche, wenn nicht dem Jiddischen, so dem Jenischen entlehnte Wort für Polizist, das sich mir in den Sinn drängte.

Rosa, fohlengleiche junge Frau im schmalen Mantel, die kurzgeschnittenen rotblonden Haare von einer knappen Mütze bedeckt, sagt dem Beamten unter einer Straßenlaterne, was er braucht für seinen Strafzettel. Sie besitzt kein gültiges Verkaufspatent für Kon. Teppichrollen über der Schulter – Bettvorleger, Läufer, Orientteppiche –, war sie kurz zuvor in einem Wohnhaus verschwunden. Der Polizist musste sie dabei beobachtet haben, oder der Lieferwagen hatte ihn stutzig gemacht, oder ein Nachbar, Krämer, Passant sie verpetzt.

Sie weiß nicht, was es diesmal war.

Ihr war nichts aufgefallen. Sie hatte den Ehepaaren im dritten Stock, einen um den anderen, ihre Teppiche vor dem Buffet entrollt, sodass sie ganz aus dem Häuschen waren, wie sich ihr Zuhause immer wieder aufs Neue verwandelte.

Mit den unverkauften Stücken über der Schulter war sie wieder aus dem Haus gekommen. Abstreiten brachte nichts.

Rosa Huser, sagt sie, und auf seine Nachfrage: *Geborene Huser.* Seit der Scheidung hat sie ihren Mädchennamen zurück, nun steht er auch wieder im Ausweis. *Jahrgang 1924,* diktiert sie, *Teppichhandel, wohnhaft in Zürich.*

Nein, korrigiert sie ihn, *nicht von Zürich. Bürgerin von Magliaso im Tessin.*

Der Mann, Polizist von Kon, schaut auf, weil er sich Tessinerinnen anders vorstellt: kleiner, fülliger, dunkler sowieso. Auch das kennt Rosa bereits. *Diese hier*, denkt der Mann, sie kann es in seinen Augen lesen, *ist hochgewachsen. Schimmerndes Tuch trägt die kühle Schöne*, denkt der Mann, er denkt langsam. *Bestimmt teuer*, liest sie in seinen Beamtenaugen. Sie lächelt nicht. Versucht nicht, den Strafzettel abzuwenden.

Vielleicht ist sie auch vom anderen Ufer, sagt sich der Mann.

Er wird ihre Angabe überprüfen, verlangt den Ausweis.

Er bellt den Befehl.

Sie hält ihm das Papier vors Gesicht, dass er einen Schritt zurücktreten muss.

6

Itala an der Grenze, 1967

An der Grenze, 1946, war es so: Auf der Schweizer Seite stiegen Uniformierte in den Waggon und hießen die jungen Frauen aussteigen, *alle, schnell.* Aus den anderen Wagen wurde niemand herausgeholt. Sie waren 30 junge Frauen, aus dem Trentino, dem Veneto, dem Piemont, hatten einen Arbeitsvertrag in der Tasche. Mit ihrem Gepäck standen sie auf dem Perron.

Den Pass hatte jede beim Aussteigen abgeben müssen.

Der Zug fuhr davon. Sie wurden in eine Baracke geschleust.

Ausziehen. *Auch die Unterwäsche, die Schuhe, alles.*

Im Nebenraum, wo sie auf Zehenspitzen, nackt, zusammenkamen: Duschen.

Und wir wollten nur noch raus, hat sie sich zu Anna sagen hören, fragt sich nun – denn sie kann sich nicht erinnern, wie sie davon erfuhr –, ob sie damals schon davon gehört hatte, dass den Menschen in den deutschen Todeslagern weisgemacht wurde, es ginge zum Duschen, wenn sie sich für die Gaskammern ausziehen sollten. Itala sitzt im Luftzug der Nacht, allein in ihrer Sofaecke. Die Stehlampe mildert das blaue Licht des Fernsehers. Der holländische Präsentator im Ersten kündigt einen Kindersänger an. Es ist Samstagabend, morgen muss sie nicht raus. Ihre Kinder schlafen. Bei Arno läuft noch Musik, sie wird das Tonbandgerät ausschalten, bevor sie runtergeht. Einmal noch in die Waschküche heute, dann ist Schluss. Irgendetwas war schon immer mit Waschen verbunden, mit Reinheit, Säubern, furchtbare Worte. Im Krieg – im zweiten oder dritten Jahr, ihr Vater war noch gesund –, sie erinnert sich, dass sie erschrak, als sie ihm von jenem Gerücht berichtete, und er, statt wie erwartet den Kopf zu schütteln, verstummte, und jede Farbe wich aus seinem Gesicht: Es ging das Gerücht, dass die Deutschen – da hatte er sie noch korrigiert, *du meinst die Nationalsozialisten* –, dass die Nazis aus Menschenknochen Seife herstellen, Lampenschirme aus der Haut umgebrachter Menschen, *aus der Haut jüdischer Menschen, Vater. Die Nazis töten sie alle, das wird erzählt.* Er stand auf, und sein Glas zerschellte am Küchenboden.

Es gab die Ahnung, dass Unvorstellbares geschah.

Das ist nichts für Kinderohren. Manchmal weiß sie nicht mehr, was sie gedacht und was sie gesagt hat. Manchmal staunt sie über Fragen ihres Kindes, aus denen sie schließen muss, dass sie nicht nur gedacht, sondern laut gesprochen hat.

Dass sie berichtet hat, von den Partisanen – jungen Männern. Am Straßenrand aufgehängt, und dort hingen sie, seit Stunden, vielleicht Tagen und Nächten, ohne dass die Angehörigen sich trauten, sie herunterzuholen. Itala weiß nicht, wie lange sie dort hängen blieben, sie wusste es auch damals nicht, und das malträtierte sie tagsüber, nachts, sie dachte daran, wieder dorthin zu fahren, die jungen Männer – ihre Leichen – einen um den anderen von den Galgen zu nehmen, die der Straße entlang aufgebaut waren, wie Straßenlaternen, damit jeder sie sehe, der vorbeiführe.

Wie sie, die junge Frau, die sie war, als sie mit den Offizieren der Organisation Todt, für die sie arbeitete in Grigno, auf einer Fahrt im Valsugana zur Inspektion kriegswichtiger Bauten, Brücken, Bahnlinien, Tunnel, vorbeifuhr, sie hatte auf die andere Seite geschaut, und einer der alten Österreicher, für die sie arbeitete und den sie gern gemocht hatte, sagte: *Schauen Sie, Fräulein Camelli. Wissen Sie, was das ist?*

Natürlich wusste sie, was das war, und dies *Wissen Sie, was das ist?* war als Warnung gedacht. Lassen Sie sich nicht mit Partisanen ein, liebes Fräulein.

Und nun kann sie dem Kind nicht sagen, wie lange die Männer, Partisanen, dort hingen, noch, wer sie von den Galgen nahm, wann sie beerdigt wurden, wo.

Sie ist dort nicht mehr vorbeigekommen.

Dann starb ihr Vater, und sein elender Tod läutete das Übrige ein.

Als der Krieg zu Ende war, Hitler sich in seinem Bunker getötet hatte, der Duce mit der Petacci erschossen kopfunter am Galgen hing, sah sie die ersten Fotos aus den Todeslagern und begriff, was passiert sein musste, noch bevor sie das Wort dafür erfuhr. Sie las von den deportierten Frauen, Männern, Kindern, fortgeschafft und umgebracht, weil sie jüdisch waren, auch aus Italien: in Lager verbracht und ermordet.

Sie wollte nur noch weg aus dem Land.

Der Krieg war vorbei, sie waren junge Frauen mit einem Arbeitsvertrag, am Grenzübergang zur Schweiz aus dem Zug geholt, führten nichts als sich und ein Paar Schuhe, die Kleider, ein paar Fotos und ihre Erinnerungen ins Land ein.

Sie sollen duschen. Sauber hin oder her. Sonst lässt man sie nicht in die Schweiz. Wegen der Krankheitskeime aus den

Kriegsgebieten. Sie legte die Kleider ab, alles ab, trat mit den anderen nackten jungen Frauen, sie kannte keine, in den Raum.

In den Düsen begann es zu rumpeln, zu sausen. Dann tropfte es. Und Wasser floss aus den Düsen, mit hellem Rauschen strömte Wasser, viel Wasser, auf sie nieder, der Raum dampfte, dass man die Tränen nicht von den Wassertropfen unterscheiden, die Gesichter nicht erkennen, die Gliedmaßen nicht auseinanderhalten konnte. Als das Wasser versiegte, wurden Wolldecken verteilt. Sie versammelten sich alle im dritten Raum, stumm. Am Tisch in der Flucht der langen Halle: ein Mann im weißen Kittel. Zwei Frauen mit Häubchen assistierten. Wer an der Reihe war, vor dem Mann angelangt, musste die Wolldecke lüften.

Sie mussten sich umdrehen, sich vorneigen.

In den Achselhöhlen, in der Scham wurde jede eingesprüht.

Im vierten Raum fanden sich die Kleider, Unterwäsche an Haken, Jacken, Röcke, Sommerkleider über Stangen gehängt, desinfiziert, mit DDT, so der Name des Mittels, und es fanden sich keine Spuren auf den Stoffen, selbst auf den weißen Blusen kein Fleck.

Ihre Tochter steht in der Tür, die große.

Kannst du nicht schlafen, Kind?

Morgen ist keine Schule, Mamma.

Im Fernseher tanzt das Fernsehballett. Ihr Kind liebt Fernsehballett. Eine Weile schauen sie zu. Dann schauen sie, die Kessler-Zwillinge tanzen, Anna fragt, und Itala erzählt.

Sie tanzten den Tango.

Seitdem waren sie zusammen. In der ersten Zeit traf sich Itala auch mit Artur, dem Motorradfreund. Dann nur noch mit ihm, Toni, jede freie Minute waren sie zusammen. Bis sie eines Tages vor Arbeitsschluss zum Direktor gerufen wurde. Sie dachte, es ginge um ein dringendes Stenogramm. Er wirkte nervös. Er wies mit dem Kinn auf einen Stuhl, schloss die Fenster. Er war immer respektvoll gewesen. Er hatte sie von der Fakturaabteilung ins Direktionsbüro geholt. Nun saß sie ihm gegenüber, und es ging um etwas anderes als die Arbeit. In seinen Augen las sie, dass sie, was man zuweilen vergesse, gleichwohl eine Ausländerin sei.

Ihm sei zugetragen worden, sagte der Direktor, dass sie sich mit einem unschicklichen jungen Mann treffe. Sie saß auf der Stuhlkante. Der Stenoblock lag unbenutzt auf der Tischplatte. Itala legte den Stift dazu. Der junge Mann entstamme einer Familie von Vaganten. Und als sie nicht verstand, fuhr der Direktor fort: *Ihr junger Freund stammt aus einer der schlimmsten Sippen unter den Jenischen, Fräulein Camelli.*

Er habe Erkundigungen eingezogen: *Der junge Mann hat Schuldbriefe. Er ist verheiratet. Und er ist ein Jenischer.* Das wisse hier jeder.

Toni, wie sich herausstellte, hatte keine Schuldbriefe.

Verheiratet, das musste er zugeben, ja, das stimmte. Doch lebe er lange schon von seiner Ehefrau getrennt. Und er zog einen Brief aus der Tasche. Itala las, dass seine Frau einverstanden war, sich scheiden zu lassen, wenn er ihr eine bestimmte Geldsumme zahle.

Er liebe sie, Itala, er wolle sie heiraten.

Und was ist das, ein Jenischer?, fragte Itala.

Die junge Frau, in die sie in ihrer Stube in Kon geschlüpft ist, nimmt einen letzten Zug ihrer Marylong. Itala Camelli bläst den Rauch über den Tisch zum leeren Sessel hin, wo der Fabrikdirektor säße, hätte auch er sich eingefunden im Wohnzimmer ihrer

3-Zimmerwohnung an der Hauptstraße 63, Stube der Familie Huser von Kon im Kanton Zürich, Mutter dreier Kinder. Nun in der Bank beschäftigt, gute Stelle, halbtags, der Kinder wegen. *Hier ist Huser von Kon*, sagt man am Telefon, und der andere, ruft er an, sagt »*Vögeli von Amriswil am Apparat*« oder »*Schwarz von Seelisberg*«. Sie hatte ihren Direktor gern gemocht, kleiner Mann im Zweireiher, stets korrekt. Sie streckt sich vor, um die Asche, die ihrem tiefen Zug geschuldet ist, abzustreifen. Im Fernsehen erneut langbeinige Tänzerinnen, Federkleid. Die Asche fällt in den bauchigen blauglasigen Aschenbecher, mundgeblasen vor ihren Augen entstanden in taumelnd glücklicher Zeit auf einer kleinen Insel vor Venedig. Doch das war später, viel später, Jahre später. Im Sommer, bevor sie schwanger wurde. Sie beide, zusammen, waren unschlagbar, niemand hätte etwas gegen sie vermocht.

7

Bilder

Später an jenem Tag sollte ich mich im Schneegestöber wiederfinden. Wie gut, dass gerade an jenem Abend dichter Schnee fiel.

Ich hatte Material zusammengetragen, stapelte die Bücher am Boden. Wir waren eben umgezogen, im hohen Raum gab es nichts als meinen Tisch, darauf die Schwarzweißfotos. Vor dem Fenster fielen erste Flocken. Ich beugte mich über die Bilder.

Familienfotos, Schweizer Seite, Vaterseite.

Obenauf meine Großmutter, die ich in Wirklichkeit nur als alte Frau kannte. Sie sei keine Jenische gewesen, also nicht jenischer Abstammung – Großmutters Familie habe eine Gastwirtschaft am Katzensee geführt, der Vater Tramführer in der Stadt, die Mutter Köchin. Dennoch habe es auf dieser Erde keine gegeben, die jenischer gewesen wäre als sie.

Woher hatte ich das?

Jenisch – wenn es im Zusammenhang mit Großmutter fiel, bedeutete es: Die es auf die Reise zog. Die das Musizieren liebte. Die unabhängig war, selbständig, flink. Und alert. Sowas.

Auf dem Foto ist sie sehr jung, schlank hochgeschossen, steht selbstsicher, aber etwas steif, Wendigkeit und Energie sind spürbar, mit hellem Blick neben ihrem Mann. Er sitzt. Hat sich auf die Holzbank gesetzt, die der Fotograf für das junge Paar in den Raum stellte. Auch er sehr jung. Schmale Erscheinung, glaubt indes an seine Bedeutsamkeit, als Mann, als Musiker. Mit seinem Instrument gewinnt er Preise.

Schwyzerörgeli, grazile kleine Handorgel.

Ihre Hand auf seiner Schulter rückt den Mann, den sie sich erwählt hat, in den Mittelpunkt des Moments. Er trägt Soldatenuniform, Schweizer Armee. – Die beiden heiraten im Juli 1915. Rundum ist Krieg. Er ist 20 Jahre alt, sie 19 auf dem Bild.

Sein Instrument stützt er locker auf einem Knie ab.

Er war lange schon tot, als ich nach ihm fragte.

Ein heller Kopf sei er gewesen, ein ernsthafter, empfindsamer. *Wie dein Vater*, sagte Itala. Sie hatte ihn gern gemocht.

Das Paar wenige Jahre später, beide sitzend, er am Schwyzerörgeli, sie am Kontrabass, dazwischen, stehend, ein hochgewachsener blonder Bub: Franzli, ihr Erstgeborener, an der Klarinette. Ihm zu Füßen: eine Laute. Die drei tragen Zipfelmützen und weiße Sennenkutten. Das Foto im Postkartendruck ist Werbung für die Familienkapelle. Typisches Bergvolk. Dass die dekorative Laute nicht in den Alpen heimisch ist und die Sennerin dasselbe Hemd trägt wie ihr Mann, Unisex-Tracht sozusagen, scheint nicht anzuecken. *Wir machen Volksmusik*, sagt das Bild, *wir sind eine Schweizerfamilie.* Unser Land, so klein es sein mag, besteht aus zahllosen Dörfern, die in vielen Mundarten Französisch parlieren, Italienisch, Rätoromanisch, Deutsch – vom majestätischen Genfersee im Westen, die Hänge weinbestanden, über Hügel und Bergzüge bis ins Seeland und in die Juraebenen oder gen Osten ins Mittelland und weiter bis an den Bodensee. Oder über prächtige Passhöhen hinweg, bis die Alpensüdhänge zum Lago Maggiore abfallen und wieder hinauf ins Engadiner Hochtal: Wer kann sie denn alle aufzählen, die Traditionen und Trachten, die in unseren Dörfern beheimatet sind! Und welche Instrumente dort gespielt werden.

Warum nicht die Laute?

Wir sind Bauern und Bergler, sagt das Postkartenbild.

Auch wir Jenischen, fügte ich in meinem Zimmer hinzu, und da ich laut sprach im leeren Raum, hallte meine Stimme von den Wänden der neuen Wohnung zurück wie aus einer anderen Welt.

Auf der Schriftseite der Postkarte berichtet der Familienvater dem Bruder vom Lorbeerkranz mit Diplom, den seine kleine Kapelle beim Wettspiel holte. Der Poststempel verblasst. Es waren die ersten 1920er Jahre, mein Vater, Toni, ein Säugling oder Kleinkind.

Sprung in die späten 1920er Jahre: Meine Leute sind keine Bergler mehr, sie sind eine Zigeunerfamilie.

Jenische auf Reisen.

Vater, Mutter, sechs Kinder vor zwei Planwagen aufgereiht, jedes Kind, ob groß oder klein, ein Musikinstrument in der Hand. Toni mit Klarinette, Frieda mit Laute. Trudi ungelenk an der großen Doppelhalsgitarre. Die Hand der Ehefrau liegt auch in diesem Moment auf der Schulter ihres Mannes. Der trägt Schlips vor den beiden Planwagen auf offenem Feld, seine Frau, die sechs Kinder, die schmucken Instrumente. Die Mädchen mit weißer Schleife im Haar.

Der Schäferhund vor der Gruppe im Gras wendet in diesem Augenblick den Kopf zum Fotografen.

Frühe 1930er Jahre: Hier sind alle wieder zu Berglern mutiert: Bauernfamilie im Sennengewand auf großer Bühne vor wandgemaltem Alpenpanorama, Schweizerkreuz aufgenäht auf jede Brust.

Toni ein praller Schulbub, Akkordeon im Arm.

Mein Vater hatte nur kurze Zeit die Schule besucht, wenige Jahre nur. Toni ging gern zur Schule, hätte studieren wollen, Musik. Er und seine Geschwister nahmen es den Eltern, vor allem der Mutter, übel, dass sie ihre Kinder nicht länger zur Schule schickten. Sie seien gute Schüler gewesen, besonders Toni. Bestnote in allen Fächern, behauptete mein Vater. Was ich – damals selbst ein Schulkind – für Prahlerei hielt. Wer konnte denn sowas glauben.

Und so fiel ich aus allen Wolken, als ich erfuhr, dass meine Mutter das anders sah.

Itala hat es nie bezweifelt.

Bestnote in allen Fächern.

Zeugnisse hatte auch sie nicht gesehen. *Inzwischen war Krieg, Kind.* Auch sie trage ihre Schulzeugnisse nicht mit sich herum.

Mein Vater, Schulbub mit Akkordeon, lächelt mir von der Bühne her zu.

Die Kapelle hieß »Die Wandervögel«.

Was ich als Kind nie in Zweifel gezogen habe, auch später nicht in Zweifel zog, war der Grund, weshalb mein Vater nur wenige Jahre zur Schule ging. Toni und seine Geschwister konnten die Schule nicht länger besuchen, weil die Familie herumreiste, deshalb. – *Wir sind Zigeuner*, sagte mein Vater stolz. Meistens war es so. Manchmal sagte er es auch beiläufig. Die Eltern wollten reisen wie eh und je. Sie waren Jenische, Musikanten, musizierten mal hier, mal da. Alle liebten das reisende Leben, auch die

Kinder. Weil sie reisen wollten, wie Jenische und andere Zigeuner eben reisen, konnten die Kinder nicht zur Schule gehen Tag für Tag. Dies die Darstellung.

Sich das vorzustellen, war einfach. Und die Fotos dokumentierten nichts anderes als ebenjene jenische Zigeunerlust zu reisen. Was gab es da zu bezweifeln?

So unterschiedlich die Gesichtszüge auf den Fotos gezeichnet sind, etwas ist ihnen gemeinsam. Geht man näher heran, tritt es klarer hervor: *Ja, wir sind Musikanten, mein Kind,* sagen die Gesichter, *das sieht man doch.* Natürlich und nicht ohne Grazie tragen wir auf unseren Schultern die hohe Herkunft als Jenische. Selbstverständlich sind wir stolz. Eine Frage der Selbstachtung. Erkennbar auch an der Haltung. Rücken gerade, Nacken lang. Der Blick ernst auf allen Bildern, allerdings zuweilen woanders. Denn, wisse, *wir ordnen uns nicht unter. Nie.* Auch keinem Publikum und keinem Fotografen. Oder aber – hier: Der Blick geht in die Ferne, das Kinn leicht angehoben, *wir brauchen niemanden als die unsrigen,* es sei denn andere wohlgeformte, intelligente, ehrbare Menschen wie wir.

Menschen mit Zivilcourage. Und mit Talent. Wie wir Jenischen.

Es gab den Stolz, das ist wahr, Jenischenstolz, Familienstolz. Familiendünkel, Standesdünkel. Es gab das Wissen um die menschliche Würde, auch die eigene menschliche Würde. Und wir waren überzeugt, etwas Besonderes zu sein.

Als ich Kind war, traten nur noch Franz und Toni auf – vielmehr Tony, wie er sich als Musiker nannte. Ihre Formation hieß »Huserbuebe«. Keine Schwestern mehr und keine Geigen, Mandolinen, Lauten. Ihre Musik eingeebnet auf die üblichen Instrumente der breiten Volksmusik. Unsere Schweizer Volksmusik galt als althergebrachte Tradition. Dass viele Musiker, so auch Tony und Franz, der Überlieferung neue Stücke hinzufügten, widersprach diesem Bild offenbar nicht. Unsere urschweizerische Musik ist vielseitig, es gibt den Ländler genauso wie den Schottisch und den Fox und so weiter, auch eine Mazurka kann schweizerisch folkloristisch daherkommen, sowieso der Walzer. Heute ist unbestritten, dass die populäre Volksmusik samt Trachten-Kostümierung in den 1920er Jahren auf den Bühnen der Zürcher Altstadt entstand. Als Älpler verkleidete Städter schufen das Bild. Darunter viele Jenische wie meine Leute. Und auch das wurde mir erst als lange schon Erwachsene bewusst: In der hiesigen Volksmusik kannte jeder die »Huserbuebe«.

Nach dem Krieg, dem zweiten:

Auf der Bühne verbleiben die alte Mutter, zerfurchtes Gesicht, ihrem Kontrabass verbunden, und die beiden Söhne, mittlerweile gestandene Männer; die drei ergänzt durch weitere Musiker, diese lächelnd. Von den Mädchen machte nur Trudi weiter auf den Bühnen der Volksmusik.

Draußen: Der Schnee fiel dichter, die Hausfassaden und Bäume auf der gegenüberliegenden Straßenseite nur noch eine Ahnung, die Hügel in der Ferne verschwunden. Kein Ton von draußen. Die alten Fotos auf meinem Tisch und ich wie abgeschnitten von der Welt.

Ich suchte meinen Weg zurück in die Chronologie der Bilder.

Wo war ich steckengeblieben?

Schließlich weißhaarig, braungebrannt: die beiden Brüder Franz und Tony in gewobener Tracht, gutes Tuch. Trudi an Großmutters Kontrabass. Die Geschwister reisen rund um den Globus, treten als Folklorekapelle während »Schweizer Wochen« internationaler Hotelketten auf.

Begeistert schreibt Tony seinen Kindern aus Tokyo.

Es gibt Platten, LPs, Singles, es gibt Noten, Notenblätter, Notenbücher, die Brüder waren Interpreten ihrer eigenen Stücke, über Jahrzehnte komponiert. Die bis heute meistgespielte Komposition allerdings, vom Großvater für seine Frau erdacht, ein lieblicher Walzer namens *Mama*, arrangiert von Sohn Tony. Der Walzer wirft bis heute Tantiemen ab. Einige Videoaufzeichnungen der späten Fernsehauftritte, von Berlin bis Bogotá, sind greifbar im Netz. Man wähle die alten Bilder der »Huserbuebe«.

Ich sammelte die Fotos ein.

Für das eine Bild vom Ende der 1920er Jahre, Zigeunerfamilie mit Ross und Wagen, aufgenommen an der Axenstraße über dem Vierwaldstättersee, würde ich mir einen Rahmen besorgen.

Früher besaß ich einen Abzug in Plakatgröße, Weltformat – er musste noch irgendwo sein in den Umzugskisten. Mein Vater hatte den Plakatdruck in Auftrag gegeben, einen Abzug für jedes seiner Kinder. Ich empfand es damals als seltsames Geschenk. In meiner ersten eigenen Wohnung mit einem Mann, Ted, am Genfersee, hing das Bild gleichwohl an der Wand, prominent platziert, im Wohnzimmer über dem Klavier. Schwarzweißfoto, aufgenommen in einer in den Felsen gehauenen Straße, die zum Gotthard führt, ins Tessin.

Ein attraktives Motiv. Zigeunerfamilie unterwegs gen Süden, auf dem Pferd sitzt ein praller kleiner Junge, Akkordeon im Arm: mein Vater.

Nebenher, aber nicht ohne Stolz stellte ich oder stellte Ted ihn den Gästen vor. Wer gerade mit einem Waadtländer Weißwein zum ersten Mal vor dem stimmungsvollen Bild stand, erfuhr von meiner Herkunft als Zigeunerin. Es passte. Man hatte mich für eine Zürcher Italienerin gehalten, doch siehe da, *une fille de vanniers, de yéniches.*

Irgendwann schweifte mein Blick ab von den Gesichtern, schwenkte hin zu den Fakten. Bücher stapelten sich auf dem Parkett. Publikationen über jenische Schicksale. Sie berichten von Kindswegnahmen im 20. Jahrhundert. Informiert man sich über Jenische, liest man vom Leid, immer.

Wir sind davongekommen.

Mein Vater, meine Tanten, mein Onkel sind nicht aus der Familie gerissen, von den Geschwistern getrennt, in ein Heim oder eine fremde Familie gezwungen worden. Mein Vater ist mit seinen Eltern und Geschwistern aufgewachsen, er ist in der eigenen jenischen Familie groß geworden.

Ich musste keine Geschichte der Verfolgung recherchieren.

Sie hatten fliehen können.

Auch davon hatte mein Vater gesprochen, als ich klein war. Sie flohen, und wäre die Flucht nicht gelungen, man hätte die Kinder aus der Familie gerissen, sagte mein Vater. Die Mutter schickte ihre Kinder auf die Flucht.

Jetzt gleich, packt die Kleinen auf den Wagen, zäumt das Pferd.

Die Flucht gelang. Die Eltern kamen nach, und gemeinsam flohen sie weiter, berichtete mein Vater.

Ich fand mich draußen wieder, im Mantel, der Kragen hochgeschlagen, der Schnee fiel mir in die Augen, in den Nacken. Ich lief durch unsere Straße, bald durch irgendwelche Straßen der Stadt, lief ohne Ziel und mit nichts als dem Wunsch, mich zu entfernen von den Bildern und den Fakten.

Ich habe diese Geschichte nicht geglaubt als Kind, hielt sie nicht für wahr.

Es war nicht so, dass mein kindliches Selbst geglaubt hätte, mein Vater habe sich diese Geschichte ausgedacht. Er floh mit seinen Geschwistern vom Ort über dem Zürichsee, wo sie zur Schule gingen – keine Frage.

Woran ich hingegen nicht glaubte, war die Gefahr. Dass sie – wer auch immer, Polizisten, Beamte, irgendwelche Leute von der Gemeinde – die Kinder holen würden, oder sie auf der Flucht verfolgen würden. Also war es in meinem kindlichen Verständnis doch keine richtige Flucht? Was ich weiß: Ich konnte sie mir nicht vorstellen, die Flucht der Kinder.

Die Bedrohung konnte nicht real sein, es war nicht möglich. Es gab das Gesetz, das Recht, die Schule, das Gericht. Es gab die Lehrerin, die Wirtin vom Café, die Eltern der Freunde, es gab die Nachbarn, die nette, namenlose Frau von der Schulbibliothek. Recht und Gesetz hätten verhindert, und die Leute hätten verhindert, dass man Eltern die Kinder wegnahm, bloß weil sie Jenische waren.

Dass es anders sei, war nicht denkbar.

Denkbar hingegen war, dass mein Vater die Lage nicht richtig einschätzte.

Jeden, der ein Amt innehatte, bedachte er mit Misstrauen, ja mit Ekel. Er sprach sein Urteil in aller Strenge – untypisch für ihn – und mit viel Wut durchtränkt: jener Grundzorn, der ihm eigen war. Die Stimme zerrissen dann oder gepresst, der Blick schwarz.

Wir, meine Geschwister und ich, waren aufgewachsen im Wissen, dass man Beamten, uniformiert oder nicht, misstrauen, dass man vor ihnen auf der Hut sein musste. Dass ihnen unsere

Geringschätzung gewiss sein sollte. Dass der Stolz gebot und die Redlichkeit gebot, beide geboten, ihnen diese Geringschätzung auch zu zeigen.

Und das tat ich auch als junger Mensch! Ohne dass es mir jemand aufgetragen hätte.

Doch da war ich kein Kind mehr. Ich hatte erfahren, dass die Geschichte meines Vaters stimmte.

Ich, Anna, das Kind, war 13, als es in der Zeitung stand.

Sie nahmen den Jenischen die Kinder.

Ich weiß nicht mehr, wie ich es erfuhr. Ich kann mich an den Moment erinnern, als ich wie vom Blitz getroffen, mein Inneres wie ausgebrannt, erkannte, dass seine Geschichte wahr sein musste.

Ich erwartete, was geschehen würde, dachte, dass ich nun verglühen müsste. Doch nichts geschah.

1972 deckte ein Artikel in einer Zeitschrift, von der alle mit Hochachtung sprachen, auch Itala, auch Toni, auch die Lehrerin, wer auch immer darauf zu reden kam – im »Beobachter« deckte der Journalist Hans Caprez auf, was mein Vater immer schon erzählt hatte: die Pro Juventute nahm den Jenischen die Kinder, und die Behörden machten mit.

8

Die Fecco von M.

Ich schrieb an Kantonsarchive – in der ganzen Schweiz, denn meine Leute reisten: Gibt es in ihren Beständen eine Akte über meine Großeltern Huser von Magliaso? Ich schrieb auch an das Bundesarchiv, denn dort liegen die Dossiers der Pro Juventute über die verfolgten jenischen Familien. Kaum waren die Anfragen abgeschickt, nichts als ein Klick auf »Senden«, erwartete ich mit pochender Ungeduld und etwas bang die Antworten. Da kam es nur gelegen, dass ich überraschenderweise im Katalog einer Stadtbibliothek auf eine Dokumentensammlung der Pro Juventute stieß – nicht über meine Leute zwar, aber über Jenische.

Die Bibliothekarin hob drei schmale, von Klebstreifen zusammengehaltene Schachteln auf den Tresen, und noch während sie die Kartonhüllen zu mir schob, las ich die Aufschrift – das Etikett, unter dem die Pro Juventute ihre Verfolgungsaktion betrieb: »Hilfswerk Kinder der Landstraße«. Bislang hatten diese Worte ausgereicht, um mich augenblicklich in Rage zu versetzen. Nun blieb ich völlig ruhig. Auch als ich in einer stillen Ecke an einem Tischchen stand, vor mir die Schachteln, die Aufschrift vor Augen: Ich nahm sie gelassen hin. Sosehr ich auch in mich hineinhorchte: Kein Zorn wallte auf ob der Geschehnisse, die sich hinter diesem Etikett und seinen Einzelteilen verbergen. Zu viel unerträgliches Leid lag in diesen Worten, zu viel Unterdrückung, Demütigung, Zerstörung, Schmerz. Und so beharrte ich darauf, mich auf etwas zu besinnen, das ich aus eigenem Erleben kannte: das Leben als Mensch mit ausländischem Gesicht in diesem Land. Dies zu erkunden war ich aufgebrochen in eine Welt, in der mich eine reiche Kultur erwartete, in meinem Fall wunderbare Italianità: Was erwartete mich hier?

Die Geschichte würde jeden, der sie anrührte, in Abgründe führen, so rief ich mir in Erinnerung. Und dann?

Ich fragte mich in dem einer Königin würdigen Lesesaal der Stadtbibliothek, wo ich schon so manche schöne Stunde verbracht hatte, ob meine Gelassenheit Bestand hätte. Und ich hielt mir vor Augen: Hier geht es um eine Verfolgung als Programm, die programmatische Verfolgung der Jenischen, vorangetrieben von der bis heute unter demselben Namen tätigen Stiftung Pro Juventute zwischen 1926 und 1973 mit dem Ziel, die Kinder – mit Unterstützung der Behörden – aus ihren Familien zu reißen, um die jenische Kultur zu tilgen. Ich sagte mir: Die bevormundeten Kinder wurden auch von den Geschwistern getrennt, sie fanden sich allein wieder; und den Eltern, so sagte ich mir, wurde verheimlicht, wo ihre Kinder sind, und ich sagte mir … bremste mich. Unbestreitbare Fakten. Längst bekannt. Historisch erst bruchstückhaft erforscht und von wenigen Autoren und Autorinnen in Augenschein genommen, das ist wahr. Es gibt noch viel zu tun. Aber nicht für mich. Ich bin keine Historikerin und betreibe keine Wissenschaft. Doch in einer sanften Kaskade wie durch kaum abfallendes Gelände floss eine kindliche Erinnerung dahin. Ich setzte mich an jenes Tischchen. Wie alle in den Klassen der Kleinen sammelte ich als Schulkind Geld für die Stiftung Pro Juventute, und ich mochte das sehr: Man sprach auf der Straße fremde Leute an, klingelte an wildfremden Türen. Man war in einer Mission unterwegs, verkaufte Pro-Juventute-Briefmarken, *für einen guten Zweck*, sagte man, und die Leute kauften. Ich hob den Deckel von der Schachtel.

Presseartikel zur Pro Juventute, unklar, wer diese zusammengetragen hatte, zu welchem Zweck. Dann die Schrift eines Fräulein Schneider, Absolventin einer karitativen Frauenschule, Hospitantin im Zentralsekretariat der Pro Juventute in Zürich, hier am Ort. Eine Diplomarbeit vom Ende der 1920er Jahre. Die Überschrift: »*Niedergang und Aufstieg einer Vagantenfamilie*«, im Untertitel: »*Die Familie Fecco von M.*«

»Fecco«, der Aliasname, den die junge Frau der »Vagantenfamilie« gab – abgeleitet von »Fecker«, nahm ich an, Fremdbenennung der Jenischen in der Innerschweiz. Aber warum Fecco und nicht einfach Fecker? Die Italianisierung des Aliasnamens machte keinen Sinn. Ich war irritiert. Doch wurde die Irritation bald von Neugierde verdrängt – erst viel später sollte ich mich wieder an sie erinnern. Ich blätterte in der Schrift. Die junge Frau behandelte einen größeren Familienverband jenischer Leute. Als sie ihr Praktikum bei der Pro Juventute aufnimmt, werden mehreren Familien die Kinder weggenommen. Als die Hospitantin Anfang 1929 ihre Abschlussarbeit einreicht, stecken bereits zahlreiche Kinder der »Fecco von M.« bei fremden Leuten oder in Heimen fest. Im Lesesaal meiner Bibliothek, diesem Raum endloser Ausdehnung, die mir Heimat ist, ahnte ich, dass mich die Kinder so lange begleiten würden, bis ich zumindest einige wenige Gesichter sähe.

Ich saß und las.

Der Bericht beginnt mit der Schilderung einer Kindswegnahme.

Der Grund, warum ich gerade die Geschichte der Familie F e c c o als Diplomarbeit der sozial-caritativen Frauenschule wähle, liegt darin, dass ich während meiner Tätigkeit auf dem Zentralsekretariat der Stiftung Pro Juventute auf diese Familie gestossen und mehrmals mit ihr in Berührung gekommen bin. Einen besonders tiefen, unverwischbaren Eindruck erhielt ich bei einem Besuch, den ich anlässlich der von der Vormundschaftsbehörde ausgesprochenen Wegnahme dreier Kinder aus dieser Familie zu machen hatte. Das erschütternde Schauspiel, das sich mir dort bot, sei hier in ganz kurzen Zügen wiederholt.

Zu Dreien –in Begleitung des Polizisten und des Dorfwächters – begaben wir uns mit Unbehagen auf den Weg. Es ist wohl einem Zufall zuzuschreiben, dass die in Frage stehende Familie gerade damals in einer rechten Wohnung hauste, denn gewöhnlich quartierte sie sich in einem Zelte oder Wagen auf offenem Felde ein. In der Stube sassen die Mutter, ihre zwei ältesten Töchter und ein zehn jähriges Mädchen ahnungslos um den Tisch herum und schälten Kartoffeln. Überrascht ob dem plötzlichen Erscheinen dieser zwei Männer des Gesetzes fragte die Mutter nach unserem Begehren, obwohl sie ahnen mochte, was ihr bevorstand, da ihr kurz zuvor der Entzug der elterlichen Gewalt angezeigt worden war. Mit klarer Stimme las der Schutzmann den Beschluss der Vormundschaftsbehörde vor. Die Kinder brachen in lautes, herzzerreissendes Weinen aus. Die Mutter fluchte … Sie verfluchte und verwünschte die ganze Welt. Aber niemals wollte sie sich gefallen lassen, dass man ihr die Kinder wegnahm. Sie erklärte auch, dass sie mit ihnen zusammen aus dem Leben gehe. Die Kinder verbarrikadierte sie hinter dem Tisch und stellte sich kampfbereit davor, mit einem Stuhlbein bewaffnet. »Es solle sich jemand wagen, sich ihr zu nähern!« Alles gütige Zureden half nichts und so musste es zu einer ganz unerfreulichen Szene kommen. Die beiden Männer hatten gerade genug Arbeit, um die wilddreinschlagende Frau zu bewältigen. Hinter der Tür in einem Korb lag das erst drei Monate alte uneheliche Kind der achtzehn jährigen Tochter, das ob dem Krach und Geschrei der anderen ängstlich wimmerte. Mitsamt den schmutzigen und nassen Kissen nahm ich das erbarmungswürdige Geschöpfchen aus dem Korb und trug es in das bereitstehende Auto. Erneutes Lärmen und Toben!.... Gewaltsam wurde nun noch das zehn jährige Mädchen in das Auto geführt. Das dritte Kind, ein Knabe, hatte sich gleich am Anfang aus dem Staub gemacht und sich, wie wir später erfuhren, bei einer Verwandten versteckt, sodass er nicht gefunden werden konnte. – In rascher Fahrt ging es in Wiesen, Feldern und Dörfern vorbei, dem Bestimmungsort der beiden Kinder zu, wo sie besorgte und liebevolle Aufnahme fanden. – Grausam erscheint ein solches Vorgehen! Und doch ist es gerechtfertigt, wenn wir bedenken, was aus den Kindern geworden wäre, wenn man sie ihrem Schicksal überlassen hätte.

9

Vater erzählt nicht, 1964

Vater erzählt nicht, er ist ein wortkarger, zärtlicher Mensch, es sind seine Augen und Hände, die reden, doch an diesem Abend, Anna hofft, er werde nie enden, spricht er sich heiß. Die Worte kommen in Wellen, Berichte über Ameisen und Igel und über Igelhunde mit ihren nassen Nasen, und sie handeln vom Feuermachen im Schneeregen, von gebratenen Pfirsichen, deren Saft von den Fingern auf den Waldboden tropft. Wahre Geschichten.

Er ist ein kleiner Junge damals, alle nannten ihn To. To, fast wie Pa.

Er war ein Kind wie sie.

Nun erzählt er.

Anna liegt im Bett aus schwerem, dunklem Holz im oberen Stock von Großmutters und Godis Haus am Sihlsee, den Kopf auf einem altweißen Kissen, das fremd riecht. Doch das macht nichts, denn in den anderen Betten liegen Arno und Kira, und Vater erzählt. Der Raum ist niedrig, fast wie von einem Puppenhaus. Pa jedenfalls muss sich ducken, wenn er ins Zimmer tritt.

Er hat das Fenster für die Nacht leicht geöffnet, den Vorhang langsam vor den Abendhimmel gezogen. Er steht geduckt in der Tür, die Hand auf der Klinke. Im Flur brennt Licht, und nun, da er schweigt: wüsste sie nicht, dass es Vater ist, sie würde sich fürchten vor dem Schatten in der Tür. Er löst sich von der Wand, beugt sich über das untere Kajütenbett, über die Kleine, die bestimmt schon schläft. Setzt sich vorsichtig auf Kiras Bett, spricht wieder. Anna ahnt ein Lächeln in seinen Augen.

Ein Licht von der Straße her blitzt durch den Spalt zwischen den Stoffbahnen am Fenster über sein Gesicht und ist weg. Geblendet duckt er sich unter das obere Kajütenbett, Arnos Schlag. Sie und Arno und Kira haben um die Betten geknobelt und Arno hat gewonnen. Ins Holzbett, groß wie ein Boot, wollte niemand. Babys wurden darin geboren und Alte sind darin gestorben … eine Geschichte, als würde Godi sie erzählen, während vieler Jahrhunderte starben alte Menschen in dem Bett groß wie ein Fischerboot, so lange schon, wie Großmutters Haus mit den niedrigen Räumen hier steht am Hang über dem Sihlsee. Es war nicht immer ihr Haus, früher hatte Großmutter kein Haus, sie reiste. Mit ihrem Mann, der nicht Godi war. Sie hatte einen anderen Mann. Mit ihm reiste sie im Land umher, später auch mit den Kindern, die sie auf der Reise zur Welt brachte, jedes an einem anderen Ort. Sie reisten mit Pferd und Wagen, und die Kinder wurden im Stroh geboren, To in einem Pferdestall, auf der Zürcher Allmend, wo einmal im Jahr das Knabenschiessen stattfindet und die Schausteller die Karusselle aufbauen und die Geisterbahnen. Manches Kind wurde im Moos geboren, auf der Waldlichtung, ja, bestimmt im Moos, hellgrün und weich. In Großmutters Haus am Sihlsee lebten andere Leute – Bauern. Menschen, die nicht reisen. Es waren Bauersleute, die im schweren Bett starben, Bäuerinnen, die hier ihre Kinder gebaren, Bauernkinder, die geboren wurden. Zu Füßen des Hauses lag kein See. Den Sihlsee gab es nicht. Das Haus blickte, so sagt Godi, hat er wirklich erzählt, nicht auf den Sihlsee, sondern auf ein grünes Tal, durch das sich mal blau, mal grün ein Fluss schlängelte, die Sihl, die mal dieses, mal jenes Ufer überschwemmte, und die Kinder fischten im seichten Wasser, das von der aufgewühlten Erde ganz braun war, nach Flusskrebsen. Das war leicht, Flusskrebse sind träge.

Der See und die Seeschlangen kamen später, viel später.

Es ist ein Stausee.

Das Bett ist weich, fast, als könnte man darin versinken, und es riecht seltsam wie Großmutter. Man gewöhnt sich daran, man versinkt nicht, und die Bettdecke ist so riesig, dass man sich darunter vor allen Gespenstern verbergen kann. Es stimmt: Die Augen gewöhnen sich an die Dunkelheit. Ich kann im Dunkeln sehen. Vaters Hand, sieht Anna, streicht Kira die Haare aus der glänzenden Stirn. Die kleine Schwester schwitzt so leicht, auch im Herbst, wenn Nebel liegt.

Sie alle werden unter der niedrigen Holzdecke in tiefen Schlaf sinken, im Morgengrauen aufstehen, mit Vater und Godi – der nicht ihr richtiger Großvater ist, wie sie heute erfahren hat. Als sie es vernommen hat, ist sie erschrocken, Arno und Kira hingegen kümmert es nicht! – noch in der Nacht werden sie aufstehen und im Boot zum Fischen rausfahren; so tröstet sich Anna im fremd riechenden Bett, als sie erkennt, dass dieser Moment bald enden wird, und sie muss den Beginn einer neuen Geschichte von Vater, der nie erzählt und nun nicht aufhören kann zu berichten, denn es sind eher Berichte als Erzählungen, verpasst haben, eine Geschichte, die Vaters Stimme ganz dünn macht. Sie handelt von ihm und seinen Geschwistern, als sie Kinder waren.

Sechs Brüder und Schwestern. Deren Mutter kommt angerannt mit fliegendem Haar: *Kinder! Ihr müsst fort, jetzt gleich! Nehmt das Pferd, den Esel! Die Zwillinge packt aufs Fuhrwerk. Ihr müsst fliehen!* Tos Stimme stockt, und Anna ahnt in der Dunkelheit Vaters Augen, seinen Blick, der haltlos vor dem Gesicht schwebt wie sonst nur kurz vor dem hellen Zorn, wenn seine Augen sich verdunkeln, sie sich aufs Unerträglichste spannen, der Blick losschnellt und der Pfeil trifft. Er wettert dann, wie er mit dem Polizisten wettert, der einen Bußenzettel unter den Scheibenwischer schieben will, wo der Wagen doch auf Tos Gelände vor dem Laden steht, was doch jeder weiß hier, dass das Tos Wagen ist.

Doch da ist niemand im Schlafzimmer am Sihlsee, der den Zorn auf sich gezogen hätte, ihn ausgelöst hätte mit einer übermächtigen, dummen, unwürdigen, ungerechten Tat, einem solchen Wort oder Blick, jemand, der behauptete, er, der spreche oder blicke, sei im Recht.

Auf wen gerichtet jetzt, der Pfeil aus Vaters Augen?

Es gibt niemanden als uns im abgedunkelten Zimmer.

Morgen gehen wir alle früh raus, auch wir Kinder, Vater hat es versprochen.

Was hat ihn ausgelöst, den Pfeil?

Kein Pfeil fliegt.

Tos Augen blicken haltlos. Er ist aufgestanden, ans Fenster getreten, hat den schweren Vorhang mit einem Ruck vom Abendhimmel gezogen – er steht und schaut in die Nacht. Dort liegt der Sihlsee, Stausee. Was geschieht dort? Papa? Ja, wir werden schlafen. Er wird sich zu uns bücken, uns küssen, das tut er immer, wie Mamma, wenn er da ist, wo seine Kinder sind. Wie jetzt in den Ferien. Kira schläft schon. Er richtet sich auf, dreht sich zum oberen Kajütenbett, streicht Arno übers Haar. Er bückt sich zu ihr, seine Hände legen sich auf ihre Schultern, drücken sie sanft in die Matratze, seine Lippen berühren ihre Wange, die Schläfe.

Vater geht zur Tür.

Abgemacht, sagt Arno, *du weckst uns, Papa.* Eine Beschwörung. Bei Vater weiß man nie. Arno muss den nahenden Pfeil auch gespürt haben. Der Bruder dreht sich zur Wand, zieht die Decke über den Nacken. Ich werde ihn fragen. Morgen.

Vaters Schritte auf der knarrenden Treppe. Unten geht die Küchentür.

Hier hört man die Erwachsenen nicht reden wie zuhause, wenn Papa da ist. Man hört auch den Fernseher nicht. Es gibt keinen Fernseher. Vielleicht unterhält sich Vater nicht mit Großmutter – auch er mag sie nicht sehr. Sie war keine gute Mutter, sagt er, sie hat uns nicht zur Schule geschickt.

Auch er mag Godi. Doch der geht mit den Vögeln zu Bett. Wenn die Amsel schlafen geht, legt sich auch Godi hin, sagt Großmutter. Im Fenster ein fader Himmel. To hat den Vorhang, schweres Tuch, nicht wieder zugezogen. Berichtet hat er, Anna sucht den Himmel über dem Horizont ab und gräbt in der Erinnerung, geschildert hat er (nach den Ameisenbauten unter Reisig, auf den das Fruchtfleisch tropft, und den Hunden, die Igel aufspüren) die Flucht der Kinder. Vater war ein Junge, To. To von Toni, alle nannten sie ihn so, To, Toni nur in der Schule, die er vorzeitig begonnen hatte, er hatte es nicht erwarten können. Was sie versteht. Sie hat es auch kaum erwarten können, in den Kindergarten zu kommen, als Arno Tag für Tag dahin verschwand. *Ihr werdet es nicht glauben, aber ich wollte um alles in der Welt zur Schule*, so hatte die Geschichte begonnen. To war ein hochgewachsener Junge und hell im Kopf, wie später seine Kinder, und so nahmen sie ihn, obwohl er eigentlich zu jung war. Doch dann mussten er und seine Geschwister plötzlich fliehen, sechs Kinder. Polizisten waren hinter ihnen her, sie wollten die Kinder holen, sie wegnehmen, weggeben, in ein Heim sperren oder, noch schlimmer, fremden Leuten überlassen, Bauern, für die sie arbeiten müssten. Wie Verdingkinder. Sowas. Anna weiß von den Tessiner Buben, die nach Italien verkauft wurden, an Kaminfegermeister. Das ist kein Märchen, auch kein Theaterstück mit Schauspielern auf einer Bühne, auch wenn es sich so anhört, wie die Mutter mit dem fliegenden Haar. Nein. Es ist wahr. Es gibt ein Buch, es ist ganz schwarz und liegt in der Bibliothek. Es berichtet eine wahre Geschichte. Die verkauften Buben kriegten fast nichts zu essen, damit sie dünn blieben, in die Kamine passten, und viele starben, auch Mamma sagt, es sei wirklich so geschehen. Vor langer Zeit. Die armen Leute verkauften die Kinder. To sagt, und Ma wäre einverstanden, kein Jenischer hätte je sein Kind wie ein Ding weggegeben, wie manche verarmte Bauersleute ihr Kind verdingten, so heißt das, nicht nur im Tessin, in der ganzen Schweiz, bestimmt auch hier im Tal mit seinen Häusern, die im Stausee versanken. Eine Mauer wurde gebaut, sie stauten das Flusswasser, fluteten das Tal mitsamt den Gehöften und Häusern und Kirchen. Die Menschen waren ausgezogen, mit allem, was sie auf den Wagen packen konnten. Die Tiere verkauft. Manche zogen nach Amerika. Von den andern hat sich jede Spur verloren, sagt Godi.

Anna starrt in die offene Nacht im Fenster.

In vielen Fällen ist es den Polizisten, die den jenischen Eltern im ganzen Land die Kinder nehmen wollten, gelungen: viele Kinder wurden weggenommen, und jedes Kind, von seinen Eltern getrennt, ja selbst von den Geschwistern getrennt, weggegeben.

Die Beamten wollten alle jenischen Kinder. Weil wir freie Menschen sind, sagt Vater. Wir unterwerfen uns nicht!

Von den Geschwistern getrennt, Anna duckt sich unter die Decke. Allein bei fremden Leuten, ohne Arno und Kira.

Sie wollten nicht, dass sie, die Jenischen, in der Natur wohnen und musizieren – wie To und Onkel Franz Musik machen, kaum dass sie zusammenkommen. Eines Tages also kam Tos Mutter angerannt, ihr war zu Ohren gekommen, dass man ihr die Kinder nehmen wollte, und die Kinder flohen, allein. Die Eltern blieben zurück, hielten die Beamten auf, bis die Kinder über die Kantonsgrenze hinaus waren. Davon sprach To, als Anna den Pfeil ahnte. Der Pfeil und der Zorn hatten nichts mit ihnen in Großmutters Betten am Sihlsee, sie hatten mit der Geschichte zu tun.

Eine wahre Geschichte.

Geschehen hier, in der Schweiz – wie die Sagen oder Mythen, vor langer Zeit ...

Doch dass Vater ein Junge war, ist nicht so lange her – Anna kennt sich nicht mehr aus. Nicht länger, als dass Mamma ein Mädchen war, das war vor dem Krieg, in Italien, und das scheint ihr sehr weit zurückzuliegen. In der Schweiz, hier, wo sie in den Kindergarten und Arno zur Schule geht und sie nun mit To in Großmutters und Godis Haus am Sihlsee in den Ferien sind, während Ma zur Kur ist nach der Operation – nichts Schlimmes, nur ein Brüchli, ein kleiner Bruch, der schnell verheilt –, habe es Beamte gegeben, die den Leuten, weil sie Zigeuner waren, die Kinder nehmen wollten.

Aber warum denn?

Das ist doch nicht möglich. Da hätten die Leute ihnen doch geholfen. Alle, wer auch immer davon erfuhr. Sie hätten es doch nicht geschehen lassen. Es kann keine wahre Geschichte sein.

Anna taucht aus der Unterwasserwelt auf, sehnt sich nach Mamma, als sie erwacht, To am Bett. Hat sie geweckt, mitten in der Nacht –

warum denn, das darf er nicht: Sie soll mit ihm und Godi – und Arno – in den Morgen zum Fischen hinausfahren, auf den See. *Na, den Sihlsee, wir sind am Sihlsee, den magst du doch so gern.*

Anna sieht Arno, wie er sich den Pullover über den Kopf zieht, wo er doch das Pyjamaoberteil trägt. To weist ihn nicht darauf hin.

Und die Kleine?, fragt Anna.

Kira schläft, reglos, tonlos, als atme sie nicht – wie ein Engel, sagt Mamma, Sonnenschein selbst in der Nacht, schläft friedlich, arglos im unteren Kajütenbett. *Soll sie etwa zurückbleiben, allein, mit Großmutter?* Das geht nicht, Großmutter …, aber das sagt Anna nicht, windet sich, sucht andere Gründe, findet: Zu Weihnachten schenkt Großmutter uns gestrickte Unterhosen aus kratzender Wolle. Weiß Großmutter denn, sagt Anna, dass Kira die Schnürsenkel noch nicht binden kann?

To wühlt in der Tasche, die Ma für sie gepackt hat, erklärt, Katarina sei zu klein, als dass man sie mitnehmen könne, doch Anna gibt nicht auf, und Arno stellt sich entschlossen neben sie. So dass To aufmerkt, von der Tasche ablässt. Belustigt, was Anna empört, geht er in die Hocke. Er sagt, Tante Frieda sei doch da. Eingetroffen gestern Abend, schlafe im Nebenzimmer, wie Anna sich vergewissern könne, und durch die offene Tür werde die Kleine, wenn sie erwacht, Tante Fridi sehen. Anna wischt sich die Nässe von den erhitzten Wangen. Sie lehnt sich vor, sieht Friedas blonde Locken auf dem Kissen im Zimmer gegenüber, zerzaust im Schlaf. Frieda, ihrer aller Lieblingstante, wird Kira aufnehmen, ihr beim Anziehen helfen, das Frühstück bereiten. Und so steigt Anna fröstelnd in die großen Gummistiefel, die To ihr hinhält.

Godi warte unten, heiße Schokolade in der Thermoskanne, rote Äpfel vom Baum im Garten in der Tasche.

Und wenn sie zurückkommen, ist Frieda da.

Sie folgt dem Bruder die Treppe hinunter, zum Fischen auf den See, der ein Stausee ist. Darunter liegt nicht nur das blühende Tal der Dorfbewohner, armer Leute, die ihre Kinder nicht ernähren konnten – sie wird Godi danach fragen –, mit seinen Bäumen und Sträuchern, Obsthainen am Hang und wilden Beeren, menschenverlassenen Häusern. Nicht nur Häuser. Ställe und Scheunen gibt es dort in der Tiefe des Wassers, selbst einen Kirchturm, wo nun die Fische ein und aus gehen und sonntags zuweilen ein Fisch von der Kanzel starrt. Manchmal läuten die Glocken. Für die Seelen der Kinder. Wer gut hinhört, kann sie hören. Anna, während Godi das Boot mit seinem langen Ruder kräftig vom Ufer abstößt, blickt ins Gesicht ihres nicht richtigen Großvaters, das nicht weniger verschrumpelt ist als Großmutters Gesicht und das sie doch gerne mag, sogar lieb hat, fast wie Tante Friedas helles Gesicht. Zuhause gibt es Fotos, auf denen auch der richtige Großvater zu sehen ist, mit einem Instrument, er ist Musiker, spielt mit der ganzen Familie auf dem Foto und sieht aus wie ein alter Mann. To ist ein Kind auf dem Foto. Irgendein Kind, wenngleich Ma sagt, das Kind sähe Arno ähnlich. Der Großvater ist irgendein Mann. Godi ist nicht irgendwer. Godi erzählt Geschichten von den Unterwasserwelten im Tal und den Leuten, die ihre Sachen packen mussten, wo sie doch lieber dageblieben wären, manchmal Geschichten von den Bienen in ihren Stöcken. Und Godi hätte es nicht zugelassen, dass die Kinder fliehen mussten, die Mutter ihre Kinder losschickte allein in die Nacht auf die Flucht.

10

Verwechslung der Kinder

Das Jahr 1927. Es geht um die Kinder der Lisa und des Anton – nicht meine Vorfahren, nein, aber sie sind Huser von Magliaso wie meine Großeltern und ich, in den Schreiben der Pro Juventute: »Vaganten«. Ich saß im prachtvollen Lesesaal des St. Galler Landesarchivs, vor mir ein Bündel Akten.

1927 wohnen Lisa und Anton Huser-Schöffel schon zwei Jahre im Häuschen am Ort, einem Dorf im St. Gallischen, nicht weit von der Kantonsgrenze zum Appenzellerland. Die Eltern von acht Kindern hausieren. Das Paar fährt jeden Morgen auf dem Motorrad in den Arbeitstag.

Auf dem Sitzungstisch des Gemeinderats liegt ein Schreiben einer karitativen Organisation aus dem fernen Zürich – private Stiftung zwar, aber vom Bund unterstützt, wie man weiß, und in der Tat steht ein Bundesrat der Stiftung vor. Die Pro Juventute schreibt, man habe sich über einen im Dorf wohnhaften Mann kundig gemacht: Anton Huser, Vater von acht Kindern. Dieser sei ein vorbestrafter Münzfälscher, der irgendwann bald eine Reststrafe von mehreren Monaten absitzen müsse.

Die Familie hause in prekären Verhältnissen.

Wovon soll sie leben, wenn der Mann im Gefängnis sitzt?

Die Heimatgemeinde der Familie, ein armes Dorf im Tessin, so die Pro Juventute, wird die Kosten kaum tragen können.

Die Stiftung vertritt die Ansicht – und es unterzeichnet der Leiter der Abteilung Schulkind –, die in der Gemeinde schulpflichtigen Kinder gehörten »versorgt«.

Eine solche Maßnahme kann indes nicht von der Pro Juventute, sie muss natürlich von einer Behörde verfügt werden. Die Stiftung kann sie nur anregen. Es braucht den Beschluss der zuständigen Wohngemeinde. Daraufhin werde die karitative Organisation alles Weitere in die Wege leiten, auch die Vormundschaft übernehmen.

Der Wohngemeinde würden dabei keine Kosten entstehen.

Der Gemeinderat, aufgeschreckt, lädt den Familienvater vor. Von einer »Versorgung« seiner Kinder will der Mann jedoch nichts wissen. Anton Huser gibt zu Protokoll, er könne selber für seine Familie sorgen, wenn man ihn denn nur ließe. Er verfüge über eine treue Kundschaft und ein gut eingeführtes Produkt. Anton Huser verkauft Seile.

Nach der Befragung im Gemeindehaus eilt Anton Huser nachhause, die Familie packt und flieht, erfuhr ich aus den Akten.

Hals über Kopf verlassen Anton und Lisa mit ihren Kindern das Häuschen am Ort. Sie flüchten über die Kantonsgrenze in den Nachbarkanton, Appenzell.

Wie flieht man mit acht Kindern?

Auf dem Motorrad, hin und her fahrend?

Die Eltern sind keine Reisende mit Pferd und Wagen. Sie wohnen mitten im Ort. Die älteren Kinder gehen in die Dorfschule.

Vielleicht halfen Verwandte, Freunde.

Es dürfte nicht einfach gewesen sein, eine neue Wohnung zu finden als vertriebene Vaganteneltern, das Leben der Kinder neu einzurichten, und zwar so, dass keine Klagen eingehen. Beim Pfarrer vorsprechen, beim Lehrer; die Großen zur Schule schicken, ein Mädchen einstellen für die Kleinen – ja, es gab ein jugendliches Kindermädchen. Was festgehalten ist, weil eine Nachbarin am neuen Ort über die junge Frau lästerte.

Es dauert nicht lange, und die Pro Juventute macht die Familie auch hier ausfindig. Der Leiter der Abteilung Schulkind schreibt wie gehabt an die Wohngemeinde: von der Münzfälscherei, der ausstehenden Haftstrafe, den prekären Verhältnissen. Von der drohenden Unterstützungslast. Und er schließt: Die Kinder gehören »versorgt«.

Erneut fliehen die Eltern mit ihren Kindern, lassen sich an einem neuen Ort nieder.

Zwei Jahre geht das so.

Die Familie flieht kleinräumig im Grenzraum St. Gallen-Appenzell, dort kennen sie sich aus, dort liegt ihr »Strich«, wie Jenische ihre Handelsroute nennen.

Der Leiter der Abteilung Schulkind der Pro Juventute erstellt derweil eine Liste der Huser-Schöffel-Kinder. Das älteste ist elf, das jüngste ein Jahr alt.

Die Zweitjüngste, Hermine, ist drei.

An sie erinnerte ich mich – ein Foto, in einer Ausstellung: das Gesicht eines kleinen blonden Mädchens, aufmerksame Augen, eindringlicher, fragender Blick, aufgenommen, nachdem die Kinder den Eltern weggenommen worden sind. Der offene Blick der kleinen Hermine hatte sich mir eingeprägt, und es muss an dieser Stelle gewesen sein, als ich sie in der Liste der zu versorgenden Kinder entdeckte, dass ich *den Fall* erkannte. Das Schicksal dieser Kinder ist mehrfach dokumentiert. Wer sich zu den Kindswegnahmen in der Schweiz unter der Ägide der Pro Juventute kundig macht, stößt unweigerlich auf sie – und ihre streitbare Mutter. Lisa Huser, geborene Schöffel, wird bis vor das Bundesgericht gehen im Kampf um die Kinder. Sie wird dort Recht bekommen. Ihre Kinder werden dann erwachsen sein, aufgewachsen irgendwo, ohne ihre Mutter und ohne Vater. Ohne ihre Geschwister. Keine Tanten, Onkel, Großeltern. Keine Patin. Keine Freunde der Familie. Allein. Vormund ist der Mann von der Pro Juventute. Der Fall ist hoffnungslos, wusste ich.

Ich las trotzdem weiter. In der letzten Wohngemeinde der Familie, Hundwil, Kanton Appenzell, so erfuhr ich aus den Akten (und wer hätte hier abbrechen können), bringt Lisa Huser-Schöffel im Januar 1929 ihr jüngstes Kind zur Welt, ein Bub, Peter. Was sie nicht weiß, ich hingegen in der Akte las: Der Leiter der Abteilung Schulkind hat die Familie längst auch in Hundwil ausfindig gemacht. Dieser Wohngemeinde berichtet er nicht nur von der Vorstrafe et cetera. Nein, diesmal doppelt er nach: Der Vater schicke die Kinder »auf den Bettel«. Der Mann von der Pro Juventute schreibt: *»Es wurde auch amtlicherweise erhoben, dass der Vater mit zwei seiner Töchter, als er in Lachen wohnte, herumzog, und dass sie zusammen öffentlich unanständige Lieder vortrugen. Diese Töchter sind 10 und 9 Jahre alt.«* Zum Beweis verweist er auf einen Bericht des Justizdepartements von St. Gallen.

Am Tag nach Lisas Niederkunft tritt der Hundwiler Gemeinderat zusammen. Die Vormundschaftsbehörde verfügt: *»Die Familie Huser ist eine Vagantenfamilie, die nach kurzem Aufenthalt ihre Wohnstelle immer wieder wechselt. Den Kindern wird dadurch eine normale Schulbildung vorenthalten.«* Der Beschluss: Den Eltern sind die Kinder wegzunehmen. Zur *»weiteren Erziehung sind sie richtig zu versorgen«*.

Mit der »Versorgung« wird die Pro Juventute betraut.

Der Mann von der Pro Juventute und der Hundwiler Gemeindehauptmann gehen vorsichtig vor. Sie sprechen sich ab. Die Verfügung wird den Eltern nicht eröffnet. Der Vater, der als renitent gilt, soll übergangen werden. Die Mutter wird eingeladen, ihre Kinder für ein paar Tage ins Heim zu geben, der Jahrhundertkälte wegen. Wer hat denn je einen so strengen Winter gesehen. Die Kinder werden es gut haben, ein paar Tage geheizt schlafen, warm essen, zusammen mit anderen Kindern von liebevollen Schwestern betreut.

Im Weiteren gehen die Darstellungen der Beteiligten auseinander: Die Eltern hätten die Kinder fortgeschafft, behaupten die einen; erst als sie polizeilich ausgeschrieben waren, hätten sie ihre Kinder wie angeordnet ins Heim gebracht. Die anderen berichten: Die Mutter glaubte, was man ihr sagte. Es gab die Absprache. Drei Tage.

Die Mutter glaubte es, oder konnte sich nichts anderes vorstellen.

Einzig das Neugeborene bleibt bei ihr zurück. Am 7. Februar 1929 bringen die Eltern ihre Kinder ins Waisenhaus Idazell im nahen Fischingen.

Am vereinbarten Termin ein paar Tage später, als die Mutter sie abholen will, erklärt man der verdutzten Frau, sie seien nicht mehr da.

Eine Ordensschwester eröffnet Lisa Huser-Schöffel: Eure Kinder sind weg.

Wo? An einem Ort, wo sie es gut haben. Dort werden sie bleiben. So ist es verfügt. Alles Bitten und Flehen nützt nichts: Man verrät der Mutter nicht, wo ihre Kinder sind. Irgendwann steht Lisa wieder allein vor dem Tor des Heims. Sie erkennt, dass sie getäuscht worden ist, man hat ihr die Kinder genommen. Sie läuft in die Gemeindekanzlei, man lässt sie nicht vor, zu wem denn, was wollen Sie denn, gute Frau. Der Sekretär schickt sie weg. Lisa fährt in den Kantonshauptort. Dort verweist man sie an die Behörden ihres neuen Wohnorts im Kanton St. Gallen. Im St. Galler Rathaus sagt man ihr, wir können nichts tun. Es gibt den Beschluss der alten Wohngemeinde. Richten Sie sich an die Vormundschaftsbehörde der Wohngemeinde, Appenzell.

Lisa Huser, geborene Schöffel, gibt nicht auf. Sie findet einen Rechtsanwalt, der sie vertritt, obwohl sie kaum wird zahlen können für den Rekurs, den Dr. Theo Klingler, so sein Name, gegen den Beschluss der Kindswegnahme einlegt.

Die Vormundschaftsbehörde muss gegenüber dem Justizdepartement des Kantons St. Gallen belegen, dass die Kindswegnahme rechtens ist.

In den Dörfern werden Referenzen eingeholt, Protokolle erstellt.

Es sprechen der Lehrer, der Pfarrer, ein Bäcker, eine Nachbarin.

Lisas Rekurs gegen die Kindswegnahme, ich glaubte meinen Augen nicht, hoffnungsvoll bang, wo ich doch wusste, dass die Sache ausweglos ist, wird stattgegeben. Ein legitimer Grund für die Kindswegnahme fehle, so die Beurteilung der zuständigen Behörde. Ein vorbestrafter Vater ist kein Grund, Kinder aus der Familie zu nehmen. Auch Armut nicht.

Die Kinder sind den Eltern zurückzugeben, so der Beschluss.

Doch die Kinder bleiben, wo sie sind: Der Beschluss wird nicht vollzogen. Er wird nicht umgesetzt.

Und es ist keiner da, der den Vollzug erzwingen würde.

Lisa Huser, geborene Schöffel, findet in der Justizbehörde einen Mann, der ihr zuhört und die Akten durchkämmt.

Der Regierungsrat des Kantons St. Gallen, Grünenfelder sein

Name, empört sich, so las ich fröstelnd und noch immer töricht hoffnungsvoll im handschriftlichen Schreiben des engagierten Mannes, den Lisa ausfindig machte. Er stellt richtig:

Entgegen der Darstellung der Pro Juventute lag den Kantonsbehörden von St. Gallen nie etwas gegen die Eltern Huser-Schöffel vor.

Er führt aus:

Die Pro Juventute behauptet, im Kanton St. Gallen sei aktenkundig, dass die Eltern Huser-Schöffel ihre Kinder »zum Bettel schickten«. Diese Behauptung ist falsch. Nach Darstellung der Pro Juventute, so hält der Regierungsrat und Justizbeamte fest, hätten die Huser-Schöffel, als sie in Lachen am südlichen Ende des Zürichsees wohnten, die Töchter des Nachts zum Vorsingen in Beizen geschickt, unziemliche Lieder, neun und zehn Jahre alt, die Mädchen, man stelle sich das vor: Unanständige Lieder, vorgetragen von kleinen Mädchen, allein, unter Trunkenen, des Nachts. Es gibt einen Polizeirapport, ja – vom Rapperswiler Wachtmeister Cantieni verfasst. Doch dieser Rapport betrifft nicht die Töchter des Anton und der Lisa Huser-Schöffel.

»*Wenn es im Schreiben der Pro Juventute vom 27.11.1928 an die Gemeindekanzlei Hundwil heisst, dass wir wegen der Versorgung der zwei ältesten Mädchen Huser in Verbindung gestanden seien, so ist dies unrichtig. Jene Korrespondenz betraf die zwei Mädchen Frieda und Gertrude Huser, von Franz Friedrich Huser, nicht aber Kinder des Anton Huser.*«

Nicht Anton und Lisa haben in Lachen am Ende des Zürichsees gewohnt, und nicht Lisas Töchter, schreibt der Justizbeamte, haben gesungen an der Fastnacht im Wirtshaus zu Rapperswil. Im hohen Lesesaal des St. Galler Landesarchivs las ich: Die singenden Mädchen spätnachts, es gab sie, doch sind sie keine Huser-Schöffel-Kinder, nein, die Mädchen Frieda und Gertrud, zehn und neun Jahre alt, sind Töchter meines Großvaters, damals wohnhaft in Lachen.

Die Mädchen sind meine Tante Frieda und meine Tante Trudi.

Der Rapperswiler Wachtmeister Cantieni hatte die Behörden aufgefordert zu handeln:

Die Eltern, so seine Empfehlung, seien zurechtzuweisen.

Ich saß allein im stillen Raum, der Lesesaal hatte sich geleert. Ich musste mit jemandem reden, Michael anrufen, ihm berichten, er würde verstehen. Ich musste mit ihm sprechen, ich brauchte eine Zigarette. Ich stand auf, meine Finger umklammerten das handschriftliche Papier des kantonalen Justizbeamten, trugen es aus dem hohen Lesesaal, in die Eingangshalle, mein Blick versickerte in den beiden Sätzen, die die Verwechslung aufdeckten.

Auch der kritische Justizbeamte kommt zu spät.

Auch diese Richtigstellung wird Lisa und Lisas Kindern nichts nutzen.

Der Archivar, ein junger Mann, saß im Eingang am Empfangstisch, legte den Telefonhörer nieder, den Blick besorgt auf mir. Er sah das Entsetzen in meinem Gesicht. Ich hörte mich Unverfängliches sagen, die Stimme trocken. Ich klärte die Kehle, sagte, ich müsse unbedingt das ganze Aktenbündel kopieren, fragte, ob das denn möglich sei. Wir tauschten Belangloses aus, lächelten. Ich sah, dass er begriff: Es ging um anderes. Er wollte es wissen. Ich erzählte bündig in einem Zug: Verwechslung. Er stand auf von seinem Stuhl. Ob ich denn sicher sei. Wie ich denn sicher sein könne. Er erblasste.

Ich fügte an, dass die Kinder bestimmt auch ohne diese Falschinformation den Eltern weggenommen worden wären. Es stimmt. Doch es ändert nichts.

Einen Roman, sagte er, *schreiben Sie?*

11

Begegnung mit Frieda

Zurück von St. Gallen, fand ich ein Schreiben des Bundesarchivs vor. Ja, es gab eine Pro-Juventute-Akte über meine Großeltern und ihre Kinder, doch konnte man mein Gesuch um Einsichtnahme nicht bewilligen. Die Familien- und Personenakten der Pro-Juventute dürfen nur »Direktbetroffenen« geöffnet werden, und als Tochter und Enkelin war ich das nicht. Schutzfrist 100 Jahre. Das hätten die Jenischenverbände so verlangt, erfuhr ich aus dem Netz, zu verletzend seien die Inhalte.

Ich rief an.

Meine Tante lebt, erklärte ich dem wissenschaftlichen Mitarbeiter des Bundesarchivs, einem überaus förmlichen jungen Mann jenischen Namens, den ich am Apparat hatte (altes jenisches Bündner Geigergeschlecht, wie ich mittlerweile erkannte).

Frieda.

Ich brauchte Friedas Vollmacht.

Frieda war über 90 Jahre alt.

Sollte ich ihr von der Verwechslung sprechen?

Konnte ich sie fragen, ob ihr Vater sie und Trudi zum Singen in Wirtschaften schickte? Unziemliche Lieder?

Konnte sie sich an einen Anton oder an eine Lisa erinnern, an deren Kinder?

Zuletzt war ich mit ihr während einer Erbenversammlung zusammengekommen. Es ging um das Millionenvermögen der lange verstorbenen Rosa. Es gab ein Testament, in dem sie meine Geschwister und mich reich bedachte – altes Versprechen der Rosa an ihren Lieblingsbruder, Toni, auch er schon viele Jahre tot, und wir, meine Geschwister und ich, verfangen im Versprechen, der Himmel weiß, warum, beharrten auf unserem Recht, das uns gegen alle anderen Verwandten stellte, selbst gegen Frieda. Die Erbengemeinschaft war groß. Die Verhandlungen liefen ins Leere, der Rechtstreit zog sich hin und Jahr um Jahr reihte sich Erbenversammlung an Erbenversammlung, bis hin zur letzten. Ein Saal in den Eingeweiden eines französischen Restaurants, unweit der Zürcher Bahnhofstraße, wo die Gäste Austern und Hummer aßen. Dort kamen wir in einem Hinterzimmer zusammen, Cousins und Cousinen zumeist, zum Teil bereits in der dritten oder vierten Generation, von Rosas Geschwistern einzig die jüngste Tante, die mir fremd war. Und Frieda.

Wir hatten uns lange nicht gesehen. Wir lagen uns in den Armen. Ich umarmte meine Kindheit, sog den Geruch der Kindertage ein. Und genauso, sah ich, als ich Frieda im Wissen um die Erbensache im Rücken freigegeben hatte, erging es meiner Schwester, Kira. Frieda lächelte ganz genau wie früher. Still, jeder Gesichtszug lächelte. Mein Bruder, Arno, bückte sich tief zu ihr hinunter. Seine Hände an ihren Schulterblättern achtsam, bereit, sie aufzufangen, sollte sie dahinsinken. Frieda war eine starke alte Frau, klein geworden, sehr alt im Blick der Jüngeren, sehr zart, gepflegt. Kein Puder auf der Haut, etwas Glanz auf den

Lippen, etwas Farbe auf den Lidern. Die schmalen Augen, wie sie allen Huser-Schwestern eigen waren, zu Schlitzen verengt, doch ihr Lächeln, wenn der Tränenschleier weggewischt war, fand noch immer den Weg nach draußen.

Und seither, seit jener Begegnung in der Erbenversammlung, hatten wir uns nicht wiedergesehen.

Nun brauchte ich Friedas Vollmacht. Weil ich mich, der Himmel weiß auch hier nicht, warum, viel zu spät um die eigene Geschichte kümmerte, brauchte ich ein Schreiben der Frieda, geborene Huser, in dem die alte Dame eine ihrer vielen Nichten blind bevollmächtigen sollte, Akten einzusehen, die ihre Person und ihr Leben betrafen.

Ich würde ihr ein vorgefasstes Papier vorlegen, sie um ihre Unterschrift unter diese Vollmacht bitten.

Durfte ich das, würde sie begreifen, was ich von ihr verlangte?

Friedas Nummer fand sich im Telefonbuch. Sie lebte noch immer in der eigenen Wohnung, war in der Kleinstadt zuhause, an der alten jenischen Handelsroute zwischen Zürich und Bern gelegen, aus der ihr Oskar stammte. Sie war in Oskars Städtchen umgezogen, als sie ihn an den Tod verloren hatte. Dort, wo viele ihn kannten, fühlte sie sich ihm nah.

Wir saßen über den Bildern von ihren Urenkelkindern, die Frieda nur von Fotos kannte. Enkel und Urenkel lebten in Australien. Ihre Söhne waren dorthin ausgewandert. Frieda und Oskar waren ihnen gefolgt, hatten ein Restaurant aufgebaut, Schweizer Küche, in Sydney. Es lief gut. Doch Frieda ertrug das Klima nicht, so sagte sie, oder sie hatte sich überarbeitet. Jedenfalls kehrten sie und Oskar nach ein paar Jahren zurück. Sie richteten sich in ihrem Haus am Sihlsee ein – das ich als Kind der ungeliebten Großmutter zugeordnet hatte.

Es war Friedas Haus gewesen, erfuhr ich in ihrer Stube. Die Mutter kam oft zu Besuch.

Frieda wechselte mit Leichtigkeit zwischen den Jahrzehnten und Familien, erzählte vom geliebten Enkel in Australien, der mit seinen Eltern einige Schuljahre in der Schweiz verbracht hatte, bevor die junge Familie erneut, und diesmal für immer, auswanderte. Sie sprang in die Zeit, als ich und meine Geschwister Kleinkinder waren und sie mit uns und unseren Eltern in den Urlaub fuhr, nach Italien. Endlose Sommerwochen am Meer, gemeinsam. Und nochmals Jahre zurück in die Tage, als Toni und Itala sich kennenlernten. Dann: viele Jahre früher, stell dir vor, als Franz – der große Bruder, etwa 13 Jahre alt – eine Pistole fand und sich beim Vögeljagen aus Versehen in die Wade schoss. Ein Schuss ging los, als er sich den Schuh an einer herumliegenden Scherbe aufriss und strauchelte. Ein Streifschuss nur, aber es gab eine Wunde und der Schuh war hin. Die kaputten Schuhe waren nicht zu verheimlichen, aber von der Wunde durften die Eltern nichts erfahren, auf keinen Fall, und sie, Frieda, *ich wusste doch auch nicht, wie man das macht*, verband die Wunde am Bein des Bruders.

Das war am Tag, bevor sie fliehen mussten.

Sie selbst war 11, so in etwa.

Das wäre dann Anfang 1929.

Sie wohnten in einem Häuschen über dem Zürichsee. Die Mutter kam und sagte, ihr müsst aufbrechen, Kinder, abhauen, sofort, und ruht nicht, bis ihr über die Kantonsgrenze hinaus seid, wir kommen nach. Da war die Wunde noch ganz frisch, und Franz hatte Mutters Schuhe an den Füßen, ein Schnallenschuh.

Dann, als sie, Frieda, zum ersten Mal auf der Bühne stand.

Sie waren im Tessin angekommen. Der Vater hatte eine Anstellung gefunden, im Hotel in Lugano. Wir spielten den Engländern zum Nachmittagstee auf im Hotelpark.

Frieda sang.

Sie hatten sich am Ende des Zürichsees niederlassen wollen, in Lachen. Doch dann war dort ein Beamter mit Hund aufgetaucht – ein Beamter und eine Frau. Sie, Frieda, war allein zuhause mit den Kleinen, die Eltern und Franz hatten ein Engagement im Luzernischen in jenen Tagen. Eines der Geschwister hatte die Leute kommen sehen, und im Nu waren sie alle im Gestrüpp am Hang versteckt, samt Hündin, der Toni befahl, still zu sein, kein Mucks. Die Frau und der Beamte klopften an die Haustür, riefen, umrundeten das Häuschen, spähten durch die Fensterscheiben. Sie konnten die beiden sprechen hören. Sie hatten Angst, der Hund des Beamten würde sie aufspüren. Doch der war alt, ein Glück. Die Frau musste von der Pro Juventute sein, der Beamte wohl von der Gemeinde, wo der Vater damals gemeldet war. Der Beamtenhund schlug nicht an. Die Frau und der Beamte zogen ab. Das Gesuch des Vaters um Bewilligung einer Niederlassung am Ort wurde zurückgestellt. Doch da waren sie schon weg, der Vater hatte anderenorts ein Häuschen gefunden, ebenerdige Wohnung, schön gelegen, über dem rechten Zürichseeufer, wo sie alle zur Schule gingen, auch Toni, nur die Zwillinge waren noch zu klein. Und Mutter ließ bald ein Mädchen kommen für die Kleinen.

Erst im Tessin, als sie im Hotel ein Auskommen fanden, ließ der Vater zwei Wagen bauen für die Reise. Aber nein, sie wohnten nicht in diesen Wagen, *woher denn*. Niemand wohnte in einem Wagen. Man verstaute dort seine Sachen, vor allem die Instrumente. Auf der Rückreise in die Deutschschweiz, *ja*, *warum auch nicht*, mochten sie manchmal auch darin übernachtet haben, wenn es stürmte.

Oder man legte ein Kind zum Schlafen in den Wagen.

Sie waren alle traurig, als der Vater die beiden Wagen, auch das Pferd, nach ihrer Rückkehr wieder verkaufte.

Ja, eigentlich waren sie nur in der Zeit nach der Flucht gereist, während zwei Jahren.

Von Bekannten oder Verwandten im St. Gallischen wusste Frieda nichts.

Auch von einem Rapperswiler Wachtmeister wusste sie nichts oder vom Singen in einer Wirtschaft. An der Fastnacht, ja. An der Fastnacht schickte die Mutter sie und Trudi zu Oma Diez, Mutters Mutter, die eine gute Hand fürs Schneidern hatte und eine Truhe voller bunter Stoffe besaß, wie aus Tausendundeiner Nacht. Sie war eine Bayerin. Redete auch so. Oma Diez kleidete die Mädchen ein, eines als Maikäfer, das andere als Frosch. Sie liebten das. Und so sangen sie zu zweit auf den Plätzen der Stadt. Sie kannten viele Lieder, von der Mutter, auch von der Oma, die sang immer in ihrer Küche. Oma Diez war Köchin, stand einer riesigen Kantine in Uster vor. Und schon im Zug – die Großmutter setzte sie in den Zug nach Zürich, ja, allein, denn sie kannten sich gut aus in der Stadt, im Niederdorf, auch am See –, noch im Zug verdienten sie sich ihren ersten Zweiliber. Für die ersten zwei Franken, so war es mit der Mutter ausgemacht, durften sie sich Schleckwerk kaufen. Was sie darüber hinaus einnahmen, kam in die Büchse: Mutter hatte eine Ovomaltine-Büchse präpariert, Schlitz für die Münzen, Deckel festgeklebt.

Aber dass sie je in einer Wirtschaft gesungen hätten, daran konnte Frieda sich nicht erinnern.

Unziemliche Lieder?

Deren dreckige Fantasie.

Frieda, nachdenklich geworden, schüttelte den Kopf, sah ins Leere, sah mich an.

Man wusste, dass die Pro Juventute Jenische jagte. Seit die Mutter davon gehört hatte, dass wirklich Kinder wegkamen, war Singen auf den Plätzen verboten. Alles war verboten. Sie sollten keine gefallenen Äpfel auflesen unter den Bäumen am Wegrand, nicht über die Wiese laufen, kein vierblättriges Kleeblatt pflücken, denn der Bauer könnte sich daran stoßen. Auch in der Schule sollten sie nicht auffallen. Die Mutter war nervös und streng geworden.

Dann hat sie das Berti kommen lassen, die Cousine, als Kindermädchen. Denn auch sie, Frieda, die ja das älteste war von den Mädchen, sollte nie fehlen in der Schule.

Für die Kleinen war nun das Berti da.

Und alle liebten sie sehr.

Sie war die Tochter eines Onkels, Bruders des Vaters – eigentlich war das ja nicht sein Bruder. Denn Friedas Vater, der Jüngste von 20, war beim ältesten Bruder aufgewachsen, nachdem die Eltern gestorben waren. Diesen Bruder nannte er Vater. Und dessen Kinder waren wie Geschwister für ihn.

Ich hatte Fotos mitgebracht. Und da war sie: das Berti. Sitzt neben der Mutter auf dem Kutschbock, auf der Fotografie der Zigeunerfamilie in der Axenstraße, auf dem Weg Richtung Süden.

Es hatte, erinnerte sich Frieda, einen Onkel Anton gegeben, Bruder des Vaters. Aber nachdem sie geflohen, dann nach zwei Jahren Tessin wieder zurückgekehrt waren, trafen sie sich kaum mehr mit Verwandten. Es kam auch niemand mehr zu Besuch. Es war zu gefährlich, denn die Pro Juventute hätte wieder auf sie aufmerksam werden, ihnen die Polizei auf den Hals hetzen können. Wie das genau vor sich ging, wusste man nicht. Die Pro Juventute machte mit den Beamten gemeinsame Sache. Wobei es in den Ämtern und Schulen auch gute Leute gab, das musste man sagen, die sie nie verraten hätten. Aber man musste vorsichtig sein.

Man sprach auch nicht mehr Jenisch.

Nein, an ein Verbot kann sie sich nicht erinnern. Die Sprache hätte sie verraten, und so unterhielt man sich einfach nicht mehr auf Jenisch; selbst später, als sie sich sicherer fühlten, denn sie waren wer in der Volksmusik. Die Familienkapelle war vielen bekannt und bei vielen beliebt. Aber man wusste nie. Und dann war ja auch noch das Puppi zur Welt gekommen, die Nachzüglerin. Kleine Kinder waren der Pro Juventute am liebsten.

Sie traten als »Wandervögel« auf, schloss Frieda, wieder heiter. Sie selbst spielte die Laute.

Noch heute jucken ihr die Finger, wenn sie gute Volksmusik hört.

Wir tranken Kaffee, aßen Kuchen in Friedas Raum voller Blumen, Blumen in Töpfen und Vasen, auf Gobelins gestickte Blütenpflanzen, weiße Liliengewächse, Rosenknospen. Ich saß auf von Friedas Händen auf Kissen gestickten Blumenranken. Frieda trug eine duftende Bluse, war beim Frisör gewesen. Auch ich hatte mich fein gemacht. Im Bücherregal standen Musikplatten und Fotos, eine Wanduhr schlug die Zeit. Geschenk von Oskar. Auf Friedas Gartentisch hinter der Verandatür lag Schnee, und in der Tiefgarage unten, sagte Frieda neckisch, stand der weiße Mercedes: Den Führerschein hatte sie ein paar Tage zuvor abgegeben. Den Wagen würde sie aber behalten. Und beim nächsten Besuch, sagte Frieda, fährst du mich aus.

Sie verstand sofort, wozu ich die Vollmacht brauchte. *Wie schön, Kind.* Sie setzte die Brille auf, unterschrieb, langsam, sorgsam. Setzte »geborene Huser« hinter ihren Namen.

Sie nahm das Buch zur Hand, das ich ihr mitgebracht hatte, mein Name stand darauf. Mein erster Roman. Frieda hielt das Buch in beiden Händen. Als müsse sie es wärmen wie ein aus dem Nest gefallenes Vogelkind. Wäre es ein Vogel, würde sie es aufziehen, bis es fliegen kann. Als sie das Buch endlich aus der Hand legte, auf eines der Tischchen im Winterlicht, das von der Terrasse hereinfiel, blieb ihr Blick erneut an meinem Nachnamen auf dem Buchdeckel hängen, der ihr eigener Mädchenname war; sie ließ endlich ab von dem Buch, drehte sich zu mir. Ich glaube, sie nahm meine Hände. Frieda hatte von meinem ersten Buch in der Zeitung gelesen, der Regionalzeitung. Sie hatte den Zeitungsbericht allen Bekannten, auch Oskars Verwandten, gezeigt, die am Ort lebten, hier ein Reinigungsgeschäft betrieben, und der eine Neffe war Geschichtsprofessor in der Stadt.

Es war eine Lesung in der Region gewesen, von der die Regionalzeitung berichtete, ein Foto, auf dem ich, winzig, in der Gruppe der Lesenden zu sehen war. Irgendwo musste unter vielen auch mein Name stehen.

Nicht etwa, sagte Frieda, die Stimme brüchig, *dass etwas über uns in der Zeitung steht, wenn das neue Buch erscheint?*

Das Buch über die Jenischen.

In der Lokalzeitung.

Dass wir Jenische sind.

Keiner weiß von Friedas Herkunft am Ort.

Als sie Oskar heiratete, damals kannten die Leute ja die Namen noch, hieß sie schon anders. Sie war ja schon einmal verheiratet gewesen, hieß nach dem Vater ihrer Söhne. Nach dem Mädchennamen hat sie keiner gefragt. Und ihre Brüder waren wer in der Schweizer Volksmusik.

Niemand hier am Ort wusste, dass Frieda eine Jenische war.

12

Das Foto an der Axenstraße

Aus Magliaso lag ein Umschlag im Briefkasten: Auszüge aus dem Bürgerregister, »atti di famiglia« genannt, Familienscheine. Die Geburten sind notiert, die Heiraten, der Tod. Dem Familienschein zufolge war mein Großvater nicht der Jüngste von 20, wie Frieda meinte, aber immerhin von 12, und die Eltern starben früh.

Mein Großvater war laut Frieda beim ältesten Bruder aufgewachsen.

Dessen zweiter Sohn hieß Anton. Und Anton heiratete die Lisa. Anton und Lisa waren die Huser-Schöffel und sollen die Töchter zum Betteln geschickt haben. Ihnen nahm man die Kinder.

Mein Großvater und Anton waren wie Brüder aufgewachsen.

Im Schutz der Tischlampe ging ich die publizierten Fakten über die Geschehnisse um Antons und Lisas Kinder durch.

Von der Verwechslung ist nie die Rede.

Die Pro Juventute hätte die Zustimmung der Behörden zur

Wegnahme der Kinder vielleicht auch ohne diese Falschbehauptung – Lüge oder Verantwortungslosigkeit – erreicht, das ist möglich, sogar wahrscheinlich.

Ob die Verwechslung Absicht war, ob sie System hatte – nicht klar, nicht erforscht. Wie so vieles in dieser Geschichte.

Auf meinem Tisch stand das Foto der Zigeunerfamilie, meiner eigenen, unterwegs auf der Axenstraße, die in den Süden führt, zum Gotthardpass.

Jenische Familie mit Pferd und Wagen.

Hiesige Zigeuner.

Ich hatte das Foto schon so oft betrachtet, ich hatte nie etwas Beunruhigendes darin gesehen.

Jetzt sah ich die Momentaufnahme mit anderen Augen.

Meine Leute wussten, was mit Anton und Lisas Kindern geschehen war.

Auf dem Kutschbock sitzen eine junge und eine ältere Frau, offene helle Gesichter; kleine Mädchen auf dem Schoß, eine blond, eine braun. Nichts Auffälliges.

Die beiden größeren Mädchen vorn im Bild, zehn und elf Jahre alt, in lumpigen Schürzenkleidern, halten sich am Zaumzeug des Pferdes fest – der Blick alarmiert, erkannte ich, das Foto in den Händen, und ich fragte mich, wie es nur möglich ist, dass ich diesen Blick bisher nicht beachtet habe, nie.

Die beiden älteren Mädchen sind auf alles gefasst – an diesem Tag, in diesem Moment.

Sie blicken direkt in die Kamera.

Der Vater – schlaksig, Gewicht auf einem Bein, als wüsste er nicht, ob vor oder zurück, und nachlässig gekleidet, als habe er plötzlich aufbrechen müssen – hält sich halb verdeckt hinter seinem sehnig-kräftigen älteren Sohn neben Pferd, Wagen und Familie. Sein Erstgeborener ist der eigentliche Kopf der Familie auf dieser Wegstrecke, wie mir scheint, wo er doch erst 13 ist, Franz, hochgeschossen, blond unter der Mütze, hält seine Klarinette in beiden Händen. An den Füßen trägt er Frauenschuhe – Mutters Schnallenschuh.

Er ist in derselben alarmierten Haltung abgelichtet wie Frieda und Trudi, die Mädchen am Kopf des Pferdes. Misstrauischer, alerter Blick.

Der jüngere Sohn, Toni, Akkordeon im Arm auf den Pferderücken gesetzt, stets der kleine Bruder, scheint im Bund mit den Geschwistern zu allem bereit.

Einzig die beiden Frauen auf dem Kutschbock haben ein Lächeln im Gesicht: die Mutter und das Berti, die Zwillinge auf dem Schoß.

Die Erleichterung, wieder vereint zu sein mit den Kindern, im Wissen, über die Grenze des letzten gefährlichen Kantons hinaus zu sein: der Kanton Zürich Vergangenheit, auch der Kanton St. Gallen überwunden.

Ich erkannte: Das Foto dokumentiert die Flucht, 1929.

Es ist nicht lange her, dass die Eltern nachgekommen sind. Die Familie ist unterwegs ins Tessin, es geht darum, die Kinder zu retten.

Der Fotograf ist keine Gefahr. Es war bekannt unter Reisenden, dass der Aschwanden Michael an der Axenstraße steht. Er fotografiert die Touristen und andere Reisende. Er entwickelt die Bilder vor Ort, lässt die Reisenden weiterziehen, schickt seinen Neffen mit den Abzügen auf dem Rad hinterher. Postkartenformat.

13

Wie alle, nichts Besonderes

Später wird sich Anna nicht erinnern können, wie es dazu gekommen ist, was der Auslöser war. Sie war in der dritten Klasse, es war die Zeit, als sie das Schneewittchenspiel für die Einweihung des Schulhauses probten, und Anna, weil sie schwarze Haare hatte, sollte das Schneewittchen geben – sie hat es plötzlich gewusst, es ist ihr wie Schuppen von den Augen gefallen, als sie erkannte: Es ist gar nicht wahr. Wir sind nichts Besonderes. Wir sind ganz normal. Wir sind nicht schöner und nicht gescheiter und nicht begabter als andere. Wir sind wie alle.

Sie sitzt im Schulzimmer, Blick an Theres' hellblonden Locken vorbei auf die Weltkarte – Tess' Haar, dann ein Bubennacken, dann die Zeichnung der Welt ganz vorne rechts. Sie nimmt die ganze Raumecke ein, strahlt in den Raum und man kann darauf herumschweifen. Die Karte hängt so weit entfernt, dass die Beschriftungen zerfließen und die gestrichelten Linien für die Ländergrenzen aufgehoben sind. Die Welt ist Meere und Kontinente. Als einzelne Länder sind nur jene erkennbar, die ans Wasser grenzen, ins Meer ragen wie Italien, oder oben in

Europa: Dänemark, oder die Inseln sind, weit im Osten: Japan. Afrika ist mächtig, die große Wüste erkennbar an der Farbe der Hitze, ocker. Amerika mit seiner schlanken Taille schlängelt sich zwischen zwei Ozeanen in die Länge, zerbröselt oben zum vereisten Kontinent hin, weiß. Auch dort leben Menschen. In der Taille Amerikas, in Ufernähe: Ketten kleiner Inselwelten, Ma sagt, sie seien alle bewohnt und gehörten fernen Nationen an wie England oder Frankreich, auf der gegenüberliegenden Seite des Ozeans, in Europa. Von der Westküste Europas, dort liegt Frankreich, geht es unendlich weit und immer weiter in den Osten, wo die Sonne früher aufgeht als bei uns, durch die Sowjetunion, was ein riesiges Reich ist, mit vielen Völkern, sagt Ma, das auseinanderbrechen wird, wie das Römische Reich und Österreich-Ungarn auseinanderbrachen, sie sagt, nicht nur die großen Reiche, nein, selbst das kleinste Land wird auseinanderbrechen, auch die Schweiz habe es nicht immer schon gegeben und werde es nicht ewig geben, ja selbst Italien!, sagt Ma, und das will etwas heißen. Doch die Kultur bleibt, Leonardo da Vinci, Dante. Da gab es Italien noch nicht, aber es gab die Kultur. Über viele Nationen geht es in den Osten bis nach China und endlich ans ferne Ufer vor dem Land, das sie hiermit zu ihrem Lieblingsland erklärt, sie wird Theres fragen und Arno, was ihr Lieblingsland ist, das ihre ist der schmale Schweif im Meer: Japan. Dort war sie doch gerade. Weil sich die Menschen so schön bewegen, deshalb, fließend. Auch in Afrika bewegen sich manche Frauen fließend, heben ihr Gepäck auf den Kopf und gehen weg, während sie in Japan, vielleicht auch in China, Korea, Malaysia, Vietnam fließend in die Hocke gehen, um am niedrigen Tisch Tee in winzige Tassen zu gießen. Die Welt, so groß, ist schnell umrundet. Unten rechts, sie überfliegt eine verklüftete Landschaft und ganze Inselketten, zwei Kleckse im Meer, eine Wal-Mutter und ihr Kind: Australien, Neuseeland. Tante Frieda ist in Australien, und wenn Anna groß ist, wird sie die dort besuchen.

Sie hatten geübt in der Turnhalle. Mädchen und Buben aller Klassen ihres Jahrgangs, aber nur jene Kinder, die eine Rolle innehaben im Theaterstück, das sie aufführen würden, und als die Lehrerin, eine andere, nicht Fräulein Frei, ans Telefon gerufen wurde, hatten sie weitergespielt in der Turnhalle, ohne Anleitung. Die Darstellerinnen und Darsteller aller Klassen. Zwei Schneewittchen (die dritte war krank), drei Prinzen, viele Zwerge, außerdem die sechs Stiefmütter (drei Mädchen und drei Buben). Es ging um die Schlussszene, in der alle zusammenkommen, außer den Stiefmüttern natürlich, die mussten draußen bleiben, standen am Rand herum, aber als die Lehrerin weg war, kamen auch sie aufs Feld: spiegelten sich, was ja ihre Rolle war. Immer zwei standen sich gegenüber, aber nicht starr wie sonst, nein: Zwei begannen, sich zu verbiegen, dann rasten zwei durch die Halle, die eine das verbogene oder das rasende Spiegelbild der anderen. Keiner hielt mehr an sich, wie man an sich halten müsste, auch die Schneewittchens nicht, die zurückhaltendsten, bravsten, biedersten, schweizerischsten, kon-sten. Zwerge, Prinzen und Schneewittchens lösten die Ringe von der Decke. Sie haben alles runtergelassen, den Rundlauf, die Kletterschnüre, alle Gerätschaften, die man von der Höhe der Turnhallendecke lösen konnte, wurden befreit, dass sie bis fast auf Augenhöhe in die Halle ragten, und die Schneewittchens und Prinzen und Zwerge hingen sich in die Seile, schwangen durcheinander, standen wie Zirkusfeen auf Zehenspitzen in den Trapezen, wirbelten am Seil hängend im Kreis herum, bis es sich von selbst wieder aufzwirbelte, und auch Anna flog, tanzte und wirbelte. Als Schleppen und Zipfelmützen brachten die Stiefmütter und ihre Spiegel die Mäntel und Schirme aller Kinder aus der Umkleide, jemand schleppte das Trampolin aus der Remise, es folgten Böcke, Barren und andere kuriose Gerätschaften, Federbälle sausten durch die Luft, Reifen rollten. Und draußen läuteten die Glocken, wie zur Hochzeit oder zum Sturm.

Ein Windstoß fegt durch das Schulzimmer. Hefte flattern, Stifte rollen über die Tischkante und schlagen am Boden auf, wie Nüsse, die vom Buschbaum fallen. Jemand schließt das Fenster. Fräulein Frei streicht sich das Haar zurück an der Schläfe, vorsichtig, um die Haarlackschicht nicht aufzuspalten. Sie lehnt wieder am Lehrerpult, das erhöht steht, und stellt ihren Fuß im Schnallenschuh auf das Podest. Dort sitzt sie nur, wenn sie Hefte korrigiert. Ihre Strümpfe glänzen an den Waden. Sie erklärt den Schülern vorne links etwas, Grammatik, was Anna gerne mag. Und sie kann nicht verstehen, dass manche es öd finden. Es geht wie von selbst, wie Turnen an den Ringen, wenn man sich vor und zurück schwingen soll, nicht anders als auf der Schaukel. Ihr Blick pendelt zurück zum Schweif rechts oben in der Karte, und es ist in diesem Moment, dass sie erkennt, und es ist dieser Moment, an den sie sich erinnern wird, ohne je wieder sagen zu können, wie es dazu kam, dass sie erkannte: Es stimmt nicht! Es ist nicht wahr, dass wir etwas Besonderes sind.

Es stimmt einfach nicht.

14

An der Feier des jenischen Jubilars

Das eigentliche Geschehen liegt vor mir, wenn ich mich an jenen Tag erinnere. Ich sitze in der Trambahn, das Fenster ist angelaufen, der Blick nach draußen nebelhaft. Mein Ziel liegt auf halbem Weg Richtung Kon. Ich bin zur Feier zu Ehren eines jenischen Verbandsfunktionärs unterwegs. Der Verband und sein Präsident sollen für die Leistungen ausgezeichnet werden, die sie seit den 1970er Jahren für die »Fahrenden«, so die Selbstbezeichnung, erbracht haben, seit das Programm der Kindswegnahmen aufgeflogen war. Für mich eine Gelegenheit, so erinnere ich mich, reisende Jenische kennenzulernen. Häuserzeilen einer vergangenen Zeit glitten an mir vorbei. Die Strecke war mein Heimweg von der Schule gewesen, und wie erwartet erschien im Tramfenster auch die Straßengabelung, an der im Kreuz des Stadtverkehrs das einstige Teppichgeschäft meines Vaters lag. Und da waren sie, die beiden weiten, fast bodentiefen Schaufenster mit den schimmernden Teppichen und ihren Geschichten aus dem Orient. Ich glitt vorbei und sah die kleine Anna auf dem Vorplatz Runden auf ihrem Rad drehen, verzückt auf ihrem Minivelo,

Geschenk ihres Vaters. Er steht schlank in der Tür, schaut zu. Ich drehte mich um nach ihm. Die Bahn war längst weiter. Das Wort »Fahrende« habe ich von ihm nie gehört. Wir waren keine Fahrenden, wir waren Zigeuner; wir »fuhren« nicht, wir »gingen auf die Reise«, »reisten« – respektive er reiste als Kind mit seinen Geschwistern und den Eltern. Reiste in den Erzählungen ohne Anfang und Ende, Geschichten ohne andere Handlung, als dass er und seine Geschwister, Kinder, durch opernbühnengleiche Wälder streiften, in Bächen badeten, Feuer entfachten. Sie aßen und tranken herrlich. Freiheit war das Lebensgefühl, wenn sie über die Auen liefen. Die Familie war mit Pferd und Wagen unterwegs in diesen Tableaus, wie man es sich vorstellt von richtigen Zigeunern. Nie waren sie, auch das wie richtige Zigeuner, gezwungenermaßen auf Reisen, als Vertriebene, Menschen auf der Flucht, die reisend zu überleben wissen. Unfreiwillig war einzig der Aufbruch gewesen.

An der gegenüberliegenden Straßenseite erkannte ich Friedas frühere Papierwarenhandlung. Als sich die Familie aus dem Tessin wieder über den Gotthard ins Mittelland zurückwagte, reisten sie handelnd und musizierend von der eigenen Wohnung aus, wie ich von Frieda erfahren hatte – wie die meisten reisenden oder fahrenden Jenischen bis heute unterwegs sind, wenn sie denn noch immer auf die Reise gehen in den wärmeren Zeiten des Jahrs. Nach der Rückkehr mieden meine Leute die Dörfer am Zürichsee. Sie richteten sich auf Luzern aus, mieteten sich auf dem Land ein. Die Eltern und Franz spielten in der Innerschweiz auf. Manchmal blieben sie wochenlang weg. Dann war Frieda ganz allein verantwortlich für die Geschwister. Und zu Toni, Rosa und Gritli, »den drei Kleinen«, war die Babyschwester hinzugekommen. Sie selbst, Frieda, war bald 16, und das Puppi machte seine ersten Schritte in Friedas Erzählung. Das wäre dann 1933. Frieda brach ihre Coiffeurlehre ab. Sie kümmerte sich um das Baby, was schöner war, als Böden aufzuwischen und für die Friseurfamilie einzukaufen. Die Mutter schickte wöchentlich Geld per Post, und immer freitags klopfte Frieda unmittelbar vor der vereinbarten Stunde an die Tür des Nachbarhauses, wurde eingelassen, und mit dem ersten Schlag der Standuhr schrillte an der Wand der Bauernstube das Telefon. Frieda hatte die Mutter am Apparat, und sie besprachen die Woche. Frieda berichtete, welche Fortschritte das Puppi machte, was die drei Kleinen für die Schule brauchten, wie sie mit dem Geld zurechtkamen. Die Bauersleute hörten zu, und wenn es denn nötig war, streute Frieda ein paar Brocken auf Jenisch ein, was indes nur selten vorkam, im Übrigen nicht weiter auffiel, klangen die jenischen Einsprengsel doch bloß nach einem etwas anderen Dialekt. *Fein, wie die Sprache das eingerichtet hat,* hatte Frieda mir erklärt, als wir in ihrer blumenbestickten Stube beisammensaßen. Das Jenische, nach dem Deutschen aufgebaut, hatte neue Worte geprägt und alte dialektale Wörter mit einer neuen Bedeutung aufgeladen, manche Laute einer Nachbarsprache entlehnt, um sodann alles in den lokalen Singsang zu gießen – so dass hiesige Zuhörer die eigene Sprachmelodie zu erkennen glaubten, und erst wenn sie hinhörten, verdutzt feststellten, dass sie kein Wort verstehen. In der Luzerner Bauernstube also sprach Frieda ihre Mundart mit jenischen Schnipseln versetzt, und wenn die Nachbarn aufblickten, war der Satz passé und die Rede von etwas anderem, Unverfänglichem. *Aber warum erzähle ich das jetzt?*

Als Toni eines Sonntagmorgens, so ging die Geschichte, im Straßengraben einen Tschopen – ein Jackett – fand, fünfzig Franken in der Seitentasche, ein Vermögen, erfasste Frieda sofort, dass sie der Mutter alles haargenau schildern und mit ihr beraten musste, wie mit dem vielen Geld umzugehen war.

Frieda setzte sich mit dem kleinen Bruder an den Küchentisch. Sie nahmen Stift und Zettel zur Hand. Toni sprach von ihnen allen am besten Jenisch. Wie sagt man Weggabelung auf Jenisch? Wie heißt Straßengraben, abgegriffener alter Tschopen, Seitentasche, Morgennebel, Toni ganz allein unterwegs – keine Menschenseele draußen zur frühen Stunde, und die übrigen Taschen alle leer. Sie suchten nach den jenischen Worten. *Wir sprachen ja kaum mehr Jenisch. Toni* – Friedas seefarbene Augen leuchteten auf, als sie mich ansah, *Dein Vater*, setzte sie neu an, *hat die entlegensten Wörter im Gedächtnis behalten.* Er muss wohl weiter mit Jenischen zusammengekommen sein, als sie sich fernhalten sollten. Dies stellte Frieda fest, als wir in ihrer Stube beisammensaßen. Ihr, Frieda, waren die jenischen Wendungen nach und nach abhandengekommen.

Rosas Ausstellungsraum, an derselben Tramstrecke gelegen, verpasste ich.

Im Eingang spielte lustlos ein Akkordeonist, als ich eintraf. Die angekündigte Bundesrätin war schon da, kaum Presseleute, dreißig, vierzig Frauen und Männer, man war unter sich, kannte sich. Der alte Herr, der geehrt werden sollte, stand von Gefolge umringt bei der Ministerin. Ich kramte den Fotoapparat aus der Tasche, und weil ich wie früher durch den Sucher schaute, lernte ich den freundlichen großgewachsenen älteren Mann mit der leisen Stimme kennen, *ich bin der Martin.* Er zeigte mir, dass man heute das Bild im Monitor prüft. Ich sträubte mich, wir lachten. Er war 21 Jahre alt, als er erfuhr, dass er ein Jenischer war. Bei Bauern aufgewachsen, ohne Geschwister, ohne Angehörige. Ohne Eltern sowieso, der kleine Martin galt als Waise. Als er volljährig wurde, unterschrieb er eine Erklärung, dass er zwei weitere Jahre unter Vormundschaft bleiben wolle. Heute kann er sich nicht erklären, wie er einwilligen konnte. Sein Vormund war der Leiter der Jenischenverfolgung beim sogenannten Hilfswerk der Pro Juventute. Alfred Siegfried hieß der Mann, der nach einem kurzen Zwischenspiel als Lehrer (samt Verurteilung wegen Missbrauchs eines Schülers) wieder zur Pro Juventute gewechselt hatte. Als Leiter der Abteilung Schulkind zog er in den 1920er Jahren das Projekt zur Verfolgung der Jenischen auf. Die Neue Zürcher Zeitung publizierte einen Spendenaufruf. Dieser Siegfried machte sich zum Vormund der meisten weggenommenen Kinder, blieb es, bis sie volljährig wurden, und wo immer möglich darüber hinaus. So erging es also auch Martin. Dann endlich verweigerte er sich, verließ den Hof, wo er aufgewachsen war. Und kaum war er weg, es war keine Woche vergangen, als er am Wirtshaustisch von völlig fremden Leuten erfuhr, dass er einer von ihnen sei, dass er nämlich ein Jenischer war. Was die beiden Zufallsbekannten – Hausierer – an seinem Familiennamen erkannten und an der Geschichte, die er erzählte. Der junge Mann wusste nicht, dass er sein Schicksal mit vielen teilte. Er lernte seinen Bruder kennen, erfuhr ich, während sich die Leute im Raum gegenseitig und an der Seite der Bundesrätin fotografierten. Weitere Gäste trafen ein, wurden mit großem Hallo empfangen. Der Bruder führte Martin in den Handel mit Schnürsenkeln und Wäscheklammern ein. Martin lernte eine Tante kennen, einen Onkel. Die Eltern, wie befürchtet, schon verstorben. Es gab ihr Grab. Heute handelt mein neuer Bekannter mit guten Wässerchen. In der Berner und Bieler Landschaft zieht er umher, und die Frau vom Otti Stich, ja natürlich erinnerte ich mich, SP-Bundesrat Stich, in die Regierung gewählt, nachdem die Mehrheit der Volksvertreter und damals noch sehr wenigen Volksvertreterinnen im Parlament der ersten nichtbürgerlichen Frau die Wahl in die Bundesregierung verweigert hatte – also die Bundesrats-Frau Stich kauft ihm, dem Hausierer, jedes Mal, wenn er an ihre Tür klopft, mehrere Flaschen ab. Keine Wässerchen, aber Saft. Die Bundesrätin – die erste SP-Frau, die dann wirklich in die Regierung gewählt wurde, Gewerkschafterin, Jüdin – hielt die Laudatio. Man hatte sich im Kreis auf die an der Wand aufgereihten Stühle gesetzt, auch ich und mein neuer Bekannter saßen. Die Bundesrätin, stattlich und stämmig, an ihrer Seite der zu ehrende Verbandspräsident, im hohen Alter in sich eingesunken, sprach mit satter Magistratinnenstimme in eine ehrfurchtvolle Stille. Trotz des frappanten Größenunterschieds wirkten die beiden wie Kumpel. Auf ihr Betreiben hin, so hatte ich erfahren, sei die Auszeichnung überhaupt erst zugesprochen worden. Ein Geldbetrag für den Verband und einer für seinen langjährigen, nun bald abtretenden Präsidenten. Bundesrätin und Verbandspräsident hatten in Kommissionen unter ihrer Leitung zusammengearbeitet, sie Innenministerin, er Vertreter einer jenischen Gruppierung. Auch er, wie mein neuer Bekannter, war ein Mündel der Pro Juventute gewesen. Er hatte sich hochgearbeitet, unermüdlich, gesprächsbereit, gewandter Vermittler, hatte vielen Jenischen die Angst genommen, und gemeinsam mit anderen, Aktivisten und Aktivistinnen der ersten Stunde und nachkommender Jahrgänge, die Anerkennung der Jenischen als Volksgruppe vorangetrieben im Land. Bis zu diesem Tag setzte sich der Hochbetagte, so lobte die Rednerin, umsichtig für die Belange der Fahrenden ein. Bald soll wieder ein Standplatz eröffnet werden – eines der mittlerweile vordringlichen Anliegen. Es braucht mehr Plätze für die reisenden Jenischen, da ist man sich einig unter den Fahrenden. Standplätze, wo sie bleiben, und Durchgangsplätze, wo sie rasten können. Trostlose Orte in meinem Blick, dem einer Nichtfahrenden, wo das Land im Nirgendwo nicht besser nutzbar ist, im Kreuz zweier Autobahnen gelegen oder im Staub einer Kiesgrube, dort dürfen die Fahrenden Auto und Wohnwagen abstellen, den Campingtisch und das Vorzelt aufbauen, wo Toiletten für sie eingerichtet sind, es fließendes Wasser gibt. *Es gibt schönere Orte*, pflichtete der erfahrene Reisende mir bei, mit dem ich an der Einweihung eines solchen Platzes zusammenstand. Nicht, dass es keine Winzer und Wirtsleute und Waldbesitzer und andere Private gäbe, die dich für ein paar Tage auf ihrem Grund campieren ließen: Als Reisender hatte man sein Beziehungsnetz. Wer aber etwas länger bleiben wolle als nur die paar Tage und vor allem: Wer die Nähe zu seinesgleichen suchte, mit anderen Jenischen zusammenkommen wollte, wie andere Leute im eigenen Dorf oder im Schrebergarten zusammenkommen, der hat ein Problem, klärte mich der jugendlich wirkende Mann in meinem Alter auf, gescheiter Kopf, Buchhändler, Schriftsteller. Der Sohn eines aus der Familie gerissenen Kindes hat im Erwachsenenalter Jenisch gelernt. Und ab und zu reist er. Und ja, auch er macht zuweilen im Autobahnkreuz halt. An einem der spärlich besuchten Tische unter einem Vorzeltdach, es regnete, wagte ich die unter »Bürgerlichen«, wie mein Vater unabhängig von der jeweiligen politischen Couleur die Nichtjenischen nannte, verpönte Frage nach dem Geld: Wie verdienten sich die Fahrenden am Tisch ihr Leben, was bearbeiteten oder verkauften sie? Man lebe von Sozialhilfe, erfuhr ich, wie manche andere Leute, deren Handwerk nicht mehr gefragt sei, denn vom Hausieren kann man sein Leben nicht fristen. Ja, was hatte ich mir vorgestellt? Dass die Leute auf dem neuen Standplatz vom Programmieren und Texten leben, ihr Geld als Historikerinnen verdienen, Psychologieprofessoren sind? Nichts hatte ich mir vorgestellt. Mein Gesichtsausdruck muss mein Unverständnis verraten haben, mein Erschrecken auch. Ich weiß nicht, ob ich abgedrängt wurde oder mich davonstahl, weg vom Tisch am regengeschützten Platz. Und plötzlich goss es in Strömen, erinnerte ich mich bei der Feier zu Ehren des abtretenden Präsidenten, Blick auf meine arg ineinander verhakten Finger. Die Bundesrätin schüttelte dem abtretenden Präsidenten die Hand. Es sprach ein Verbandsvertreter im dezent festlich dekorierten Raum. Es ging dem Ende der Veranstaltung zu, man horchte wieder. Der Verbandsvertreter lud zu einem Glas Wein ein. Draußen würde der Grill angeworfen. Alle applaudierten. Ich erkannte zwei Historiker im Kreis der Zuhörer. Wir tauschten Visitenkarten aus. Ich solle anrufen, man würde Zeit für mich finden. Ich sprach eine sympathische Frau an, die lächelnd um sich blickte wie eine Offizielle, stellte mich, nun schon etwas erhitzt von den Begegnungen und dem Wein, einmal mehr vor. Ich sei nicht Verbandsmitglied, aber selbst auch eine Jenische, hörte ich mich sagen und es fühlte sich gut an. Es war das erste Mal. Früher sagte ich, wenn ich gefragt wurde: Halb italienisch, halb jenisch schweizerisch. Ich hatte nicht gewusst, so erkannte ich, dass man Verschiedenes sein konnte, ganz. Ich hätte die Sympathische umarmen mögen. Sie war die Verbandssekretärin, selbst keine Jenische, nein, aber schon lange für den Verband tätig und nun, auch dank der Auszeichnung, wohl bald mit gesicherter Anstellung. Sie stellte mich einem Vorstandsmitglied vor, das mich warm willkommen hieß. Ich wusste, dass der gesamte Vorstand aus Männern bestand, keine einzige Frau, und außer einem Vorstandsmitglied trugen alle denselben Familiennamen. Der hier war der andere, und ich sprach ihn weder auf die Übermacht der einen Familie noch auf die fehlenden Frauen an. Seltsame Scheu. An der Bar, ein nachgefülltes Glas Weißwein in der Hand, kam ich mit einem adretten Herrn ins Gespräch, der Jenisch beherrschte, selbstverständlich, auch mit seinen Kindern, den Neffen und Nichten, bald mit den Enkeln Jenisch sprach, weitergab, was er von den Eltern und Großeltern gelernt hatte. Ja, er selbst, die Eltern, die Großeltern, alle waren sie in der Familie aufgewachsen. Als Davongekommene waren wir Schicksalsgenossen, Verbündete, sprachen leiser. Unsere Leute hatten sich retten können. Auch seine Leute reisend. Nur wer reiste, konnte davonkommen. Die Pro Juventute nahm vor allem Kinder aus Familien, die nicht aufbrechen konnten. Als er erfuhr, wessen Tochter ich war, riss er seine auffallend tiefblauen Augen auf. Er fasste mich brüderlich am Ellbogen, rief augenblicklich seine Frau herbei. Und als diese, die sich lieber weiter mit ihren Freundinnen, Hundezüchterinnen wie sie, über die neusten Entwicklungen im Vorschriftendschungel ausgetauscht hätte, kein Verständnis zeigte für die Begeisterung ihres Mannes, packte er mich am Handgelenk, zog mich hinter sich her zu einem parlierenden Grüppchen. Er stellte mich als »unsere Cousine« vor. Über seine Huser-Großmutter und meinen Huser-Großvater waren wir verwandt, und mein Vater Toni, sagte er, sei Tony Huser, *ja der!* Cousin Tony, nun wandte er sich wieder mir zu, sei ein gern gesehener Gast gewesen bei ihnen allen. Er, der Jenische mit den tiefblauen Augen, habe Tony auch oft in seinem »Koober« besucht, *wo war das noch, dass Tony den Koober führte?* Während ein paar Jahren nur … Im Aargau irgendwo … Ich verstand nicht. *Das jenische Wort für Gasthof, Anna: Koober!* In Tonys Wirtschaft kam man zusammen, und da war doch auch … Ich beeilte mich klarzustellen, dass das nicht meine Mutter war, nein, Tonys dritte Frau, schloss ich das Kapitel. Weitere kamen hinzu, Cousinen auf hohen Beinen, wie Fürstinnen geschmückt und im Stil Tonys dritter Frau ähnlicher als meiner Mutter und mir, was den Männern und Frauen hier indes egal war. Sie freuten sich. Tonys Tochter, schau her. Neben der Bundesrätin stand eine Frau von der Stadtverwaltung, die mir auffiel, weil sie mir bekannt schien, wie eine Freundin aus Kindertagen. Bundesrätin und Stadtbeamtin beschauten wohlwollend unser aufgeregtes Treiben. Dann ging alles schnell. Der Cousin vom tiefblauen Blick führte mich mit seiner Entourage hinaus, am Grill vorbei und direkt zum Geehrten. Jemand trat beiseite. *Stell dir vor, wer hier ist! Du wirst es nicht glauben: Tony Husers Tochter*. Ich lächelte und reichte dem Geehrten die Hand. Doch der nahm sie nicht. Blickte befremdet, sagte: *Nein, Tony hatte keine Kinder*.

Die Frau von der Stadtverwaltung muss mich beobachtet haben in der Szene mit dem Geehrten, der sich nach kurzer Gegenwehr – Tony hatte keine Kinder, das wusste er ganz bestimmt – widerwillig darauf einließ, mir die Hand zu schütteln, wobei auch mein Lächeln eisig geworden war. Dann hatte ich mich bald verabschiedet, verstimmt, verstört.

Die Frau, die ich zu kennen glaubte, holte mich kurz vor der Bushaltestelle ein. Der Abendverkehr donnerte an uns vorbei. Ich konnte es mir nicht erklären. Mein Vater war überaus stolz gewesen auf seine Kinder. War der Geehrte von Sinnen? Ich wusste, das war er keineswegs. Offensichtlich hatte mein Vater in diesen Kreisen – welchen Kreisen? Verbandskreisen? Jenischenkreisen? Fahrendenkreisen? – nie von seinen Kindern gesprochen, auf die er doch so stolz war.

Er wollte euch schützen, hörte ich meine Begleiterin sagen.

Ich brauchte die Hilfe der Stadtbeamtin – sie war keine Freundin aus Kindertagen, nein, wir kannten uns nicht –, um zu begreifen, was ich doch längst wusste. Sie sagte: *Jenische Kinder, Anna, waren stets in Gefahr*.

Zweiter Teil

1

Nachforschungen – die alten Akten

Friedas Vollmacht war eingereicht, und so war es nur noch eine Frage der Zeit, bis ich Einblick in unsere eigene Akte erhielte. Dieses Versprechen beflügelte mich auf dem Weg vom Berner Hauptbahnhof zum Bundesarchiv, wo andere Begebenheiten auf mich warteten, die Quellen vorbestellt.

Ich verließ die schützenden Arkaden der Altstadt, strich Straßenzug um Straßenzug durch gepflegte Geschichte. Ich betrat die Brücke über die Schlucht, die sich diese alte, reiche, reformierte Stadt einverleibt hat. Verkehrsbrausen begleitete mich und verlor sich – dieser Ortsteil vielleicht einst den Flammen preisgegeben, nachdem die Schätze des mächtigen Bern, Bücher, Bilder, Gold, die Orgelpfeifen der Kirchen und ihre Glocken, geplündert waren, weggetragen von napoleonischen Soldaten. Die Besetzung der Patrizierstadt läutete das Ende der alten Eidgenossenschaft ein, 1798. Zwei Jahrhunderte war es her, nicht viel mehr. Ich zog vorbei an Villen und ihren Gärten, Vogelstimmen im Ohr, fand mich klein zwischen schweren, immer schwereren Gebäuden wieder, weihevolle Zeugen von Wohlstand und bürgerlicher

Bildung, ließ auch diese hinter mir, bis ich gedankenverloren in einen Schotterplatz einbog – Kutschen fuhren hier einst vor.

Vor mir ein gewichtiger Bau.

War ich angekommen? Ich sah mich über dem Eingangstor nach einer Inschrift, an der Mauer nach einer Tafel um, fand das Straßenschild, die Hausnummer. Ja, alles da, alles korrekt, in der Schweiz ist auf so etwas Verlass, auch Erhabenes reiht sich in die vorgegebene Ordnung ein, und so setzte ich meinen Weg fort auf der Schottereinfahrt hin zum Tor des Schweizerischen Bundesarchivs.

Ich kam, um mir das erste Finanzierungsgesuch der Pro Juventute an den Bund anzusehen: Die Schweizer Regierung sollte die bereits angelaufene Aktion der Pro Juventute *»zur Entfernung jenischer Kinder aus ihrem Milieu«* unterstützen, so der Sachverhalt in der Sprache der Verfolger. Die Eingabe, die der Gesamtbundesrat behandeln und gutheißen wird, ist mit einem *»Vagantität und Fürsorge«* betitelten Aufsatz und mit einer Ahnentafel dokumentiert, die mehrere Generationen einer jenischen Familie nachzeichnet – als Beispielfamilie zur Illustration auserwählt, *»weil sie ohne Zweifel eine der schlimmsten Sippen unter den Fahrenden darstellt«*, so die beigefügte Begründung. Die Dokumente sind in Auszügen publiziert und kommentiert, aber eben nur in Auszügen. Im Bundesarchiv kann man sich das ganze Konvolut ansehen. Und mehr noch als die Frage, was die schlimmste Sippe ausmacht und wie dies in einem Stammbaum dargestellt wird, interessierte mich die Begründung der Kindswegnahmen. Die Zugehörigkeit zur Volksgruppe der Jenischen war Grund genug, das hatte ich begriffen. Dennoch fragte ich mich bei jedem neuen Fall, auf den ich stieß oder von dem ich las – und die Penetranz meiner Frage verstörte mich, ließ sich jedoch nicht abschütteln –, wie denn die Leute der Pro Juventute auf diese Familie aufmerksam geworden waren.

Wie ist es dazu gekommen, dass sich die Praktikantin der Pro Juventute den Säugling aus der Wiege der »Fecco« schnappte?

Und wie und warum ist die Pro Juventute auf die Kinder der Lisa Huser-Schöffel im St. Gallischen aufmerksam geworden?

Im Bundesarchiv, so hoffte ich, würde ich Antworten finden. Nun war ich da, die Akten vorbestellt. Das Tor ging auf, noch bevor ich die Hand auf den Knauf der schweren Tür legte. Im Entrée, duster, wies ein Pfeil mir den Weg zum Besucherteil. Am Empfangsschalter hinter Glas saß eine Frau mit offenem Blick, stand sogleich auf, sprach dahinschwebenden lokalen Dialekt, wohlwollend. Alles fühlte sich freundlich und respektvoll an, selbst das Formular befremdete nicht, man schrieb sich halt ein. Bei der Frage nach dem Grund des Besuchs, bei der ich schon in so manchem Archiv gestockt hatte, sah ich mich geschwind Unverfängliches hinschreiben – *Nachforschungen Jenische*, sowas.

Ich schob das Formular durchs Fensterchen.

Die nette Frau wies mich an den Schalter der Archivare.

Der wissenschaftliche Mitarbeiter jenischen Namens war nicht da, die bestellten Akten – leider – noch nicht von der internen Überprüfung zurück, sollten jedoch jeden Moment eintreffen. In der Zwischenzeit, so schlug der junge Mann vor, wolle ich vielleicht andere Akten einsehen, nach denen ich mich auch schon erkundigt hätte – er starrte auf seinen Bildschirm – keine Sonderbewilligung erforderlich, frei zugängliche Schriften, da weit älter, erklärte er: *19. Jahrhundert*. Er blickte hoch. *Heimatlosenakten*. Heimatlose: Leute, in der Schweiz und anderswo, die in Zeiten neuer Staatengründungen nirgendwo dazugehörten.

Und so ließ ich mir, ungehalten, denn dafür war ich nicht hergekommen, das Findmittel für jene alten Akten zeigen.

Über reisende Heimatlose hatte ich gelesen. Es gab die reichhaltigen Arbeiten zweier Studienabgänger, dann Doktoranden. Sie hatten die Heimatlosenakten im Bundesarchiv durchgeackert. Diese handeln mehrheitlich von schweizerischen Leuten in den Umbruchjahren nach Napoleon und nach dem Wiener Kongress, ganze Familien, die in den sich entwickelnden Denksystemen nicht vorgesehen waren. So auch viele Jenische im jungen schweizerischen Bundesstaat nach 1848, Jahr der Verfassung und Staatsgründung. Einheimische ohne Bürgerrechte, und wer keine Bürgerrechte besaß, hatte kein gesichertes Aufenthaltsrecht. Akten, die von der Entstehung der Schweiz als Nation und Rechtsstaat handeln.

Eine Glaswand trennt den Empfangsbereich vom Lesesaal, darin eine Schwingtür.

Ich trat durch die Tür und wusste nicht, dass dies der letzte Schritt war in meinem alten Sein. Ich würde nicht mehr als dieselbe zurückkehren durch die Glastür. Noch stand ich arglos im Mittelgang zwischen weißen Tischreihen, Blick in den Saal. Die hinteren Reihen gut bestückt, immer ein Mensch alle zwei Tische, eine Glocke aus Konzentration über jedem Kopf. Stille. Ab und zu klickt ein Fotoapparat, raschelt ein Papier. Stative auf Spinnenbeinen. Ich lief auf möglichst leisen Sohlen, mein Findmittel – ein Ordner – in Händen, die erste weiße Tischreihe entlang in die Reichweite des Oberlichts. Wenn ich mich richtig erinnere, sitzt man unterirdisch im Bundesarchiv. Tageslicht dringt durch die Luken vom Vorplatz her ein.

Der Ordner barg eine lange Liste von Namen: Familienakten, nach dem Familienvater oder einem ältesten Sohn benannt.

Unter den Aufgelisteten mehrere mit Namen Huser. Ein Huser von Magliaso, mit Bruder. Drei oder vier Akten.

Diese bestellte ich.

2

Nachforschungen – Eustachius' Familie reiste, 1775

Eustachius' Frau Waldburga brachte ihre Kinder zur Welt, wo sich die Familie gerade aufhielt in Ob- und Nidwalden. Die beiden Talschaften über und unter dem Wald waren ihre Welt. Als Waldburga an einem Dezembertag im Jahr 1775 das Kind gebar, das sie Remigius nennen sollten, waren sie in Nidwalden unterwegs. Die Talschaft unter dem Kernwald, eingebunden ins Bündnisgeflecht der alten Eidgenossenschaft, stand nicht anders als Obwalden unter dem Schutz des Heiligen Römischen Reichs. Beide, Bündnisgeflecht und Reich, schienen ewig, und die Familie mit der Gebärenden war auf dem Gemeindegut untergekommen, der Allmend. Zur Taufe brachten sie das Neugeborene ins Städtchen hinein, Stans. Vom Dorfbrand, der über 50 Jahre zuvor fast den ganzen Flecken zerstört hatte, den Dorfplatz, das Rathaus, alles niedergebrannt, gab es da und dort noch immer Spuren. Doch der Dorfkern war wiederaufgebaut, ein stattlicher Ort. Und der Stanser Pfarrer schrieb im Dezember 1775 den Namen des Neugeborenen ins Taufbuch:

Josephus Ludovicus Remigius Huser vagus.

Josef Leodegar Remigius, und als Beigabe schrieb er: vagus, Vagantenkind.

Wie auch immer Remigius künftig daherkommen sollte: Jeder des Kirchenlateins mächtige Amts- oder andere Würdenträger würde im Verlauf von Remigius' langem und ereignisreichen Leben auf Anhieb erkennen können, mit wem er es zu tun hat. Das Kind trägt die Bürde im wichtigsten aller Papiere mit sich herum: im Taufschein. Wer heiraten will, muss ihn vorweisen. Auch wer sich einkaufen will, um sich niederzulassen. Es gibt keine andere Bescheinigung der Zugehörigkeit zu diesem Leben und zum Heimatland, weder in den abgelegenen Tälern und Weilern über und unter dem Kernwald der Innerschweiz noch in den anderen katholischen oder reformierten Ländern der alten Eidgenossenschaft oder den deutschen Fürstentümern im Norden, den italienischen im Süden. Auch in der französischen Monarchie im Westen und der habsburgischen im Osten nicht.

Wie es scheint, war es in dieser Familie das erste Mal, dass ein Taufpriester einem Kind das Zeichen auf die Stirn setzte.

Soweit die Überlieferung in die Vergangenheit zurückgreift, waren Eustachius und die Seinen gereist. Vielleicht würden sie von sich sagen: *Wir sind immer schon gereist.* Vielleicht lebten sie, soweit die Erinnerung in die Geschichten der Väter zurückreicht, in den beiden Unterwalden. Nidwalden und Obwalden, zwei eigenständige Orte seit Menschengedenken, gemeinsam zuweilen Unterwalden oder Waldstätte genannt: Zauberhafte Fluren, zerklüftet, da und dort ragen haushohe Felsbrocken, wie von Götterhand hingeworfen, aus ihnen hervor, hie und da steht ein von Menschenhand erbautes Haus, mit Stall und Scheune, ein Weg führt darauf zu wie eingeritzt vom göttlichen Fingernagel in das moosgrüne, im Herbst gelbe, im Winter weiße Land. Berge rundum. *Wir lebten immer schon hier*, würden sie dann jedem sagen, der es hören wollte, und würden die Alten den Kindern sagen: *Wir sind von hier.*

Oder: *Jenische sind wir, aus den Waldstätten.*

Und weil sie wissen, dass auch Schwyz, ein anderer Urkanton der eidgenössischen Bünde, *Waldstatt* genannt wird, es gibt viel Wald im Innern der Schweiz:

Jenische sind wir, aus den beiden Unterwalden.

Wie es auch sei: In jenem Jahr, als Remigius zur Welt kam, reiste die Familie in Unterwalden über und unter dem Kernwald, ohne dass sie in ihren Stammlanden einen festen Rückzugsort gehabt hätte.

Im Winter braucht jeder ein Dach über dem Kopf, auch der Reisende, der Jenische. Man lenkt die Reise ins eigene oder ins gepachtete Haus zurück, wo nur die alte Mutter ausharrt, zusammen mit der jüngsten Schwester, deren Aufgabe es ist, die Väter und Mütter zu versorgen, wenn der Himmel es zulässt, dass sie im hohen Alter noch leben; oder man kehrt in den angestammten Unterschlupf zurück, wenn man keine eigene Bleibe hat. Man macht im Herbst mit Ware bepackt zum letzten Mal die Runde. Und wer nichts zu verkaufen hat auf der letzten Handelsreise, weil kein Geld da war für den Einkauf und keine Ware für den Tausch, oder weil man sich zu früh in den Winterbau zurückgezogen hat und nun das Risiko scheut, nochmals aufzubrechen, nachdem die Zeichen auf frühen Schnee stehen, hilft in den Rebbergen, den Obsthainen, je nach Region auf den Äckern und Feldern mit, wenn das Land und die Häuser auf den Winter vorbereitet werden. Oder flickt dies und das, beschlägt Pferde, heilt Kranke mit den Kräutern und dem Wissen von anderswo. Wer kein eigenes Dach hat, überwintert mit den Seinen im Anbau, im Kloster, im Weiler bei Verwandten. Nur wer großräumig reist, also eine weit ausgreifende Handelsroute über viele Siedlungen und Landschaften sein Eigen nennt, die über Alpenpässe zwischen schweizerischen und lombardischen oder piemontesischen Orten führt, vielleicht bis in ligurische Lande hinein, oder wer an den Ufern des Genfersees entlang reist, über das Wallis und weiter, macht es auch mal umgekehrt und überwintert im Süden. Doch das sind Wenige, und sie gelten als Glückliche unter den Jenischen, besitzen Pferd und Wagen und kommen im Frühling nach der Schneeschmelze, wenn die andern gerade erst aufbrechen, mit duftender Ware in die Dörfer im Stammland zurück, wo sie von den wintergrauen Daheimgebliebenen mit fiebrigen Augen erwartet werden.

Nicht so Eustachius und Waldburga.

Waldburgas Geburten weisen darauf hin, dass Eustachius' Familie kleinräumig reiste, unter und über dem Wald.

Wo auch Eustachius' Brüder reisten.

Sie scheinen in keinem Handwerk hervorzustechen, in keinem Handel zu brillieren. Vielleicht reisen sie als Tagelöhner von Hof zu Hof. Vielleicht sammeln sie Lumpen, zähmen Vögel, flicken Dächer. Und Eustachius fischt im Sarnersee.

Ihr erster Sohn hieß Josef.

Aber auch der zweite Sohn, Remigius, mit der Taufbeigabe »vagus«, trägt neben anderen den Vornamen Josef, irgendwo in der Reihe der Taufnamen führt jeder männliche Täufling diesen Namen, so wie alle Mädchen auch »Maria« heißen – das Geschenk an Maria und Josef scheint nicht nur einer innerfamiliären und jenischen, sondern einer breiteren lokalen Tradition geschuldet.

In den Amtshäusern stifteten die Josefs und Marias einige Verwirrung. Und wer sich, wie ich, zweieinhalb Jahrhunderte später darin zurechtfinden will, muss sich einen Weg durch den Wald der Namen bahnen, in dem jeder auch mal Josef, jede auch Maria heißen kann.

Einen gibt es indes, der in den alten Schriften einzig als Josef auftritt – der Erstgeborene der Waldburga und des Eustachius, so die Überlieferung, soll in jungen Jahren aufgebrochen und nicht zurückgekehrt sein. Nur-Josef, so die Erinnerung der Seinen, wie sie als Erzählung in den Akten der Enkel des Eustachius und der Waldburga wiedergegeben ist, soll sich als Söldner verdingt haben, ein Geschäft, das die Schweizer seit alters her mit reichem Ertrag für die eidgenössischen Orte und für einige örtliche Offiziersfamilien betrieben. Ob Josef sich aus freien Stücken in das Geschäft einreihte oder dazu verpflichtet wurde, damit sein Heimatland das vereinbarte Kontingent erfüllte. ist nicht bekannt. Nach seinem Abschied aus dem Dienst soll er sich in Italien verheiratet und dort niedergelassen haben.

Dies also die Geschichte des Nur-Josef, die hier endet, weil er und seine Kindeskinder, sollte er welche gehabt haben, keine Bürger- und anderen Rechte beansprucht haben in Unterwalden oder einem anderen eidgenössischen Kanton.

Die Mutter starb früh.

Als Waldburga am 2. Dezember 1779 in Stans beerdigt wird, ist Remigius, der »Vagus«, vier, ihr Jüngster, Melchior, zwei Jahre alt. Wie alt die Töchter waren – denn es gab sie –, ist nicht überliefert. Auch wie die Kinder aufwuchsen, ob es jemanden gab, der Mutterstelle einnahm, ist nicht dokumentiert. Es spielte keine Rolle für den Zweck dieser Akten, die, Jahrzehnte nach Waldburgas Tod angelegt, eine für die aktenführende Stelle möglichst passende Antwort auf die Frage finden sollten: Wo kommen diese Leute her, wo gehören sie hin?

Es gibt eine Spur, die auf eine zweite Heirat des Eustachius hinweist: Kaum ist ein Jahr vergangen, schreibt der Dorfpfarrer den Eintrag zum Tod der Waldburga aus dem Stanser Totenbuch ab. Warum, wozu? Eustachius musste belegen, dass seine Frau gestorben war, wenn er sich wiederverheiraten wollte, wie es sich aufdrängte für einen Witwer mit kleinen Kindern. Selbst völlig mittel- und rechtlose Väter vieler Kinder konnten darauf hoffen, eine neue Frau zu finden. Manche waren selbst Witwen und hatten eigene Kinder, und die Kinderschar vergrößerte sich. Manche Frau indes war ledig, jung, kinderlos, der Witwer alt, arm, verfolgt, und doch schloss sich die junge Frau lieber dem Vertriebenen an, als allein zu bleiben.

Ob Eustachius wieder heiratete, nachdem Waldburga starb, ist nicht klar. Eine ältere Schwester mag die Mutterrolle für die Kleinen übernommen haben, oder eine Tante.

Verbrieft ist: Melchior, Eustachius' Jüngster, kennt sich im Bauernhandwerk aus. Der junge Mann weiß mit Vieh umzugehen, auszumisten, das Heu einzubringen, er schneidet Bäume, melkt Kühe, beschlägt Pferde. Er arbeitet gern mit den Tieren, der Erde. Melchior ist geschickt und kräftig gewachsen. Er reiht sich ein, wo er ist, da gehört er hin: ins Bauernland der beiden Unterwalden, wo die Arbeiten wie die Jahreszeiten aufeinanderfolgen. Melchior, so scheint es, ist zum Bleiben geboren.

Und einige Jahreszeiten sollten auch so ins Land gehen für ihn, Umbruchzeiten am Horizont hin oder her.

Remigius hingegen, der »Vagus«, reiste.

Remigius war, wie es scheint, der Einzige von Eustachius' Söhnen, der niemals und in keiner Form sesshaft war, auch nie bekundete, sich niederlassen zu wollen. Er reiste großräumig mit

Pferd und Wagen. In jungen Jahren, so festgehalten in seinem Pass, ist Remigius mit einer Schwester unterwegs, manchmal mit zweien, und mit Ursula, seiner ersten Frau.

Ursula, geborene Geringer, 23 Jahre alt bei der Heirat, ist nicht anders als Remigius in Stans, Nidwalden, zur Welt gekommen, wo man »losem Heiden- und Zigeunergesindel« wie anderenorts die Ohren abgeschnitten oder aufgeschlitzt haben soll zu Zeiten der alten Eidgenossenschaft, denn noch hält das Bündnisgeflecht allen Erschütterungen stand und etwas anderes ist kaum vorstellbar, jedenfalls in Nidwalden nicht, wo man lästigen Zigeunerleuten zum Zeichen der lebenslänglichen Verbannung, so wird überliefert, ein »U« für Unterwalden auf die Stirn brennt.

Oder, Spiegelbild des Wappens, einen Schlüssel.

Besser man wurde, Zigeuner hin oder her, als Hiesige erkannt.

Und es gibt kein Anzeichen, dass Ursula Geringer und ihr Mann Remigius Huser oder auch dessen Schwestern anders denn als hiesige reisende junge Leute aufgefallen wären.

Remigius, der Reisende – mit einem Meter sechsundfünfzig auffallend klein gewachsen, der Blick auffallend klar und blau, 21 Jahre alt –, und Ursula, zwei Jahre älter, und von ihrem Gesicht genauso wie vom Aussehen und Gebaren der meisten anderen jungen oder auch älteren Frauen in dieser Geschichte ist nichts überliefert: Die beiden heiraten 1796 in Alpnach, Obwalden.

Noch ist die Trauung für Jenische kein Problem, und Eustachius' mittlerer Sohn Remigius reiste also.

3

Eustachius' Duldungsschein, 1799

An diesem Tag, es ist der 17. April 1799, in einer Stube des Amtshauses von Stans, einmal mehr wiederaufgebaut nach einer Feuersbrunst, überreicht der französischfreundliche Amtssekretär Christen im zweiten Jahr der helvetischen Republik dem ortsbekannten Eustachius mit feierlicher Geste seinen Duldungsschein.

Weil er sich lange Jahre im Bezirk aufgehalten hat,

spricht der Amtssekretär und fügt nach einer Pause, während er das Dokument an einem Ende zwischen zwei Fingern zurückhält, unverändert freundlich hinzu:

auf Wohlverhalten hin.

Eustachius, am Arm der Tochter, lässt die eine Schulter, die sich nicht sperrt, nach vorn sinken, neigt den Kopf und spürt, dass die Verbeugung ihm gut gelingt, es schön aussieht, würdig.

Der Amtssekretär lächelt.

Als alter Mann widerfährt ihm diese Ehrung. Keinem seiner Brüder ist sie zuteilgeworden. Wenn sie ihn doch nur sehen könnten.

Die Tochter umfasst seinen Unterarm, um ihn wegzuführen. Er folgt dem leichten Druck ihrer Finger auf seinem Handgelenk. Wo ist Melchior geblieben? Es sind viele Leute da, sie stehen eng aneinandergedrängt, lauter kleines Volk.

Was tun all die Leute hier?

Seine Tochter lenkt ihn im großen Bogen um die vielen Menschen herum an den Rand des Saals, zur Fensterfront hin. Er kneift die Lider zusammen, um zu erkennen, wohin die Männer dort blicken, und er erinnert sich, während er sich wieder nach dem kleinen Volk umdreht, dass sie alle hergekommen sind, um zu sehen, wie einige Auserwählte, darunter er, der alte Eustachius, *der ortsbekannte*, wie der Amtssekretär sagte, Vater des Josef und des Remigius und des Melchior, diese Auszeichnung entgegennimmt. Frauen, Burschen, Alte stehen dicht gedrängt – hergekommen, so erkennt er, nicht um ihn zu sehen, sondern um zu erfahren, was hier geschieht. Weil der Landjäger auch ihre Väter vorladen wird, wenn sie denn nicht schon diesmal aufgerufen werden und der Amtssekretär ihnen vor aller Augen das Schriftstück übergibt, einen Moment noch zurückhalten wird, wie bei ihm – um was anzufügen? *Auf Wohlverhalten hin*, richtig, der Duldungsschein.

Das Dokument bescheinigt, dass er ein Hiesiger ist.

Unsere Verfassung will es so, sagte Amtssekretär Christen, der nun wieder spricht am Kopf des Saals, während er, Eustachius, als *Geduldeter von Stans*, so das erhabene Wort, das der Sekretär aussprach, am Arm seiner Jüngsten aus der Amtsstube geleitet wird. In seinem Rücken überreicht der Amtmann einem weiteren Vater das Dokument.

Wir arbeiten die Listen durch, erklärte der Amtssekretär eingangs, noch bevor er den Ersten der vielen Geladenen aufrief. Es gibt Listen im Amt mit den Namen der Leute – mit allen, die hier leben. Bei jedem einzelnen Mann ist der Status verzeichnet, Bürger oder Beisasse, Geduldeter oder Heimatloser, oder aber Fremder, Ausländer, Franzose. Nein, Franzosen gibt es keine hier – einen Badenwürttemberger kennt er, von einem Österreicher weiß er, aber der ist ein Herr.

Wer an diesem Tag das Dokument erhält, ist fast schon ein Beisasse. Beisassen sind nahezu Bürger. Nur dass sie die Allmend nicht nutzen dürfen. Sie dürfen kein Amt übernehmen und nicht wählen wie die vermögenden Bürger, die ein Gut besitzen. Doch die sind Herren. Herr hingegen ist kein Status. Auch Bauer nicht, Knecht nicht. Auch Jenischer nicht, Fecker nicht, Zainemacher nicht. Ob einer Herr ist oder Bauer, spielt keine Rolle in der helvetischen Republik!

Seine Jüngste führt ihn vorbei an den vielen Menschen. Alles Leute, die nicht zählen. Sie presst seinen Arm fester an ihren Körper, so schreiten sie gemeinsam voran.

Wie schade, dass Josef nicht da ist, sein Erstgeborener. Wird er es je erfahren?

Melchior haben sie in der Menge verloren.

Auch sein Remigius, auch seine älteren Töchter wissen noch nicht, dass ihr Vater den Duldungsschein besitzt. Niemand wird uns mehr wegweisen vom Ort. Ihn nicht, der zu alt ist zum Reisen und sich niedergelassen hat mit seiner Jüngsten. Melchior nicht, der beim Bauern dient. Auch Remigius nicht und die älteren Töchter nicht, die wie immer in dieser Jahreszeit auf der Reise sind. Ihnen verleiht der Duldungsschein das Recht, nach Belieben zurückzukehren. Um wieder aufzubrechen, wann immer sie wollen.

Er atmet tief ein. Seine Jüngste sucht ihren Weg. Zum Ausgang strebt sie hin. Auch für sie, Mutterwaise seit Kindertagen,

Unverheiratete, gilt der Schein. Und nochmals schöpft er Atem. Tief. Sie sieht ihn erschrocken an. Es ist nichts, Kind. Die Luft ist stickig. Sein Kind rückt das Kopftuch zurecht. Wie hübsch sie ist mit diesem bestürzten Blick. Sie gehen weiter.

Die Umrisse an der Fensterfront verdichten sich zu Gestalten. Es sind Herren, die sich dort aufgestellt haben. Einer hustet, öffnet das kleinste der bunten Fenster über den Köpfen und Hüten. Ein Windstoß verfängt sich im jungen Gesicht seiner Tochter, eine Strähne löst sich aus ihrem Haar unter dem Tuch. Ihre Augen zwinkern, um ein Staubkorn loszuwerden. In der Reihe der Herren wird ein Hut von einem Kopf geweht. Die dort stehen, sind Söhne der Familien, die immer schon für die Republik waren, womöglich auch immer schon für die Revolution. Andere junge Herren sollen verbannt worden sein, manche fortgeschafft, ins Waadtland verbracht, dort eingesperrt. In einer Festung am Genfersee festgehalten, so heißt es. Remigius wird an ihr vorbeiziehen auf seinem Weg ins Wallis. Ein Herr schließt das Fenster. Seine Tochter beschleunigt den Schritt. Sie biegt in die Lücke zwischen dem kleinen Volk und der Herrenreihe ein. Sie blickt keinem ins Gesicht. Er hingegen wird sich die Gesichter der aufgereihten jungen Herren ansehen, scheut sich nicht, warum sollte er. Die bunten Fensterscheiben hinter den Köpfen leuchten auf, das Licht ebnet die Gesichtszüge ein, sodass er, wo er doch so nah ist, wieder nur Umrisse erkennen kann. Sie rauchen. Unterhalten sich. Er hält die freie Hand als Schirm über die Augen, es nutzt nichts. Er kann nichts erkennen als Schattenrisse. Oder doch. Doch! Aus den Scheiben weicht alles Licht. Eine Wolke verdeckt die Morgensonne, und die Gesichtszüge zeichnen sich ab. Dies also sind republikanische Herrengesichter, junge, auch ältere. Er kann nichts Besonderes erkennen. Das erhobene Kinn vielleicht, vielleicht etwas im Blick, das sie von den Herren der alten Zeit unterscheidet. Als wir ein eidgenössischer Ort waren. Nun sind wir ein helvetischer Kanton. Seine Tochter zieht ihn unwirsch zur Seite weg, mitten ins Volk hinein, wo sie nicht weiterkommen, er reißt sie zurück, sie folgt, er tritt einen Schritt vor. Nah an der Herrenreihe kommt er zum Stehen. Einer sieht ihn streng an, abweisend, wie angewidert. Die anderen blicken über ihn hinweg. Vielleicht erkennen sie das Schriftstück nicht. Sein Kind presst das Dokument an die Brust. Die Herren wenden sich, als habe jemand sie dazu aufgerufen, einem unter ihnen zu, der weiter vorn steht, so dass die Gesichter für ihn, so nah er den Herren auch ist, nur noch im Profil auszumachen sind. Er erkennt nichts als die Formen ihrer Nasen, Bärte, Kragen, wie zuvor im Gegenlicht. Der Rücken steif, das Kinn auch jetzt, da sie nach Ihresgleichen Ausschau halten, gereckt, leicht angehoben, der Nacken angespannt. Sein Kind zieht ihn um einige Herren herum, die vorgetreten sind, eine Gruppe bilden, die sich jedoch auflöst, sich um sie beide herum wieder schließt. Seine Tochter senkt den Blick. Einer spricht zu ihr, einer mit verkniffenen Mundwinkeln streckt die Hand vor, wie um nach ihrem Kinn zu fassen, alle lachen. Er will sprechen, doch während er sein Wort formt, zieht ihn sein Kind mit sich fort, dringt mir furioser Kraft zwischen den Herren durch.

Das übrige Volk hält Abstand.

Sie treten auf den Treppenabsatz. Jungvolk weicht vom Treppengeländer, so dass sich Eustachius mit der freien Hand dort festhalten kann. Seine Jüngste, eine Schulter vorgerückt, das Dokument noch immer an die Brust gepresst, bahnt sich den Weg durch die Menge, die sich mit jedem Schritt, den sie tut, weiter öffnet. *In der helvetischen Republik soll jeder Hiesige einen geregelten Status haben*, sagte der Amtssekretär.

Sie haben die Eingangshalle erreicht. Weiteres Volk drängt nach. Am Rand der Außentreppe halten sie ein. Unter ihnen öffnet sich der Dorfplatz. Ein Jahr ist es her, dass die napoleonischen Truppen die Häuser niederbrannten, weil sich die Nidwaldner mit ihren Waffen gegen sie stellten. Die Bürger unter ihnen und die Geistlichen wollten nicht, als wäre es die Bibel, auf die Verfassung schwören. Auf dem Dorfplatz stehen Männer und Frauen, still. Kinder, auch sie stumm, sehen vom Rand her zu, das kann er erkennen. *Das Schriftstück*, sagte der Amtmann, *gibt euren Kindern eine Zukunft.*

Melchior, er hat die Geste seiner Schwester erkannt, wie sie sich streckte und das Handgelenk an der Stirn nach ihm Ausschau hielt, löst sich vom Brunnenrand, eilt auf sie zu. Seine Schwester, während er noch auf sie zuläuft, streckt ihm das Dokument entgegen.

4

Remigius' Familie reiste

Aufbruch 1806, Obwalden

Sieben Jahre sind vergangen, seit Eustachius den Duldungsschein erhalten hat. Er starb noch im selben Jahr, im Dezember, als sie längst zurück waren. Und im Frühling, die jüngste Schwester hatte sich verheiratet, brach Remigius mit seiner Ursula etwas später auf als sonst, weil sie zuvor die Schwyzer Verwandten im Torftal an der Siehl verständigen mussten: *Eustachius ist gestorben.* Dann erst machten sie sich wieder auf die Reise und kehrten im Herbst wieder zurück, um im folgenden März oder April einmal mehr aufzubrechen. So auch in diesem Jahr, 1806, es ist Frühling geworden, als sie den Weg unter die Füße nehmen. Remigius' ältere Schwestern begleiten sie.

Ursula führt das Pferd, es ist jung, nicht daran gewöhnt, einen Wagen zu ziehen. Die beiden Schwägerinnen laufen wie immer vorneweg. In ihrer Mitte die Kleine, jeder vierte Schritt ein Hüpfer. Die Große geht hinten. Der Säugling, Sohn einer Schwägerin, schläft eingebettet in seinem Korb zwischen den Warensäcken auf dem Wagen.

Remigius, gedankenversunken, folgt mit dem Maultier, setzt zwei Gegenschläge zum Rhythmus der hüpfenden Kleinen. Er schlägt den Stock ans Rad, das Melchior ihm beschafft hat, sein Bruder, damit er den Karren in einen vierrädrigen Wagen umbauen konnte – mit aufgepfropftem Kutschbock, wo nie jemand sitzt.

Melchior, der zurückbleiben wird, begleitet sie ein Stück. In Sarnen wird er umkehren, sie alle ziehen lassen.

Remigius' Tochter, die große, geht an seiner Hand.

In Sarnen angelangt, kehrt Melchior dann doch nicht um, weil jetzt der Sarnersee kommt, schlanker Schweif unter engem Himmel. Melchior liebt Seen, er weiß alles über sie. Er kennt die Vögel, die Wasserschlangen, Seespinnen, Molche, Frösche, Kröten, Fische, kennt die Forellen in den Bächen und Flüssen und das Getier unter den Steinen an den Ufern. Remigius' Große blickt zu ihm empor. *Hinter dem Grenzpass liegt noch ein See, Onkel Melk*, sagt das Kind.

Die beiden laufen nebeneinanderher, Hand in Hand, das Kind hochgeschossen, aber federleicht. Er, Melchior, im Gegensatz zum Vater des Mädchens, breit, kräftig – ein Glück, wenn man beim Bauern arbeitet.

Die Große hofft noch immer, Melchior werde mitkommen.

Die anderen schweigen.

Kurze Wellen rollen heran, laufen aus.

Die Hänge am gegenüberliegenden Seeufer sind braun vom weggeschmolzenen Schnee, die Wälder in den Höhen aschgrau. Melchior hustet sich die Kehle frei. Eingrünen wird das Tal, wenn seine Leute fort sind, sattgrün alles, wiesengrün die Ebene, tannengrün die Hänge bis zu den silbernen Felsen hoch über dem Seeschweif.

Er schließt zu Remigius auf, hebt seine Nichte auf den Wagen. Sie lässt es geschehen.

Melchior ist extra von Kägiswil hergekommen, wo er dem Lätten-Niklaus zur Hand geht.

Wie es jetzt, wo der Frühling kommt, weitergehen wird, weiß er nicht, es wird sich weisen. Nein, er wird auch nicht nachkommen. Für die Sommersaison hat ein Nidwaldner ihm angeboten, das Hergiswiler Vieh auf die Iglisalp zu treiben. Ach, ganz allein wird er dort oben nicht bleiben, nein. Wahrscheinlich werden sie zu zweit aufsteigen, vielleicht sogar zu dritt: Es sind fünf Bauern, die ihr Vieh zur Sommerweide führen, da kommt einiges zusammen.

Von Hergiswil und bestimmt auch von der Alp aus kann man auf den Vierwaldstättersee sehen.

Und er hat ein Mädchen kennengelernt. Magdalena. Auch Magda will dableiben. Sie kennt das reisende Leben, ja, steht aber nun bei einem der Fünf im Dienst – na, bei einem der fünf Bauern von der Sommerweide.

Wenn sie zurück sind, wird er in Nidwalden sein, wo seine Magdalena in Stellung ist.

Im Herbst sehen sie sich wieder.

Erst als sie allein sind, Melchior endgültig umgekehrt, sind sie wirklich unterwegs, aufgebrochen fürs Jahr. Remigius, seine Ursula. Die beiden Schwestern.

Und die drei Kinder.

Ursula legt ihrer Großen den Arm um die Schulter. Das Kind drückt sich an sie. Dann nimmt es ihre Hand, die Mutter schwingt den Arm vor und zurück, die Große macht mit.

Ist man einmal unterwegs, sind Aufbrüche heiter. Es sind alle beisammen, der Tag ein Lebensbeginn. Ist man einmal aufgebrochen, sind auch jene dabei, die nicht mehr da sind: gestorben – irgendwo ihr Grab. Und jene, die anderswo unterwegs sind. Und jetzt, da er zurückgeblieben ist, werden sie auch ihren Melchior bei sich haben, je weiter sie sich entfernen, umso näher wird er ihnen wieder sein.

Sie fühlen sich leicht.

Auch das Kind fühlt sich leicht.

Es löst sich von der Mutter. Die kleine Schwester nimmt dem Vater den Stock ab und treibt einen Samenknäuel vor sich her. Ursula übergibt ihrem Mann die Zügel.

Sie haben alles beisammen, was sie brauchen: Kleinware für die Höfe an der Strecke, und in zwei Kisten verpackt die Ware für die Umschlagplätze im Bernbiet, wenn sie einmal über den Brünigpass hinaus sein werden.

Unterwegs, 1806

Immer mal wieder werden sie angehalten am Weg. Remigius hat damit kein Problem. Mancherorts werden Häscher unterwegs sein, es gibt wieder Betteljagden. Man muss sich umhören und sie meiden. Auf der Reise ist das einfacher als zuhause.

Remigius führt das Pferd, das schon dahintrottet, als wäre es ein erfahrener Gaul.

Daheim in Unterwalden soll man belegen – so ist das jetzt –, dass man das Recht hat, da zu sein. Der Landjäger hält dich an und sagt, du sollst beweisen, dass du ein Hiesiger bist. Wo der dich doch kennt.

Kommt ihm nicht in den Sinn.

Nicht mir, Remigius.

Sein Bruder sagt, was ist denn schon dabei? Das machst du dann, sagt Melchior. Er will ja auch bleiben, wo er ist.

Seit zwei oder drei Jahren ist das so. 1803 war es, dass verkündet wurde, es sei nun wieder anders, es gäbe die helvetische Republik nicht mehr. Die französischen Truppen abgezogen, die Verfassung, auf die die Bürger hatten schwören müssen, aufgehoben. Nun gilt eine neue französische Vereinbarung, und jeder Kanton hat seine eigene Verfassung. Als die Republik dahin war, verschwanden einige Bürgersöhne, solche, die in der helvetischen Republik jemand gewesen waren. Auch im Amtshaus hat es einiges Sesselrücken gegeben. Im Übrigen, so wurde verkündet, sei – jedenfalls bei uns, in den beiden Unterwalden – alles wieder wie früher, gerade so, als gäbe es den alten eidgenössischen Bund. Ob es je wieder einen Bund der Eidgenossen geben wird, ist nicht klar. Napoleon werde bestimmen, was kommt, sagen die einen; Preußen, sagen die andern, warte nur darauf, dass Frankreich seine schützende Hand über den Kantonen zurückziehe, um sich die Stände deutscher Sprache einzuverleiben. Oder sie dem König von Bayern zuzuschlagen oder dem Württemberger oder dem Großherzog von Baden. Erstere schütteln den Kopf, denn die Habsburger und der Zar, sagen sie, würden das nicht zulassen.

So oder so gilt der Duldungsschein nicht mehr, erklärte der Nidwaldner Landjäger und wollte ihm das Papier gar nicht mehr zurückgeben: *Nicht mehr gültig.* Allerdings konnte man dem Mann ansehen, dass er selbst nicht wusste, ob das denn stimmte. Beide zuckten sie die Schultern, sprachen über anderes. Der Landjäger, kein schlechter Kerl, streckte ihm den Schein hin. *Und wie geht es der Familie, Remigius?*

Er hat für alle Fälle eine zweite Abschrift in der Tasche, samt Stempel von Stans.

Melchior hat die Bauern gebeten, ihm eine Bestätigung zu schreiben – wie heißt das noch: eine Empfehlung, fürs Amtshaus. Dieser und jener Bauer hat sich hingesetzt und auf den Zettel, den Melchior besorgt hatte, hingeschrieben, dass Melchior, Sohn des Eustachius, bei ihm aus und ein gegangen ist in diesem und jenem Frühling, Sommer, Herbst oder Winter. Melchior hat ihm die Zettel gezeigt. Hie und da hat sich die Tinte zu Klecksen gesammelt: wie Käfer, die sich tot stellen, hocken die Kleckse in den Zeilen der Bauern. Sein Bruder wird sie dem Landjäger überreichen, damit der sie dem Sekretär bringe, für den Landammann und Rat. Die sollen sich davon überzeugen, dass wir Hiesige sind.

Melchior hat all diese Zettel zusammengetragen.

Er, Remigius, braucht keine Zettel, er kann sich unterwegs ausweisen. Er und seine Familie sind Reisende.

Für die Landjäger und Sekretäre sind sie Korber. Chräzenmacher.

Körbe werden allerorten gebraucht, nicht wahr, und ist ein Ort einmal eingedeckt, hat es keinen Sinn, dort weiter Körbe anzubieten. Deshalb muss der Korber reisen. Das leuchtet ein, und der Wegzoll ist günstig.

Und so sind sie Chräzenmacher, wenn einer fragt am Weg.

Daheim allerdings dürfen jetzt nur noch die Krämer korben. Hausieren verboten. Auch Töpferwaren, Kupferstiche, Tuchwaren, und was sonst noch auf dieser Welt angeboten wird, darf alles nur im Krämerladen verkauft werden. Ob das nun auch anderswo so gehalten wird?

Das eine sind die Bestimmungen, das andere die Leute.

Er und seine Familie halten sich gern in ländlichen Gegenden auf.

Manche Straße führt jedoch durch eine größere Ortschaft, und an den Stadtmauern stehen Landjäger.

Auch an den Kantonsgrenzen stehen sie.

Er wird sagen, was er immer sagte: *Wir sind Chräzenmacher*, wenn einer fragt.

An der Grenze, 1806

Der erste Grenzlandjäger steht am Brünig, wo Obwalden an den Kanton Bern grenzt. Remigius zeigt dem Grenzer seinen Reisepass vor: Reisepass von Obwalden, ausgestellt in diesem Jahr 1806, Stempel von Sarnen. Gültig für ihn, seine Frau, seine beiden Töchter, dann die zwei Schwestern, und selbst sein Neffe – Sohn einer Schwester – ist vermerkt, so klein er ist. Sieben Personen. *Wir Landamman und Rath zu Unterwalden ob dem Wald bekunden hiermit*, so beginnt die Schrift, er kann es auswendig hersagen. Danach sind sie alle aufgeführt. Sämtliche Zivil- und Militärbehörden sind eingeladen, ihn, Remigius, frei und ungehindert passieren zu lassen. Und im Innenblatt ist die Reiseroute angegeben.

Sie warten, während der Landjäger die Übereinstimmung der Angaben im Reisepass mit den Leuten prüft, die er vor Augen hat.

Remigius, schwarze Haare, blaue Augen. Größe: 5 Fuß 2 Zoll.

Der Mann sieht ihn von oben herab an, weil er halt größer ist. Das ist Remigius gewohnt. Alle sind sie größer als er, Remigius, der Kurze, und hätte er einen Hut auf dem Kopf, würde er ihn lüften, aber zum Glück trägt er nur eine Mütze.

Gar so klein wirkt der gar nicht, scheint der Landjäger zu denken.

Chräzenmacher, mit Familie.

Drei Frauen, drei Kinder.

Die Frauen, normal gewachsen, stehen hinter Remigius, rechts und links vom Wagen. Der Nacken lang, die Blicke starr auf eine bestimmte Stelle gerichtet, auf den Ast einer Tanne oben im Wald oder auf ein Grasbüschel am Wegrand am Hang. Unbeteiligte Blicke, wie eingefroren. Eine trägt einen Säugling im Arm, die Hand am Köpfchen. Ein Mädchen steht verloren zwischen dem Wagen und einer Tante, ein jüngeres Kind beim Vater, am Hosenbein. Auch die Kinder still.

Hinauszukommen ist in der Regel kein Problem. Man kann allerdings nie wissen, ob gerade jemand gesucht wird: einer ist im Streit niedergeschlagen worden, etwas ist abhandengekommen.

Der Landjäger am Brünig muss neu sein: kennt ihn, Remigius, nicht. Wer kennt Remigius, den Kurzen, nicht, Sohn des Eustachius! Der Mann scheint unschlüssig, was zu tun ist. Also warten sie. Der Reisepass garantiert, dass sie im Spätsommer oder Herbst, wenn sie zurückkehren, keine Waldwege einschlagen müssen, um die March zu überqueren, die Grenze. Was schwierig ist mit einem Einspänner oder auch nur mit dem Karren. Für Obwalden werden sie Raucherware vom Waadtland mitführen und etwas Tonware aus Thun. *Auch die Reiseroute ist angegeben im Pass*, sagt er, bestimmt und doch wie nebenbei, als sagte er, die Winde seien wieder kälter geworden, wo sie die letzten Tage doch so mild gewesen sind. Der Landjäger sieht ihn an, nickt – senkt aber den Blick wieder ratlos aufs Papier. Er wischt mit dem Handrücken etwas weg, eine Wimper, ein Stäubchen.

In den Reisekantonen ersehen die Landjäger aus dem Dokument, dass sie, die Durchreisenden, Chräzenmacher, jederzeit dahin zurückkehren können, wo sie hergekommen sind. Das ist der Zweck eines Reisepasses. Man erkennt: Die Leute können irgendwohin zurückkehren.

So können wir unbehelligt reisen.

Der neue Landjäger, er studiert noch immer das Papier, ist nicht mehr jung – wohl in anderen Gewerben erfahren, hat durch widrige Umstände sein Geschäft verloren, durch günstige Verbindungen diesen Posten erhalten. Der Mann ist verunsichert. Es heißt, der Kanton wolle seine drei Schutzmänner entlassen, so sei es im Rat verhandelt worden, hat Remigius in Sarnen gehört. Auch dem Landjäger muss die Sache zu Ohren gekommen sein. Die Gemeinden sollen eingeladen werden, eigene Schutzmänner einzustellen, wie sie früher eigene Häscher hielten, um Bettler aus dem Dorf zu jagen.

Das Dokument gilt auch für den Brünigpass, spricht Remigius, als sagte er, sie hätten für alle Fälle auch die Wintermützen eingepackt. Er weist auf die Stelle im Papier, wo der Grenzberg geschrieben steht: Brünigpass. Er weiß genau, hat es sich verlässlich eingeprägt, wo was verzeichnet ist. Die Ortsnamen erkennt man an den großen Zeichen. *Der Pass gilt weiter für die Strecke über Interlaken* – er zeigt auf das Zeichen I – *bis ins Freiburgerland.* Wo es oft um ein paar Grade kälter ist als bei uns. *Dann für das Waadtland* – der Landjäger folgt seinem Finger auf das W –, *entlang des Genfersees nun wieder nach Westen, schließlich ins Wallis hinauf.*

Alles da, alles korrekt.

Die Frauen, die Kinder: Sie lösen den Blick aus den Tannen, vom Stein am Wegrand. Die Große lässt den Kieselstein fallen, der sich in ihre Handfläche gebohrt hat. Ursula übergibt den Säugling der Schwägerin, die sich ihr Kind im Tuch auf den Rücken schwingt. Sie selbst bindet das Maultier vom Wagen los. Die andere Schwägerin hievt die Kleine auf den Wagen.

Der Landjäger am Brünig lässt sie ziehen.

Der Schlagbaum geht hoch.

Remigius fasst das Pferd am Zaumzeug. Er steckt das Papier ein, nickt dem Landjäger zum Gruß.

Auf der Reise, 1806

Es geht einen Saumweg entlang, den Brünig bis auf 1000 Meter hoch, das Maultier trägt ihre Siebensachen, das Pferd zieht den vierrädrigen Karren mit der Ware für das Bernerland und manchmal einem schlafenden Kind. Im Kanton Bern sind die Kontrollen spärlicher als in den beiden Unterwalden, wo sie immer mal wieder angehalten werden. Im Gebiet von Bern scheint ihnen alles etwas freier. Vielleicht weil der Kanton größer ist. Bern ist riesig, auch ohne den Aargau und das Waadtland, die ihm abgezwackt worden sind in der helvetischen Republik. Wollte man an jeder Kreuzung einen Häscher oder Landjäger postieren, der halbe Kanton wäre damit beschäftigt, Durchreisenden und Handeltreibenden das Leben zu erschweren.

Auch entlang des Brienzersees, wo viele Fremde unterwegs sind, wird nicht kontrolliert. Auf der Straße herrscht, so heißt das, »Fremdenverkehr«: die Fremden, vermögende Leute, sind unterwegs nach Interlaken oder kommen von dort. Interlaken ist ein »Fremdenort«, und die Reisenden sind Leute, die sich die Bergwelt ansehen und im Hotel übernachten. Remigius nimmt sich vor, in diesem Jahr auf dem Rückweg mehr Raucherwaren mitzuführen als sonst, für die Hotels.

Die Familie kommt im Spittel des alten Chorherrenstifts unter. Das Kloster selbst ist längst aufgehoben, abgebrochen, abgetragen worden am reformierten Ort. Das Hospiz hat sich durch die reformierte Zeit gerettet, die letzten Jahre der alten Eidgenossenschaft und die helvetische Republik überstanden – auch ihr Ende überstanden.

Während sie auf den Höfen, wo Remigius' Familie Aufnahme findet, zumeist die einzigen Reisenden sind, treffen sie im Spittel auf Reisebekannte, jenische, jüdische, bürgerliche.

Manche Spittel nehmen nur eigene Leute auf, nur Hiesige, nur Arme, keine Reisenden – auch keine eigenen. In Obwalden ist das so. Doch anderswo, wie hier, im Bernerland, kann man bleiben, solange man zahlt.

Die Reisenden tauschen sich über Aktualitäten am Weg aus, erzählen sich das vergangene Jahr oder erzählen, soweit sie gelangen in der einen Nacht. Zuweilen bleiben sie eine zweite und dritte. Mit manchen Bekannten und manchem neuen Freund vereinbaren sie ein Treffen für den Sommer, um Ware auszutauschen oder auch einfach so, aus der Lust am Moment und der Vorfreude, wieder zusammenzukommen.

Im Oberwallis, wohin sie unterwegs sind, denn dahin führt ihr Strich, wie der Jenische sagt, ihre Handelsroute, hat sich seit dem letzten Herbst viel geändert, erzählen die Freunde. Sie sitzen in einer kleinen Runde beisammen. Remigius schreckt auf aus seinen Traumreisen, denn Unvorstellbares soll sich im Wallis ereignet haben: Eine Passstraße sei eröffnet, Napoleon selbst habe den Bau befohlen; für Kanonentransporte erdacht, sei die Kunststraße über den Simplon durchwegs befahrbar. Kutschen, Karren, schwere Wagenladungen, ja. Und was bedeutet das? Das

Wallis ist ein abgelegenes Tal. Werden nun vom Süden her Reisende mit Pferd und Wagen in unsere Orte gelangen? Werden sie dort nächtigen, bevor sie in die Waadt aufbrechen oder umkehren, die Wagen mit Walliser Käse beladen und dem herrlichen Walliser Brot? Ja, was bedeutet das? Remigius wird im Wallis mit Ware für die Leute am Ende der Fuhrwege erwartet, wo es am schönsten ist, weil man anlangt, wo es nicht weitergeht. Und es gibt Leute, die bleiben das ganze Leben dort, andere finden Wege, wo es keine gibt, gelangen über den Berg, kehren zurück, erzählen von drüben. So verliert sich Remigius in Gedanken, bevor er in die Runde der Freunde zurückkehrt im Hof des Spittels. Die Nacht ist lau, aber feucht. Er hüllt sich in den Pelz, rückt seinen Schemel etwas näher zum Feuer. Die Passstraße ist offen gen Süden, berichten die Freunde. Man müsste, wenn man den Strich über die Alpen verlängern wollte, keine Säumer mehr beauftragen wie früher. Man könnte, sagt sich Remigius, die Lippen trocken, die Wangen glühen vom heißen Tee und vom Schnaps, ja man könnte die Ware selbst über den Berg transportieren. Der Wegzoll mag teurer sein und Brückenzölle werden eingezogen, denn die neue Straße führt von Brig über das Spittel am Säumerweg hinaus bis auf die Passhöhe auf 2000 Metern, über mächtige Brücken, vorbei an grausigen Schluchten. Dann die mal steile, mal langgezogene Alpensüdseite hinunter, nach Gondo und Domo d'Ossola, wo die Leute Italienisch reden. Die Fremdenverkehrsreisenden kommen, um mit eigenen Augen die schwindelerregenden Brückenpfeiler und die unwirtlichen Felslandschaften zu sehen, aber auch, um den Schrecken der Schluchten zu erfahren. Die Freunde raten, Sommer hin oder her, Schulterwärmer aus Fuchspelz für die Damen mitzuführen, Raucherwaren für die Herren, zudem gebirgsbemalte Teller für die Mahlzeiten der vornehmen Reisenden auf den Bergwiesen.

Raucherwaren und Geschirr mit Bergmotiven sind kein Problem, Raucherwaren führt er sowieso mit, Tonwaren sind seine Spezialität. Aber wo soll er Fuchsschulterpelze herbekommen?

Er wird über Thun reisen, um Steingut einzukaufen. Wieder ein Stück zurückkehren, um bei Spiez nach Westen abzubiegen, Richtung Bulle.

Mitte April, so wird es in Remigius' Obwaldner Pass von 1806 verzeichnet sein, werden sie in Châtel-Saint-Denis eintreffen, dort den Weg nach Süden nehmen zwischen Mont Pélerin und Pléiades, bis nach Vevey hinuntergelangen.

Von Châtel bis Vevey am Genfersee: eine Tagesreise.

1809, drei Jahre später, Bruderstreit

Remigius und die Seinen nehmen alle Jahre den gleichen Weg. Du bleibst auf deinem Strich, wo du die Leute kennst, weißt, wo du unterkommen kannst, wo was gefragt ist. Sie kaufen und verkaufen, führen ein Lasttier mit oder zwei, einen Karren oder zwei.

Bis zum Jahr 1809.

Melchior kommt auch diesmal nicht mit, er hat zu tun, ist im Dienst ob Sarnen, wo auch Magda arbeiten wird. Nein, jetzt noch nicht. Jetzt ist seine Frau noch bei der Wirtin, aber bald kommt sie nach, ja, zum Bauern ob Sarnen. Der hat Melchior die Hand darauf gegeben, dass er sie nimmt, und mit Magdas Wirtin wird der Bauer schon einig werden, sodass seine Frau zu ihm wechseln kann.

Wir bleiben, hatte Melchior gesagt.

Ja, und wie soll das dann weitergehen?, hatte Remigius den Bruder gefragt.

Hat man denn je einen Knecht gesehen, der seine Magda heiratet, mit ihr beim Bauern Kinder hat, und alle arbeiten sie glücklich beisammen auf dem Hof? Beim Bauern ziehen der Knecht und die Magd ihre Kinder auf? *Wie stellst du dir das vor?*

Wer keinen Boden besitzt, soll keine Ranken schlagen und keine Ableger treiben, nicht auf fremdem Grund, oder sie werden ihm abgezwackt, vom Bauern oder Bürger.

Melchior will das einfach nicht kapieren.

Weder hat ein Bettler Familie noch ein Knecht.

Remigius war in Rage geraten, und sie sind tatsächlich aneinandergeprallt. *Brüder*, schrie Ursula. *Ihr seid Brüder*.

Melchior war zurückgeblieben mit seiner Magda. Remigius, Ursula und die Schwestern waren losgezogen.

Die Reise, so sollten sie später sagen, stand unter keinem guten Stern.

Ursulas Rückkehr 1809

Sie waren schwerfälliger als sonst in jenem Jahr 1809.

Nicht etwa, weil Remigius kein neues Passpapier erhalten hatte. *Pässe nur mehr für Bürger*, hieß es im Amtshaus.

Also reiste er mit dem alten Reisepass, der nicht mehr wirklich gültig war, weil abgelaufen. Doch im Spittel, ja selbst an den Stadtmauern, wo immer sie kontrolliert wurden, achtete niemand auf die Jahreszahlen. Auf dem Rückweg, an der Grenze zum eigenen Kanton, würden sie für alle Fälle einen kleinen Umweg nehmen, man konnte nie wissen. Sie kamen nur langsam voran. Die Reise hatte schon auf dem Hinweg immer wieder gestockt, mal war es das Wetter, mal ein Bauer, der sie aufhielt, eine blockierte Straße, ein gebrochenes Wagenrad, das Pferd krank. Im Wallis versank eine Kiste Rauchwaren im Schlamm. Sie hatten sich auf den Rückweg gemacht, kaum dass sie angekommen waren. Der Gaul, ein neuer – ihr Pferd hatten sie schweren Herzens im Wallis zurücklassen müssen –, zog den Wagen nur mit Mühe. Ihm war der Karren zu schwer, auf dem neben den Kindern auch Ursula saß. Sie konnte sich kaum mehr auf den Beinen halten. Die Schwägerinnen sagten, es müssten Zwillinge sein, die sie trage. Buben. In Vevey war der Spittel voll und sie wurden abgewiesen. Sie verhökerten einen Teil der Tonware.

Ursula schien der Sommer unerträglich heiß und feucht. Sie war über dreißig Jahre alt, hatte drei Kinder geboren, aber noch nie eine solche Schwüle erlebt. Eines, ihr Junge, ist ihr früh weggestorben, sie vermisst ihn. Er war ihr erstes Kind, und sie hat ihn immer vermisst. Sie weiß, dass er nicht wiederkommen wird, wie ihr die Schwägerinnen weismachen wollen. Kein Leben wiederholt sich, kein Kind kommt zweimal. Wenn die Kinder, neugeboren, dir noch fremd sind, kannst du ihre Seele sehen. Sie würde ihren Bub sofort erkennen. Ursula weiß, dass sie ihren Jungen nie wiedersehen wird. Und als sie zurück sind, bis nach Emmetten in Nidwalden sind sie gezogen, wo Verwandte leben, stirbt Ursula, 35-jährig. Auch das Kind stirbt, am 10. August 1809, ungetauft.

In den Totenschein schreibt der Pfarrer, Ursula und Remigius sind vagierende Bettler *vagi mendicantes et jure civitatis non gaudentis,* ohne Bürgerrechte, *ex puerperio graviter secumbens,* und die Frau ist bei der Niederkunft gestorben.

5

Aufbruch ins Ungewisse, Elisabeth, 1811

Sie weiß nicht, ob da ein Landjäger war.

Sie waren bereits über die Kantonsgrenze hinaus, im ersten Dorf auf Zürcher Seite angelangt: Kon. Nach der Brücke über einen mageren Wasserlauf war der Weg plötzlich eingeknickt, sie standen mitten in einer scharfen Kurve und die Straße führte direkt auf die Dorfkirche zu. Einer von ihnen setzte einen Warnruf ab, und sie stoben auseinander. Die Alte verschwand mit ihrem Sohn in einer Gasse, die Übrigen schlugen andere Wege ein, immer zu zweit, ein Kind an der Hand. Sie, Elisabeth, die Fremde, floh allein. In Richtung des Steinbruchs am Hang hatte sie laufen wollen. Zwischen Wolken von Stechmücken fand sie sich wieder. Sie erkannte den Fluss, als sie endlich stehenblieb, das Wasser trübe, floss träge, warf unvermittelt Wirbel wie gierige grüne Schlunde. Sie war falsch abgebogen, ins Sumpfgebiet geraten, Libellen, Kröten, suchte nun ihren Weg zurück, fand keine Öffnung im stacheligen Gebüsch. Hörte Knacken, ein Platschen, vermutete Biber, vernahm Menschenstimmen, Schritte. *Elisabeth, geborene Dietrich, von Einsiedeln, Kanton Schwyz, 24 Jahre alt, Witwe des Jakob Siegel,* würde sie dem Landjäger sagen, wenn er sie fasste.

Lasst mich gehen, würde sie ihn anflehen.
Was würde mit ihr geschehen?
Und mit ihrem Kind?

Sie ist aufgeschreckt. Ihr Herz pocht so laut, dass sie fürchtet, es werde die Alte aufwecken, an deren Rücken sie liegt, um der fremden Großmutter die schmerzende Wirbelsäule zu polstern mit ihren Brüsten und das Kreuz zu wärmen mit ihrem Bauch.

Sie fand den Weg zurück, und ohne dass sie angehalten worden wäre, durchquerte sie das Dorf. Am Abend war sie wieder bei den andern.

Vom Feuer her hört sie die Männer reden, leise.

Sie stellt sich schlafend.

Sie hat ihr Kind bei der Schwester zurückgelassen, ist auf dem Weg nach Einsiedeln, wo sie mit Remigius zusammenkommt, den sie heiraten wird. Das Trauerjahr ist vorbei, ihr Jakob tot. Sein Grab in Kleindietwil ist auf ewig verwaist, niemand kommt dort vorbei. Anderenorts im Land, dort, wo der Aargau verspieltes Hügelland ist voller Bäche und alten Burgen, hat sich die Schwester niedergelassen. Zum Glück war sie nicht fern, als Jakob starb, ihr Bub sechs Monate alt. Da war Remigius schon Witwer.

Er hat die beiden Mädchen und vielleicht ein drittes Kind.

Ob du ihn wiedererkennst?, fragte die Schwester, als sie Elisabeths Bündel für die Reise nach Einsiedeln packten.

Aber natürlich, hat sie geantwortet. Sie ist sich nicht sicher. Eine Ewigkeit ist vergangen seither.

Es ist nur ein paar Jahre her, seit sie zum letzten Mal mit Remigius zusammengetroffen ist. Sie rollt das Kettchen um den Zeigfinger der freien Hand. Die andere liegt auf dem knochigen

Ellenbogen der Alten, wie um ihn zu stützen, dass er nicht abfalle. Sie zieht die Hand zurück, weiß nicht, wohin damit.

In Lauerz war es, als sie Remigius zuletzt gesehen hat.

Jakob und sie lebten schon seit dem Vorjahr am Lauerzersee – dem ruhigsten, friedlichsten aller Seen. Sie waren hergekommen, um zu heiraten. Es war bekannt, dass der Lauerzer Dorfpfarrer auch Auswärtige traute und speziell Jenische gern vor Gott verband, ohne dafür viel zu verlangen. Und so wurden sie in der kleinen Kirche getraut, das war im schönen Juni 1806.

Und im August, die Ernte wurde eingeholt, die Sternschnuppen fielen, waren sie noch immer da. Jakob beschlug Pferde, beulte Räder aus, wurde hierhin und dahin gerufen – es war, als wolle das Dorf sie gar nicht mehr ziehen lassen. Doch Jakob hatte anderes im Kopf. Im Aargau dauert die neue Zeit an, sagte er, sie nehmen Leute auf, Liebes. Jeder, der sich versorgen kann, darf sich niederlassen. Und er, Jakob, stammte aus dem schönen Aargau, und für ihn, Jakob, gab es überall Arbeit und Verdienst, kein Pferd war ihm zu schwierig, keine Aufgabe zu schwer. Bald würden sie aufbrechen. Doch am 2. Tag im Herbstmond jenes Jahres, das so glücklich begonnen hatte, bebte der Küchenboden unter ihren Füßen, die Wände krachten, der Herd barst. Sie trafen im Hof aufeinander. Als sie sich voneinander lösten, konnten sie im seltsam violetten Staub nichts als den Schrecken im Gesicht des andern sehen. Jakobs Auge begann erst später zu bluten. Der Berg, so erfuhr man, als zusammenlief, wer sich gerettet hatte, war in den See gestürzt. Eine Sturzwelle hatte ganze Dörfer verschüttet, die Menschen unter dem Geröll begraben.

Jakob verlor ein Auge.

Sie, Elisabeth, hat einzig die Narbe am Handrist davongetragen.

In der ersten Zeit nach dem Bergsturz blieben sie, weil sie gebraucht wurden. Dann blieben sie, weil sie ein Auskommen hatten bei den Bernern, Zürchern und Luzernern, die mit großen Gerätschaften ankamen, um beim Aufräumen und Wiederaufbauen zu helfen. Es wurde Winter, und sie waren noch immer da, und als sich die Mondsichel hart wie frisch geschliffen am Himmel abzeichnete, das neue Jahr 1807 hatte kaum begonnen, liefen sie auf der Seestraße Remigius über den Weg.

Remigius hatte ein aufgeregtes Grüppchen im Schlepptau, alle festlich aufgeputzt unter den Pelzen. Sie, Elisabeth, freute sich sehr über das unverhoffte Wiedersehen. Sie schlang die Arme um den Vetter, dass ihm die hohe Pelzmütze zu Boden fiel und sie Jakobs irritierten Blick zwischen den Schulterblättern spürte, sodass sie den kleinen Mann sogleich wieder freigab. Und während sie ihrem Jakob, der noch niemand kannte, Remigius den Kurzen, ihren Cousin, als den großen Reisenden vorstellte und Ursula, ihre Cousine, als dessen Frau, und die Mädchen, was waren sie groß geworden, als deren Kinder und schließlich die Schwestern und deren farbige Entourage, machte sie ganz hinten in der vor Freude erhitzten Schar Melchior und Magda aus, still, blass: gekommen, um zu heiraten.

So war es im Hartmond des Jahres, nach dem der Berg in den See stürzte. Auch der Dorfpfarrer von Lauerz hatte überlebt.

Drei Jahre ist es her, dass ich sie alle zuletzt gesehen habe, hat sie zur Schwester gesagt.

Statt dass er kommt, Cousin Remigius, und sie, Elisabeth und ihr Kind, zu sich holt, hat er ihr diese Leute geschickt: Bekannte seien sie, Reisende. *Ach Elisa, Liebe!* Sie hört die Stimme der geliebten Schwester, besänftigend, aber auch mahnend, und es ist ihr, als läge die Hand der Schwester auf ihrem vernarbten Handrist, sanft und bestimmt, dass sie fühlen kann, wie sie ganz ruhig wird; man hört den eigenen, ruhigen Puls, und man hört zu. Das tut sie. Für den Aargau hat Remigius keine Papiere, und die Aargauer Landjäger sind wachsam, penibel darauf bedacht, dass ihr Hoheitsgebiet respektiert wird. Das zusammengestückelte Aargauer Kantonsgebiet ist zum großen Teil vom Kanton Bern abgetrenntes Land. Der Kanton Aargau kommt in Remigius' Reisepass, wie er die Schwestern hat wissen lassen, nicht vor. Hingegen ist der Kanton Bern dort als Reiseziel vermerkt, was mancher Aargauer Landjäger als Provokation empfinden mochte.

So hat sie sich den Reisenden angeschlossen, die Remigius schickte.

Sie soll diese Leute an der Wallfahrtswoche für die Schwarze Madonna einweisen, ihnen zeigen, wo man in Einsiedeln unterkommen und wo man den Pilgern etwas verkaufen kann. Was schwierig sein wird, denn Remigius' Bekannte haben nichts und können nichts. Sie gießen keine Glocken, decken keine Dächer. Sie sind keine Kessler, Spengler, Wurzelgraber, Salber, wissen nichts über Kräuter und Wässerchen. Flicken keine Schuhe und keine Kaffeemühlen. Fertigen keine Seile oder Knöpfe, binden keine Besen, wissen gar nichts anzufangen mit ihren Händen. Sie spielen kein Instrument, haben zwar einen Karren, aber keine valable Verkaufsware mit, wie Elisabeth schon am ersten Tag herausgefunden hat. Was wollen die an der Wallfahrtswoche der Schwarzen Madonna? *Heilige Maria, Mutter Gottes.* Sie schickt ihr und dem schwarzen Kind ein Stoßgebet in den Himmel. Die Männer sind ihr nicht geheuer. Die Frauen nett, aber verschüchtert wie ihre Kinder.

Es sind Leute, denen sie ein Heiligenbildchen gratis abgegeben hätte, früher.

Mit Lagerplätzen in dieser Gegend kennen sich die Frauen aus.

Wenn sie rasten, weicht Elisabeth nicht von der Großmutter. Sie bereitet der Alten das Bett, hilft ihr beim Essen, bei der Toilette. Vielleicht sollte sie sich auch etwas an die Frau des jüngeren Sohns halten. Als sie die Decken auswaschen wollte in der Limmat, ist er ihr nachgeschlichen. Diesmal hat er sich abwehren lassen.

Sie muss zusehen, dass sie nie allein ist.

Die Großmutter murmelt im Schlaf. Elisabeth schiebt sich näher an die knochigen Hüften, will den ganzen alten Körper besser wärmen, damit er nicht erwacht. Sonst muss sie aufstehen, sich mit ans Feuer setzen oder der Klagenden die Beine massieren.

Die Reise wird nicht lange dauern, tröstet sich Elisabeth.

Ob ihr Sohn, er ist noch so klein, sie wiedererkennen wird, wenn sie ihn zu sich holt? Hat sie richtig daran getan, ihn bei der Schwester zurückzulassen? Ihre Schwester liebt den Bub. Aber der Schwager? Sie will ihr Kind bald nachholen. – *Welche Frage!*, hat die Schwester ausgerufen. *Aber natürlich wird Remigius einverstanden sein, dass du ihn zu dir holst.*

Sie lagern im Moor. Die schwarze Erde erinnert sie an den Torf, an ihre Kindheit im Hochtal von Einsiedeln.

Es wird alles besser werden.

Als Remigius' Frau kommen sie und ihr Sohn in die Familie zurück.

Sie dreht sich nach den Männern um. Das Feuer ist verwaist.

Elisabeth weint sich lautlos in den Schlaf.

Die Nacht ist lang und will nicht enden.

Sie darf nicht aufstehen, den Lagerplatz allein verlassen. Sie löst sich langsam wie ein Salamander vom Körper der Schlafenden, streift die Decke ab wie eine für immer abgelegte Haut. Alles schläft. Der Hund dreht den Kopf zu ihr, legt ihn wieder hin.

Sie steht, Gewicht auf beiden Beinen, die Füße auf trockenem Schotter. Vom Fluss kein Ton, in der Ferne die Nachtigall. Am Himmel nach und nach die trauten Lichter. Sie geht auf warmer Erde jetzt, weich wie Humus auf festem Grund, setzt Fuß vor Fuß. Steht still, es tut wohl, still zu stehen auf Zehenspitzen in der Nacht. Sie setzt sich auf den Stein bei den umgestürzten Buchen am Fluss, wo der Blick sich auf die Sterne öffnet. Die Fußsohlen an der glatten Rinde der vom Wetter gefällten Stämme, mächtige Stämme, die sie vor den grünen Schlunden schützen. Das Wasser zieht schwarz dahin.

Ihre Schwester meinte, dass sie sich immer schon kannten.

Ihre Schwester weiß nicht, dass sie mit dem Mutterteil der Familie erst zusammenkamen, als es ihnen längst wieder gut ging. Mutter, so unterrichtete sie die Schwester, Mama, schickte sie leise hinterher, war eine Huserin von Geburt, aber von den Schwyzer Huser, nicht aus Unterwalden, wie Remigius' Leute. Mutter kannte ihre Cousins kaum.

Zuerst lernten sie Eustachius kennen, Melchior und Magda und Eustachius' Töchter von Stans. Remigius erst später. Ihre Schwester war zu klein damals, als dass sie sich erinnern könnte heute, war immer die Kleine, musste sich um nichts kümmern, aber überall mitlaufen.

Sie, Elisabeth, war selbst noch ein Kind, Remigius war der Gast.

Remigius war der große Reisende, erzählte Geschichten aus dem Wallis, wo es die höchsten Berge gab, dem Waadtland, wo man Französisch parlierte, dem Brienzersee, wo englische Ferienreisende sich vor Gespenstern fürchteten. Er war gekommen, um sie, die Schwyzer Verwandten, Glockengießer von Einsiedeln, von Eustachius' Tod zu unterrichten.

Sein Vater war gestorben, im vergangenen Dezember, auf

den Tag genau 20 Jahre nach Remigius' Mutter Waldburga, war Eustachius in Stans beerdigt worden.

Im Sommer zuvor waren sie alle noch bei ihm gewesen.

Auch Mutter, du und ich?, fragte die Schwester.

Es war die erste Reise ohne die großen Brüder. Der Jüngere der beiden wurde im Vorjahr am Etzel getötet, im Kampf gegen die Franzosen und Zürcher, am Tag, bevor die Landsgemeinde die Kapitulation bestätigte. Niemand hatte ihn aufhalten können, er hat mitgehen wollen, die Gottlosen aufhalten. Der Ältere, selbst schon verheiratet, war im Streit vom Vater gegangen und nicht mehr zurückgekehrt. *Vater*, nahm Elisabeth den Faden der Erzählung wieder auf, die sie für die Schwester spann und jetzt für sich spinnt, um wieder in Erfahrung zu bringen, woher sie kamen, wohin sie aufgebrochen waren, und sich zu vergewissern, dass sie auch heute noch, als Witwe mit ihrem Kind, eingebunden ist und nicht allein – *Vater war im Frühling 1799 nach Nidwalden gerufen worden*. Er sollte in Stans eine Glocke wiederherstellen, die den Brand vom Vorjahr überdauert hatte, aber beschädigt worden war. Es war die erste Zeit der helvetischen Republik. Im Umkreis des Stanser Marktplatzes war alles zerstört, das Geröll noch nicht abgetragen.

Die Nidwaldner Glocke, wie ihr Vater in Stans feststellte, war nicht mehr zu reparieren. Sie musste eingeschmolzen und neu gegossen werden. Und sie alle kamen im engen, aber freundlichen Haus des Eustachius unter, Cousin der Mutter.

Eustachius' Söhne wären im richtigen Alter gewesen, um dem Glockengießer, der Ersatz für seine beiden Ältesten brauchte, zur Hand zu gehen. Der Vater hatte auf Eustachius' Erstgeborenen gehofft: Josef – dem einzigen Sohn, von dem die

Glockengiesserin wusste. Dieser Josef war indes schon lange ausgezogen und weggeblieben. Eustachius' zweiter Sohn wiederum, Remigius, war, wie immer um diese Jahreszeit, auf der Reise. Aber Melchior war da, der Jüngste, und der war stark und stellte sich nicht ungeschickt an. Elisabeth führte ihn in die Arbeit ein, doch wurde er immer wieder weggerufen, denn er war bei Bauern im Dienst, die ihn auf Drängen des Pfarrers für die Zeit des Glockenbaus freigegeben hatten, nun aber immer wieder nach ihm schickten. Außerdem wurde bald klar, dass Melchior fürs Reisen, und dafür muss ein Glockenbauer geschaffen sein, keinen Sinn hatte.

Sie waren in Eustachius' Haus geblieben, bis die Glocke wieder am Kirchturm hing.

Nun war Remigius zu ihnen an die Sihl gekommen, überbrachte die Nachricht von Eustachius' Tod.

Der Glockengießer schickte seine älteren Kinder nach Wein und Brot. Elisabeth benachrichtigte die Nobel, deren Patenkind sie war und die wenig später zusammen mit weiteren Leuten eintraf, Instrumente im Arm. Sie selbst waren erst kurz zuvor von einem Auftrag im Tessin nach Einsiedeln zurückgekehrt und in einem leerstehenden Hof im Sihltal untergekommen – die Bewohner weggezogen, ausgewandert nach Amerika. Im Andenken an Eustachius gab die Glockengießerfamilie an jenem Frühlingsabend des Jahres 1800 im Sihltal ein Fest. Es wurden Feuer entfacht. Eine Geige spielte, ein Horn, ein Dudelsack. Wenn die Pfeifen schwiegen, sangen die Nobelin und zuweilen Elisabeths Mutter mit ihrer klaren Stimme ein melancholisches Lied.

Elisabeth erinnert sich nicht, ob Remigius tanzte. Ursula ja, Ursula tanzte, und auch sie selbst und die anderen Kinder tanzten.

Es wurde viel erzählt in jenen Tagen, wie immer, wenn Verwandte kamen. Man antwortete gern auf die vielen Fragen, staunte zuweilen, was man sich und die eigenen Leute erzählen hörte.

Die neuen Verwandten interessierten sich selbst für sie, obschon sie nur ein Kind war. Elisabeth, das Kind, wurde nach den Heiligenbildern gefragt. Die Cousins dachten, so stellte sie erstaunt fest, sie selbst bemale die Schiefersteine, die sie auf dem Klosterplatz verkaufte. Sie zeichnete Blüten in den Staub oder in die Torferde, das ist wahr. Am erlöschenden Feuer zog sie Linien in die Asche, die zu Tieren wurden, zuweilen auch zu Gesichtern. Aber die Muttergottes zeichnen? Den heiligen Antonius?

Elisabeths Vater, den Glockengießer, fragten die Gäste nach den Pfarrherren in reformierten Landen und dem Klang ihrer Glocken.

Elisabeths Mutter, die Glockengießerin, befragte Remigius nach ihrem früheren Mann, der Elisabeths erster Vater gewesen war.

Remigius fragte, und die Mutter berichtete von furchtbar schwerer Zeit. In der leise, aber stetig und ohne je zu stocken vorgetragenen Erzählung entstand ein Leben in elender Armut. Elisabeth hörte erschrocken zu und erinnerte sich – nun erinnerte sie sich! –, dass sie, ein Kleinkind an der Hand der Mutter, die Schwester ein Säugling, von Hof zu Hof irrten. Es musste im Sihltal gewesen sein, denn hier lagen die Höfe weit auseinander. Sie, das Kind, war im Gehen an der Hand der Mutter eingeschlafen, wachte auf, als die Mutter ihren Handrist fest umklammerte.

Sie stehen vor einem Hof, ein Bauernhaus, das Kind, das sie war, an der Hand der Mutter, das Schwesterchen auf den Rücken gebunden. Die Tür geht auf, die Mutter will sprechen. Sie werden weggewiesen, eine Handbewegung.

Solche Sachen tauchten plötzlich auf in ihrer Erinnerung.

Wer weiß, was aus ihnen geworden wäre, wenn nicht irgendwer sie zum Glockengießer gewiesen hätte, Witwer mit neun Kindern, schloss die Mutter. Remigius hörte zu, legte den Kopf schief.

Die Mutter heiratete den kinderreichen Witwer, und das war ihr Glück. Kirchenglocken, zu schwer für den Transport, werden dort gegossen, wo sie später im Kirchturm hängen. Eine Glockengießerfamilie konnte selbst in jenen mageren Zeiten, und es waren die 1790er Jahre, die Felder von Krankheiten befallen, getrost mit vielen Kindern reisen – eine Glockengießerfamilie kommt stets am Ort des Kirchturms unter.

Der Glockenbauer formt den Mantel, erklärte Elisabeth ihrem Cousin Remigius, dem Gast. Und in ihrem Bericht ging das eine aus dem anderen hervor, in ein paar Minuten war die Glocke gefertigt. Die Töchter verstärken den Mantel mit Pferdemist, erklärte sie. Die Söhne geben ihn, an Seilen gesichert, vorsichtig in die Grube. Wir decken den gepolsterten Mantel mit Erde zu, damit er nicht birst, wenn der Glockengießer das Feuer entfacht und die Bronze fließt – ihr liebster Moment. Alle ummantelt, selbst die Gesichter, zum Schutz vor der Hitze, der Asche, dem Staub. Jeder verborgen hinter seiner Maske, auch sie, Elisabeth, das hochgewachsene Kind, das zwischen den Männern im Gleißen stand, unerkannt in ihrem Sein als Mädchen und künftige Frau.

Wenn der Glockengießer ohne Auftrag war, kehrte die Familie nach Einsiedeln zurück. Die jüngeren Kinder verkauften auf dem Klosterplatz Heiligenbilder, was die Klosteroberen geschehen ließen, weil die Schieferplatten, wie Elisabeth ihnen versicherte, von der Hand des Glockenmachers bemalt worden waren und die

Farben, was stimmte, noch vom Eremiten stammten. Elisabeth wusste, was und wie etwas zu sagen war, wenn ein neuer Klosterbruder auf dem Platz erschien, um zusammen mit den Bettlern auch die Händler, die keinen Obolus leisteten, wegzuweisen, und erst recht keinen Bilderverkauf zu dulden auf dem Platz vor der Klosterkirche der Schwarzen Madonna von Einsiedeln.

Die älteren Geschwister arbeiteten im Torf. Elisabeth beneidete die Älteren, obschon es eine harte Arbeit war, zu der sie aufbrachen, um im Feld zusammen mit allen andern Torf zu stechen und schwarz vom Torfstaub die gestochenen Klumpen zum Trocknen aufzuschichten. Wie verkohlte Soldaten standen die Torftürme auf den aufgerissenen Feldern. Wenn die Sonne oder auch nur der Wind, denn in dieser Jahreszeit gaben die vorbeiziehenden Wolken oft nichts preis am Himmel, die Klumpen zu Briketts getrocknet hatte, begann man, sie abzutragen. Man musste zusehen, dass die Arbeit getan war, bevor der nächste Wolkenbruch die Sihl über das aufgerissene Land treten ließ.

Elisabeth und die kleine Schwester hatten es leichter auf dem Klosterplatz, das ist wahr. Wenn der Regen kam, floh Elisa, die Schwester im Schlepptau, in eines der Portale der Klosterkirche. Weiter durften sie nicht. Aber das machte nichts. Drinnen war es duster, und im Portal standen sie im Trockenen. Im Vorraum zwischen dem prasselnden Regen draußen und der Ruhe der Heiligen drinnen kauften die Pilger gern. Die Herrschaften mit den angenässten Hüten und Kapuzen fluchten und lachten. Im Moment, da sie dem Wolkenbruch entronnen waren, waren ihre Blicke freundlich, fast schon, als wäre sie, das Mädchen Elisabeth, eine von ihnen. Manch einer, nachdem er bereits in den Räumen der Madonna verschwunden war, kam zurück und drückte dem Kind eine Münze in die Hand, manchmal zwei. Elisabeth bückte sich, nahm ein Steinbild, überreichte es dem

Mann. Manchmal hätte sie gern gelächelt. Doch das ist ihr kaum je unterlaufen. Ihren Stolz vergaß sie nicht, sie, die Reisende, die Glockengießertochter.

Außerdem war es gefährlich. Wenn die Tür zufiel, stand sie im Dunkeln mit einem Mönchsbruder oder zweien, dem Priester, einem Herrn. Sie war noch kein junges Mädchen, noch lange nicht. Sie war ein Kind. Doch so mancher langte nach ihrem Kinn. Sie sagte: *Ich habe Brüder!*, sagte: *Wir sind Reisende, Jenische. Mein Vater wird Sie töten*, dass der Mann, wenn er nicht auflachte, von ihr abließ. Die Kleine duckte sich weg.

Die älteren Schwestern schenkten ihr ein Kopftuch. Es nutzte nichts.

Sie wäre lieber ins Feld gegangen mit der Kleinen.

Sie wünschte den Tag herbei, an dem sie wieder aufbrächen.

Denn nur in Einsiedeln verkauften sie Heiligenbilder.

Waren sie trocken, wurden die Briketts aufgeladen. Wenn es so weit war und Regen drohte, brauchte man jeden. Auch sie und die kleine Schwester durften mit in die Felder. War alles aufgeladen, standen sie aneinandergedrängt, um wie aus einem einzigen Augenpaar die schwarz beladenen Wagen und Karren mit dem Blick zu begleiten, bis sie sich am Horizont, wo die Wege dunkel zusammenflossen, verloren.

Die Briketts würden in Zürich Stadthäuser beheizen.

Sie selbst war 14, als sie zum letzten Mal mit der Familie aufbrach. Reisen war einfach in der helvetischen Republik.

Sie war 16, als sie mit dem ältesten Bruder auf die Reise ging. Sie vermisste die kleine Schwester, die mit der Mutter in Einsiedeln zurückgeblieben war. Die Mutter war Witwe, der Glockengießer gestorben. Auch die helvetische Republik Vergangenheit.

Elisabeth war 18, als sie die Bruderfamilie verließ mit ihrem Jakob, und 19, als sie ihn heiratete.

Sie war 23, ihr Sohn sechs Monate alt, als Jakob sich beim Beschlagen eines alten Gauls verbrannte. Die Wunde wollte nicht heilen.

Elisabeth, aus unruhigem Schlaf erwacht, findet sich am Rücken der fremden alten Frau wieder, mit der sie reist. Sie liegt auf trockenem Grund. Am Feuer wirft einer Obstkerne in die Flammen, die aufzischen. Der Himmel ist klar, Morgenrot.

6

Elisabeths Hochzeit, in Oberwald, Kanton Wallis, 1811

Am 4. September 1811 tritt Remigius, der Kurze, Vater zweier Töchter, Pate eines Neffen, Bruder zweier Schwestern, die Augen blau wie der Berghimmel, in der Kirche von Oberwald, Goms, vor den Traualtar.

Elisabeth, hochgewachsene junge Braut mit Kind, die Haut im fahlen Licht der Kerzen weiß wie Schnee, tritt dazu. Die neuen Schuhe klappern.

In ihrem Rücken trägt Remigius' Tochter – die große – lautlos auf nackten Füßen Elisabeths kleinen Sohn in der Kirche herum, als wäre der noch immer ein Säugling.

Er ist zweieinhalb und lässt es sich gefallen. In den Armen der neuen großen Schwester fürchtet er sich nicht vor der heiligen Muttergottes, dort drüben am Seitenaltar; sie leidet, Pfeile in der Brust.

7

Bis in diesem Jahr ging alles gut, Bern, 1836

Also, gute Frau, sagt der Polizeibeamte von seinem Tisch aus. Ein schwerer Mann. Freundliches Gesicht. *Habt keine Angst,* sagt der Mann, *es geschieht euch nichts.* Sie weiß nicht: Muss sie etwas sagen? Elisabeth legt die Hände ineinander. Sie steht ein paar Meter vor dem Tisch des Polizeibeamten, der den Blick auf das Blatt senkt, auf das er eben noch etwas hingeschrieben hat. Er zieht einen Stapel Papiere heran, beginnt, sie aufzufächern. Sie lehnt sich etwas vor, um besser zu sehen. Es sind nicht die Schriften, die man ihr und Magda abgenommen hat, es sind andere amtliche Papiere, sie kann es an den Schriftbildern am Kopf der Blätter erkennen. Der Kanton Unterwalden ob dem Wald schreibt – der Rat oder ein Amt. Das liest der Mann.

Nun spricht er zu ihr.

Ihr werdet aufgefordert, beginnt er, der Ton streng, doch ein Husten unterbricht seine Erklärungen. Er hustet krachend, dass Elisabeth einen Schritt zurückweicht. Sie steht mitten im Raum, getäfelter Amtsraum, schweres Gemälde an der Wand, darauf ein anderer schwerer Uniformierter, hängt genau über dem Hustenden. Man sollte das Fenster öffnen, und dem Mann ein Glas Wasser bringen. Zwei Schritte und sie wäre am Fenster. Ein Sonnenstrahl fällt auf ihre gefalteten Hände, dass sie die Arme vor der Brust verschränkt, was sich jedoch nicht richtig anfühlt.

Der Mann hustet gepresst, in Stößen.

Er drückt sein Taschentuch an die Lippen, atmet vorsichtig durch die Nase ein, und als sein Leib ruhig bleibt, blickt er erleichtert hoch. Sie weist mit den Augen aufs Fenster. Er nickt, senkt den Blick auf sein Blatt. Während sie das Fenster öffnet und tief Luft holt, sagt er mit gepresster Stimme: *Ihr werdet aufgefordert, auf die zu stellenden Fragen mit aller Wahrheit zu antworten.*

Er atmet vorsichtig ein und aus.

Elisabeth tritt wieder an ihren Platz vor seinem Tisch.

Seine wedelnde Hand weist sie an, etwas zurückzutreten.

Er befiehlt, sie solle sich kurzfassen und nicht daherreden. Immer nur auf seine Fragen antworten. Ob sie das verstanden hat, fragt er. Sie nickt.

Woher sie und die andern gekommen sind, will der Beamte wissen. *Vom Brünig her*, sagt Elisabeth, erkennt sogleich an seinem leidenden Gesicht, dass es nicht das ist, was er hören will.

Elisabeth erklärt, stockend, denn das weiß der Mann ja schon, sie seien aus dem Kanton Obwalden vertrieben worden. Er brummt zustimmend. Das war es also, was sie sagen sollte. *Der Obwaldner Landjäger*, fährt Elisabeth fort, nun sicherer, *hat uns an die Grenze geführt und mit den Worten, »kehrt nicht zurück, es sei denn, ihr werdet hergeführt«, in den Kanton Bern entlassen.* Sie haben den Weg über den Brünigpass unter die Füße genommen, erklärt Elisabeth, ohne dass sie irgendetwas bei sich gehabt hätten, keine Ware, nichts, auch keinen Karren, kein Lasttier.

Das langweilt den Mann. Er macht ein Gesicht.

Sie presst die Lippen aufeinander. Das hätte sie also nicht sagen sollen. Der Beamte will nicht wissen, wie sie reisen. Wie sie, Elisabeth Huser, geborene Dietrich, mit ihrem Remigius Jahr um Jahr auf die Reise gegangen ist. Wie Leodegar reist, denkt sie, mein Sohn, fügt sie trotzig an – blickt hoch, als habe sie laut gedacht und müsste die Reaktion auf ihren Gedanken prüfen. Der Mann schreibt etwas. Bald wird auch Balthasar reisen, denkt sie weiter, der ist ja noch jung, fügt sie wie zur Erklärung an und staunt, dass man auch in Gedanken laut werden und bestimmt auftreten kann, damit klar wird, was wichtig ist. Balthasar, ihr mittlerer Sohn, der ihr am ähnlichsten ist – bei ihm war sie steckengeblieben, wird es noch weit bringen. *Mit Pferd und Wagen*, denkt sie und reckt die Schultern, zieht den Nacken lang, die Ware für unterwegs griffbereit, und was fürs Wallis bestimmt ist, vor Nässe und Hitze geschützt in Kisten abgepackt. So reist man.

Der Mann schreibt etwas auf sein Papier, setzt einen Punkt. Er lässt die Feder über den Zeilen schweben.

Ein Luftzug fährt durch die Blätter auf seinem Tisch. Er bündelt sie wirsch, stellt den Bimsstein auf den unordentlichen Haufen. Er steht auf, lehnt das Fenster an, setzt sich, studiert ein Schriftstück.

Es ist so weit gekommen, denkt Elisabeth, dass ich vor diesem Mann stehe, weil Remigius nicht mehr da ist.

Soll sie das sagen?

Der Beamte studiert das Papier mit dem Briefkopf von Obwalden.

Sie war allein mit den Kleinen. Die Großen längst aufgebrochen, jedes nach seinem Plan. Sie waren alle fern, als ihr Vater starb. Was hätte sie denn machen sollen. Sie hat sich Magda angeschlossen, ihr und dem Jos, deren Sohn, der sie alle führt, immerhin ein erwachsener Sohn. In Obwalden sind sie nicht rechtzeitig weitergezogen. Deshalb ist es so weit gekommen, dass sie vor dem schweren Mann steht, Zentralpolizei. Polizeidirektion der Republik Bern.

Ach, seufzt Elisabeth, dass der Beamte aufblickt von seinen Akten. Er beugt sich wieder über die Schriften.

Jos ist nicht gemacht fürs Reisen, wie schon sein Vater, Melchior, nur gegen seinen Willen reiste. Magdas Familie hat keine richtige Reiseroute, nie eine gehabt, auch zu Melchiors Zeiten nicht. Und sie selbst, Elisabeth, Witwe des Remigius, besitzt nichts mehr, das man verkaufen könnte.

Also, ich frage und ihr antwortet, sagt der Mann, im strengen Ton.

Das versteht sie.

Sie soll die Namen ihrer Kinder aufsagen. Er hebt den Zeigefinger: Zunächst nur jener Kinder, die bei ihr sind. Und mit den Namen auch das Geburtsjahr nennen. Die Orte hat sie gut in Erinnerung, bei den Jahreszahlen stockt sie. *Das Alter*, weist der Mann sie an. Er zupft einen nach dem anderen die Taufscheine der Kinder aus dem Papierbündel, ordnet sie. Nun sagt er selbst die Namen ihrer Kinder auf, die bei ihr sind, und das Alter gleich mit. *Also die Barbara, 14, der Michael, 11, die Krescenzia, 10, und das Jüngste, das Maria, 8 Jahre alt.*

Ja, das sind ihre jüngeren Kinder.

Ihre beiden älteren Söhne hingegen, sagt Elisabeth, *Leodegar, 20, und Balthasar, 18* – das ist ihr gut gelungen mit dem nachgeschobenen Alter –, also die beiden Großen seien nicht bei ihr, auch die erwachsene Tochter Lieschen nicht, schiebt sie nach. Der Beamte hört zu.

Der schwere Mann sagt, sie sei eine kluge Frau, er schätze das. Er schreibt wieder. Von ihrem Erstgeborenen, Jakobs Sohn, schweigt sie. Er ist hier nicht gefragt. Er ist im Aargau unterwegs mit seiner neuen Frau. Ob sie aber sagen muss, dass Leodegar, im Jahr ohne Sommer zur Welt gekommen, und Balthasar, zwei Jahre später in die Hungerszeit hineingeboren und trotzdem beide groß geworden und stark – soll sie sagen, dass die beiden Söhne und das Lieschen, 24, vom Tod ihres Vaters noch gar nichts wissen?

Sie fanden ihn am Weg, wie niedergeschlagen, aber ohne jede Verletzung, dort liegengeblieben, wo er hingesunken war, nicht einmal eine Schürfung hatte er – als wäre er von einem Moment zum anderen dahingesackt und tot. Kein Schrecken im Gesicht. Später, als sie ihn hinbetteten im Haus, das sie in Emmetten bewohnten, und sie neben ihm saß und ihn besang, was er liebte, wenn sie die Kinder in die Träume sang, noch heute manchmal in die Träume singt, schien ihr, er habe einen verblüfften Ausdruck im Gesicht. Ein Staunen, was denn mit ihm geschehe, in seinem letzten Moment in diesem Leben.

Um seine herrlichen Augen nie mehr zu öffnen.

Sie, Elisabeth und die Kinder, haben alles verloren seither, mit jedem Tag, da er tot ist, ein Stück weggebrochen, bis nichts mehr da war.

Wenn ihre großen Söhne, wenn Leodegar und Balthasar es nur endlich erführen!

Euer Mann, Remigius, Sohn des Eustachius, ist vor ein paar Wochen in seinem 61. Lebensjahr in Obwalden gestorben, sagt der Polizist in seinem Berner Dialekt, in dem alles klingt, als könne es gar nicht anders sein. *Nachdem er zeitlebens mit euch herumgezogen war.*

Ein paar Wochen ist es her, dass er starb, das ist wahr. Sie wischt das Lid des linken Auges trocken, das manchmal plötzlich tränt.

Sie weiß nicht, wie alt Remigius war. Sie weiß, wann er zur Welt gekommen ist, und sagt die knirschende Zahl, die für das Jahr von Remigius' Geburt steht: 1775. An einem Dezembertag geboren, Sohn des Eustachius, in Stans, Nidwalden, gestorben in Emmetten, Nidwalden, von Ob- und Nidwalden brachen sie jedes Jahr auf, gingen auf die Reise, kamen wieder dahin zurück.

Ihr wollt sagen, ihr stammt aus den beiden Unterwalden, spricht der Mann. Der Polizist hat das Blatt, auf das er schreibt, weggeschoben und das Papier, das er sich immer wieder anschaut, an sich gezogen. Elisabeth kommt einen Schritt näher, und als er nicht aufblickt, lehnt sie sich leicht vor.

Die Taufscheine der Kinder hat er an den Tischrand geschoben. Die anderen Papiere vor sich ausgebreitet, wie Wäsche, die trocknen soll. Er zeigt auf das Häufchen der Taufscheine.

Ihr habt ein Kind in Küssnacht, Kanton Schwyz, zur Welt gebracht, das nächste in Unterwalden, eines im Urnerland, dann wieder Schwyz und so weiter.

Elisabeth ist 49 Jahre alt, ihre jüngeren Kinder sind im Keller dieses Hauses eingesperrt. Von dort hat der Beamte sie ein paar Minuten zuvor hergeholt, und sie ist sich sicher, ja ganz bestimmt ist es so, sagt sie sich – und eine Angst packt sie, dass es vielleicht doch nicht so sein wird, er sie nicht wieder dorthin führen wird, wenn das hier vorbei ist, zu ihren Kindern im Verlies. Er schreibt etwas aufs Blatt, sieht sie an, taucht die Feder in die Tinte, schreibt wieder. Manchmal nickt der Mann vor sich hin oder schüttelt kaum merklich den Kopf. Manchmal sieht er sie seltsam an, sie weiß nicht, ist es fragend, zweifelnd. Und wenn es fragend ist, was fragt er dann? Und wenn er zweifelt, woran? Magda, ihre Schwägerin Magda, Witwe des Melchior, mit der sie festgenommen wurde, und die nun bei ihren Kindern im Verlies und hier noch nicht einvernommen worden ist, aber weiß, wie sowas vor sich geht, hatte ihr erklärt: Sie fragen immer dasselbe. Wo geboren, wo geheiratet, wo begraben. Dann schreiben sie alles auf. Dann bringen sie dich wieder zu den anderen zurück, und alle zusammen werdet ihr nach Obwalden geführt oder nach Nidwalden, oder an eine Grenze gestellt, sagt Magda, sie, die nie hat reisen wollen, so wie ihr Melchior nicht hatte auf die Reise gehen wollen. Doch welcher Bauer behält dich mit Kindern? Das hat Magda auch dem Obwaldner Landjäger gesagt, als der sie befragte. Er wollte wissen, warum sie denn fortwährend herumziehe. Der Berner Beamte, der sie eine kluge Frau nennt, fragt nicht weiter. Er überprüft etwas in einem der anderen Papiere, die sie nicht kennt. Sie, Elisabeth, würde antworten, wenn er sie fragte, dass dies ihr Leben ist und ihr Beruf, wie andere Bauern sind und deshalb am Ort bleiben, wo der Acker ist, sind sie Geschirrhändler, wie ihr Remigius einer war und ihr Leodegar einer ist und ihr Balthasar einer sein wird, Geschirrhändler, oder Glockengießer, wie ihr Vater einer war. Und so reisen wir, und einen Acker brauchen wir nicht. Der schwere Mann steht auf, öffnet das größere Fenster an der Seitenwand, auf dass die Morgenluft hereinströmt. Noch ist sie frisch. Er überlegt. Im Profil wirkt er weniger massig, weniger krank auch. Er beginnt zu hüsteln. Magda könnte dem Mann etwas raten, ihm Kräuter dalassen. Die Kräuter haben sie ihnen nicht abgenommen, als sie hergebracht wurden. Sie hatten gerade Alpenminze gesammelt und nach anderem Essbarem Ausschau gehalten am Weg, die Burschen waren am Bach unten, auch Jos, der Älteste, als die Männer angeritten kamen. Der Hustende war nicht dabei. Als die Burschen vom Bach zurückkamen, holten die Männer Gewehre hervor. Das Mari, die Kleine, hat sich zu ihr geflüchtet. Ihren Michael hat sie mit den Augen im Zaum gehalten, dass der nicht meint, den Mann spielen zu müssen. Der Bub ist erst 10 – oder 11, wie der schwere Mann sagte. Wäre Remigius bei ihnen gewesen oder Leodegar oder Balthasar, wäre alles anders gekommen, denkt Elisabeth. Ihre Söhne hätten von fern gegrüßt und sofort mit den Männern zu sprechen begonnen. Leodegar hätte ihnen gesagt, wir ziehen weiter, und Balthasar hätte ihm beigepflichtet, Balthasar kann ja so gut reden, verzeiht, hätte er gesagt, wenn dies euer Waldweg ist, im Bach eure Fische schwimmen, im Wald euer Holz wächst, das wir gesammelt hätten, wenn ihr nicht gekommen wärt, das ist wahr, um ein Feuer zu entfachen und die Fische zu braten, die Kräuter zu essen, seht her, wie schön sie sind. Er hätte die Männer beschwatzt, dann vielleicht irgendetwas aus der Hosentasche gezogen, das die Berner ihren Frauen hätten mitbringen können. Einen Stein vom Simplon. Er hätte ihn den Männern mit freundlicher Geste überreicht.

Doch Leodegar und Balthasar waren nicht da. Und Remigius ist nicht mehr.

Und arme Leute haben keine Bergkristalle vom Simplon in der Hosentasche.

Wo ihre anderen Kinder sind, die älteren, will der Polizist wissen, barsch der Ton. Hat er schon einmal nach ihnen gefragt und sie hat nicht geantwortet? Sie darf nicht abschweifen hier, muss sich konzentrieren. Die Kirche schlägt 9 Uhr.

Der älteste Sohn – Leodegar, 20 – ist mit Braut und Kind nach Rom unterwegs. Leodegar und die Kiwi – Kiwiler mit vollem Namen, Anna Maria – wollen dort heiraten. So wie viele nach Rom reisen, um zu heiraten, sind auch sie gen Süden aufgebrochen, denn dort wird ein jeder getaufte Christ auch ohne

Bewilligung vom Amt getraut, doch das sagt sie nicht, nach der Bewilligung hat der Berner nicht gefragt.

Woher die Kiwiler stammt, will er wissen. *Aus dem Luzernischen*, beginnt sie. *Eine Heimatlose auch die junge Braut*, fällt der Polizist ihr ins Wort, dass Elisabeth sich reckt.

Wir sind keine Heimatlosen, erklärt sie bestimmt, dass sie erschrickt und das Wort sogleich wiederholt, unmissverständlich wie zuvor, aber sanft im Ton, man muss bescheiden bleiben, gleichmütig und an sich halten. *Wir sind aus Unterwalden.* Und als er nichts entgegnet: *Wir besitzen vom Vater meines verstorbenen Mannes einen Duldungsschein von Unterwalden.*

Ich weiß, sagt zu ihrem Erstaunen der Mann. Er widerspricht nicht, streitet nicht ab, dass sie Geduldete sind von Unterwalden. Der Schein ist ihnen lange schon abgenommen worden. Doch auch davon weiß der Mann.

Vielleicht wird alles gut?, denkt Elisabeth.

Die Duldung des Eustachius …, spricht der Mann vieldeutig wie der Fürstrichter auf der Theaterbühne und man weiß, dass das Stück nun bald endet.

Er tippt mit den Fingern seiner schweren Hand auf ein Schriftstück, sagt, die Unterwaldner wollen nichts wissen vom Duldungsschein, fragt, ob sie denn nie etwas gehört hat von Luzern. *Nein? Und von Heinrich, dem Zürcher?*

Es klopft, ein Herr von gewaltigem Umfang tritt ein, der schwere Beamte – ein Federchen im Vergleich – springt auf.

Der Herr sagt, es seien schon wieder Vaganten von Obwalden heruntergeführt worden. Er fragt, was denn nun sei mit den beiden Witwen und ihren Kindern.

Der Fall ist gelöst, sagt der Beamte. Er steht stramm. Die Luzerner hätten bestätigt, dass ein Vorvater dieser Leute aus dem Kanton Zürich eingewandert sei.

Anno 1629, erfährt Elisabeth, sei ein Heinrich Huser von seinem Heimatort am Zürichsee aufgebrochen, um in Luzern zur rechten Religion überzutreten, der katholischen. Wegen jenes Religionswechsels habe der Vorvater die Zugehörigkeit zu seinem angestammten Ort verloren. Von Luzern, wo der 1609 Geborene mit 20 Jahren konvertierte, seien seine Söhne über Schwyz nach Unterwalden gewandert, als Fremde in Unterwalden angekommen und dort geblieben jedenfalls.

Der Fall, wiederholt der Berner Polizist, ist gelöst.

Jetzt müssen sich die beteiligten Kantone nur noch darauf einigen, wer von diesen Leuten wem zugeteilt wird.

Der voluminöse Herr in der Tür nickt, dreht sich um und geht.

Der Polizist setzt sich.

Die beteiligten Kantone werden sich einigen, brummt der Mann.

Das kann doch nicht so schwer sein, fügt er an.

Ich werde nach Unterwalden schreiben, sagt der Beamte, wie für sich, mit leerem Blick.

8

Leodegar unterwegs nach Zürich, 1840

Und er, Leodegar, ist der älteste Sohn. Leodegar, Remigius' Erstgeborener, hat sich auf die Reise gemacht, Jos im Schlepptau, denn der ist der Älteste von Melchiors Söhnen. Die Väter sind tot. Die beiden ältesten Söhne sollen in Zürich vorstellig werden.

Mit jedem Schritt wirbelt er weißen Staub auf, die guten Sandalen wirken wie mehlbestäubt, und ihm ist, als wären es nicht seine eigenen Füße, die da so zielstrebig ausschreiten. Er reckt die großen Zehen. Hinter ihm geht sein Vetter Jos, den er noch nie mochte. Der Sommer ist heiß, und seine junge Frau und die Kinder sind in der Obhut von Balthasar, die Mutter sowieso, und dort in guten Händen.

Fahrt in den Vorort und verlangt eine Entscheidung, riet der Beamte im Amtshaus von Sarnen. Der Vorort sei die Hauptstadt und zuständig für heimatlose Leute wie er, sagte der Mann. Heute, müsst ihr wissen, wird gern über die Köpfe der Kantone hinweg regiert, führte der Amtmann von Obwalden aus, während er die Papiere sortierte, sie umschichtete, bündelte, Geburtsscheine, verblasste Reisepässe, Protokolle alter Einvernahmen, Verhöre mit ihm selbst, Leodegar, aber auch mit der Mutter, mit Balthasar. Sogar die Kiwi hatten sie einvernommen, seine Frau. Zürich, sagt der Mann, soll entscheiden, wo ihr hingehört. Bevor nicht klar sei, wie es weitergeht mit der Eidgenossenschaft, wird kein Kanton mehr heimatlose Leute bei sich dulden, so ist das, junger Freund, und deshalb müsst ihr euch schon selber kümmern.

Reist allein, riet er, *ohne Familie, damit man euch nicht aufhält.* Damit Leodegar durchkommt bis in die Stadt am Kopf des Zürichsees; damit ihm der Vorort eine Heimatgemeinde zuweise und seine Familie nicht weiter zwischen den Kantonen hin und her geschoben wird.

Sprecht im Amtshaus von Zürich vor, legt dort dar, wie es euch ergeht, sagte der Beamte von Sarnen. Wir hier in Obwalden können nichts für euch tun. *Und bis die Sache gelöst ist, kommt ihr nicht mehr her.* Er hat sie alle auf freien Fuß gesetzt, ohne sie weiter zu behelligen, wo kommt ihr her, wo geht ihr hin, wo habt ihr euch am meisten aufgehalten.

Und Leodegar ist aufgebrochen.

Er selbst wäre lieber nicht der älteste Sohn. Könnte er wählen, er stünde an Balthasars Stelle. Und Balthasar, der für solches geeigneter ist, wäre jetzt auf dem Weg nach Zürich.

Schon ihr Vater, Remigius, war kein Unterhändler, Viehhändler, Teppichhändler, was man sein sollte, als Erstgeborener. Er, Leodegar, ist genauso wenig wie sein Vater ein begnadeter Geschäftsmann oder gar Politiker. Gleichwohl hat er, wenn es um die Familie geht, immer Wege gefunden. Er, Leodegar, will leben – *genau wie dein Vater*, würde Kiwi einwerfen, seine Frau, wenn sie bei ihm wäre. Noch nie war er ohne Familie unterwegs. *So hört*, wollte Leodegar ausrufen, es rausschreien, *ich will* …, doch das geht nicht, sie laufen auf der Landstraße, da vorn liegt das Gehöft, wo sie das Pferd und den Wagen übernehmen werden. Er, Leodegar, und Jos, mit dem er unterwegs ist, werden im Gehöft einen guten Preis für das kleine Gespann aushandeln, hin und zurück, und dies ist ihre Mission: Wir fahren nach Zürich. Zürich ist in diesem Jahr der führende Ort unter den eidgenössischen Kantonen. Wir sprechen beim Landammann vor. Das ist der höchste Mann nicht nur der Stadt und des Kantons, nein, des ganzen Staatenbunds, der höchste Mann im Land, neben den Bundesräten. Im nächsten Jahr wechselt der Vorort, und mit dem Vorort auch der höchste Mann im Land. Ein anderer wird der Anführer aller Zürcher und Obwaldner und Schwyzer sein, aller Kantone im Schweizer Staatenbund, für ein Jahr oder zwei. Das haben unsere Räte, denkt Leodegar, gut eingerichtet, da ist einmal dieser, dann der Nächste der Erstgeborene, und muss tun, was für alle richtig ist.

Er kann es nicht laut, mit der ganzen Kraft seiner tragenden Stimme wie von einer Bühne in die Landschaft schreien, also spricht er es in sich hinein:

Ich, Leodegar, Sohn des Remigius und der Elisabeth, Enkel des Eustachius, Ehemann der Kiwiler, Vater herrlicher Kinder, reisender Geschirrhändler, Jenischer, muss nicht König werden auf den Marktplätzen wie mein Schwager, der Mann meiner Schwester Lieschen, und will nicht Geld für ein eigenes Haus scheffeln wie mein begnadeter Bruder Balthasar.

Ich will leben!

Lasst mich leben.

Wir nehmen keinem etwas weg, wird er dem ersten Mann im Land erklären. Wir reisen, und wir kaufen und verkaufen und sorgen für uns und die Kinder. Dem Bauern, der uns unterbringt in seiner Scheune, zahlen wir sein Geld und geben ihm seine Raucherware und seiner Frau das gute Tuch, wenn sie es haben will und die Tage länger werden im Himmel über dem

Haus oder der Hütte, dem Schuppen, dem verdammten Herrenhaus im Städtchen, wo der Bauer ein Bürger ist, dem Erker oder Klostertürmchen, wo er einst zum Patrizier wurde oder nun ein Mönchsbruder ist, oder wo auch immer die Strohsäcke liegen und wir draußen unser Feuer entfachen, wenn die Tage länger werden.

Er mag sich verlieren in den Gedanken, aber er schreitet aus.

Leodegar schreitet aus.

Ihm folgt sein Vetter, der Jos.

9

Dans les couloirs, Kanzler Amrhyn im Stadthaus von Zürich, 1843

Erinnert ihr euch an den jungen Landfahrer, aus Unterwalden? Es ging um einen Heimatort. Von Muralt erinnert sich nicht, im Übrigen ist er in Eile. Die beiden Männer stehen sich im Flur des Zürcher Stadthauses gegenüber. Er, Amrhyn, verabscheut Begegnungen dans les couloirs, aber das hier – heute eingegangen, er hält das Blatt in der Hand – freut ihn doch zu sehr, als dass er sich diese Gelegenheit entgehen ließe. Das eidgenössische Schiedsgericht hat getagt, ein Grundsatzentscheid ist gefallen, und er hat recht behalten – oder vielmehr: der Jurist in ihm hat Recht bekommen, ein wegweisender Fall. *Vor drei Jahren*, ruft er dem lieben von Muralt in Erinnerung, der sich vom wegweisenden Fall aufhalten lässt, außerdem liegt Amrhyns Hand auf seinem Arm. Sie beide, Hans Conrad von Muralt als Landammann und Josef Karl Franz Amrhyn als höchster Verwalter der Eidgenossenschaft, haben damals die Bundesregierung informiert, dann die Versammlung der Kantonsvertreter in die Sache einbezogen – die Tagsatzung. Im Sommer 1840 war das, drei Jahre ist es her.

Der Bittsteller aus der Innerschweiz, Sprössling einer Landfahrersippe, nicht ungewandt für einen Vagantensohn und bis auf das verräterische Schuhwerk ganz passabel gekleidet; ein junger Mann, auffallend blauer Blick – *erinnert ihr euch nicht?* –, also der Landfahrer, Josef Leodegar Huser mit Namen, beklagte, dass seine Familie ohne Heimatrecht sei und deshalb fortwährend hin und her geschoben würde, seine Leute folglich ihre Geschäfte nicht einträglich betreiben könnten. Heimatlose. Von Muralt hat offenbar noch immer keine Ahnung, wovon die Rede ist. Dabei ist er es gewesen, der den Landfahrer an Amrhyn verwiesen hat. Sie waren sich einig, dass die Sache weiterzuverfolgen sei – schließlich kommt es nicht alle Tage vor, dass ein Heimatloser beim eidgenössischen Vorort vorspricht, und dies erst noch auf Anraten eines Kantonsvertreters – nicht etwa irgendeines Randkantons, nein, eines schwierigen, störrischen, innerschweizerischen. Und so haben sie beide ... Doch hier fällt von Muralt ihm endlich ins Wort: *... angeregt, dass an einer der nächsten Zusammenkünfte der Kantonsvertreter über den Fall beraten wird. Und sollte dies nicht geschehen, würden wir ein Schiedsgericht damit beauftragen, diese Heimatlosen einem Kanton zuzuweisen.* Stimmt. Es war ein Nidwaldner Duldungsschein aus der Zeit der helvetischen Republik im Spiel und eine Herkunftsgeschichte aus Zürich und Luzern – ein Zürcher Vorvater hatte in Luzern konvertiert –, weshalb von Muralt zunächst der Meinung war, die Sache würde zwischen Nidwalden, Zürich und Luzern entschieden. Amrhyn hingegen hat von Anfang an die Meinung vertreten, weder die Duldung noch der ursächliche Verlust des Bürgerrechts seien von Belang, da von neuerem Recht abgelöst. *Ja, ja*, sagt von Muralt, dem die Sache offensichtlich zu sehr ins Detail geht. Er klopft dem Jüngeren auf die Schulter. Keine wohlwollend väterliche Geste, ganz und gar nicht, eher wie von einem Lehrerpater, man weiß nicht, ob gleich der obligate Schlag mit der offenen Hand an den Hinterkopf folgt. Von Muralt will ihn loswerden, abwimmeln, im besten Fall auf später vertrösten. Amrhyn weiß sehr wohl, was der andere von ihm hält, man kann es dem hohen Zürcher ansehen, wann immer sie zusammentreffen: Amrhyn, der katholische Richtersohn, der sich in der luzernischen Heimatstadt als Verhörrichter lächerlich gemacht hat, dann in die Bundesverwaltung überwechselte. Auch bei jener unrühmlichen Gerichtssache von Luzern war eine Landfahrersippe im Spiel gewesen: Es ging um eine blutjunge Vagantentochter und einen toten Schultheiß, ertrunken in der Reuß. Vater und Sohn Amrhyn vertraten die Anklage. Sie vermuteten einen Mord, von den Brüdern der Landfahrerin begangen und von einem politischen Gegenspieler des Ertrunkenen in Auftrag gegeben. Der tote Würdenträger war ein Liberaler wie die Amrhyns, der Gegenspieler ein Ultramontaner, Papsttreuer – katholisch sind sie dort sowieso alle, in Luzern. Die gesamte kinderreiche Landfahrersippe wurde eingesperrt. Deren Anführerin sollte indes bald landesweite Berühmtheit erlangen, denn sie war das Bild einer Vagantin, hexenschön und verdorben. Sie bezichtigte sich des mehrfachen Mords, der wiederholten Brandstiftung und des Diebstahls in weit über tausend Fällen. So ging das, bis die Gerichtssache definitiv aus dem Ruder lief und man den Amrhyns den Fall aus der Hand nahm. Die Schweizerische Gemeinnützige Gesellschaft befreite die Kinder der Landfahrersippe nicht nur aus dem Gefängnis, sondern auch gleich aus dem verderblichen Milieu ihrer Vagantenfamilien. Die Untersuchung wurde von Luzern nach Zürich verlegt und hier einem Escher anvertraut, welcher die Mordanklage alsbald als unhaltbar fallenließ – und mit den Eschers ist von Muralt ja nun schon länger verschwägert, als Amrhyn der eidgenössischen Kanzlei vorsteht. *Leider, leider, mein Bester,* sagt der Zürcher und meint damit, er habe keine Zeit. Von Muralt hat Amrhyns Schreiben in der Heimatlosensache jenes Landfahrers namens Leodegar damals zwar mitunterzeichnet. Das war aber auch alles.

Vagantengeschichten interessieren ihn nicht.

Im reformierten Zürich sind wir nüchtern.

Im Flur des Stadthauses gibt der Richtersohn ihn, Hans Conrad von Muralt, den vormaligen höchsten Mann der Schweiz, Sohn eines Kaufmanns und seines Zeichens selbst Kaufmann, Mitbegründer einer Baumwollspinnerei und Maschinenfabrik, selbstverständlich sofort frei. Aber auf dem Gesicht des Luzerners erscheint etwas seltsam Bestimmtes, ja annähernd Triumphales, so dass von Muralt nicht umhinkommt zu fragen: *Ja, was ist denn nun das Resultat Ihrer Bemühungen?* Amrhyn lächelt. *Das eidgenössische Schiedsgericht hat unsere Argumentation voll und ganz übernommen*: Maßgebend für die Einbürgerung dieser Heimatlosen ist der Ort der Heirat, was auf der politischen Ebene bedeutet: Unterwalden, das sich mit diesem Landfahrerproblem vertrauensvoll an die Eidgenossenschaft wandte, wird zufriedengestellt. Unterwalden ist diese jenische Sippschaft los. Auch Luzern, Amrhyns Heimatkanton, ist draußen. Außerdem natürlich Zürich, von Muralts Kanton. *Unsere Vorgänger haben vor rund 20 Jahren,* so holt Amrhyn aus, und von Muralt hört zu, *das Konkordat über die Folgen unbewilligter Heiraten ersonnen.* Anno 1820. Wer heiraten wollte, musste eine behördliche Bewilligung vorweisen, und selbst katholische Kantone schlossen sich dem Konkordat an. Wer keine Familie ernähren kann, der soll nicht heiraten, und jede Gemeinde, die eine Eheschließung ohne amtliche Genehmigung zulässt, soll künftig für diese Eheleute sorgen müssen, wenn sie armengenössig werden. Damals ging es darum, den Gemeinden bei der Kontrolle der Eheschließungen den Rücken zu stärken. Hungerleider sollen gar nicht erst eine Familie gründen, das war der Leitgedanke. – Heute, im Jahr 1843, muss man sagen: Ziel verfehlt. Die Leute vermehren sich trotzdem. Von Muralt nickt, die Gedanken fern, denn er hat erkannt, dass es hier um Höheres geht. Heute, da wir auf eidgenössischer Ebene bald so weit sind, unserem Bund eine neue, zukunftsträchtige Form zu geben, zur Nation zu werden, müssen wir Streitigkeiten zwischen den Kantonen vorbeugen und unsere Heimatlosen – ein erhebliches Konfliktpotenzial – untereinander aufteilen. Wir müssen nach klaren Regeln handeln, die für alle nachvollziehbar sind. Dafür gibt uns das Ehekonkordat ein gutes Instrument in die Hand. Wir dürfen weder die kleinen noch die rückwärtsgewandten Kantone verprellen, sonst setzen wir das übergeordnete Ziel aufs Spiel, Staatsgründung, Verfassung, sei sie nun auf einen Staatenbund oder einen Bundesstaat ausgerichtet. Von Muralt neigt zu Vorträgen, aber er rückt das Wesentliche ins Bild. Amrhyn kommt auf den wegweisenden Fall zurück, und während er spricht, verliert sich der Blick des stolzen von Muralt in der Tiefe des Stadthausflurs. Das Urteil hält fest: Elisabeth Huser, Witwe des Remigius, 1811 im Wallis vermählt, wird zusammen mit ihren unverheirateten Kindern dem Wallis zugeteilt; Leodegar, Sohn des Remigius und der Elisabeth Huser, der 1836 unbewilligt im Tessin die Ehe schloss, muss im Tessin eingebürgert werden, wie übrigens auch dessen jüngerer Bruder Balthasar, ebenfalls dort getraut. Dass die Heirat der Eltern – im Wallis – vor die Zeit des Konkordats fällt, ist unerheblich. Das Wallis als Randkanton ist im eidgenössischen Diskurs auch nicht so wichtig wie die beiden bockigen Unterwalden in der Innerschweiz, der Urschweiz, nicht wahr – die im Übrigen auch etwas abbekommen hat, denn das Schiedsgericht hat in einem ersten Urteil die Nachkommen des Melchior Huser dem Kanton Schwyz zugeteilt (wo dessen Hochzeit stattfand). Die Schwyzer haben sich das jedoch selbst zuzuschreiben, hat sich dieser Kanton doch gar nicht erst an der rechtlichen Auseinandersetzung beteiligt. Der Fall ist zur Zufriedenheit aller gelöst, er wird die eidgenössischen Behörden nicht weiter beschäftigen. Die beiden Amtmänner schütteln sich die Hände. Von Muralt eilt zu seiner Sitzung, Amrhyn schlendert leichten Schrittes den ganzen langen Korridor des Zürcher Stadthauses entlang.

10

Exzellenz! Balthasars Schreiben an den Bundesrat, Küssnacht, 4. Juni 1857

Küssnacht Kant. Schwyz den 4. Juni 1857

Exzellenz!
Hochgeschätzter Herr Landrath!

Seit Jahren bin ich genöthigt, mit Frau und Kindern in der Schweiz herumzuziehen, ohne eine Heimath zu besitzen. Ich sehe mich endlich gezwungen, mich an Sie zu wenden, besonders da ich es für meine Vaterspflicht halte, für die Gesundheit und übermächtige Zukunft unserer Kinder zu sorgen.

Ich wurde im Jahre 1818 in Gyswil im Kanton Obwalden geboren. Mein Vater hiess Remigius Huser und meine Mutter Elisabeth Dietrich. Solange ich mich erinnern kann, hielten wir uns im Kanton Ob- und Nidwalden auf. Vor circa 18 Jahren verheiratete ich mich im Kanton Tessin mit Anna Maria Graf. Nach meiner Heirath ging ich nach Obwalden zurück und wurde dort deswegen bestraft; meiner Frau wurden dort die Haare abgeschnitten und ich erhielt 20 Peitschen-

schläge. Von da an wurde ich mit meiner Familie fortwährend hin- und hertransportiert, von Obwalden nach Tessin, von Tessin nach Luzern, von da nach Bern, von Bern abermals nach Obwalden und von da wieder nach Tessin zurück.

Von den Leiden, die ich mit meiner Familie durchgestanden, von den Fitzen- und Stockschlägen, die ich dulden musste, ohne auch nur das geringste Vergehen begangen zu haben, von dem allem will ich nicht schwatzen. Der arme, wehrlose Heimatslose darf ja nicht klagen.

Was meine Person betrifft, ich könnte mich in mein bitteres Schicksal fügen. Aber sollte ich sterben, was soll mit meinen Kindern werden? Sollen auch sie von Dorf zu Dorf, von Kanton zu Kanton gehetzt werden? Sollen sie ihre Jugendzeit allzeit in Gefängnissen zubringen? Sollen auch sie ohne Obdach, ohne Heimath, ohne Vaterland sein? Nein, tit [ehrenwerter Herr]*! Ich hoffe auf Sie, auf Ihre Menschen- und Gerechtigkeitsliebe. Ich habe bisher meine Familie ehrlich erhalten, ich will dies auch weiter genauso thun. Ich will mein möglichstes thun, um meine Kinder wacker und ehrlichst zu erziehen, damit sie später sich selbst ehrlich ernähren können und niemandem zur Last fallen. Eben darum stelle ich an Sie das dringende Ansuchen, Sie möchten sich günstig verwenden, dass ich und meine arme Familie endlich eine Heimath erhalten.*

Vernehmen Sie die Zusicherung meiner vollsten Hochachtung.
Aus Auftrag des Balthasar Huser!
Dr. Sidler, Amtsschreiber

[von anderer Hand geschrieben:]

Verfügung: geht an Untersuchungsbeamten in Heimatlosen Sachen

11

Das Schreiben in der Brusttasche, Balthasar, Küssnacht, 4. Juni 1857

Balthasar ist ein stattlicher Mann, wie jeder sehen kann. Familienvater ist er, Vater einer langen Reihe gesunder Kinder, Söhne und Töchter, das Älteste bald erwachsen, die Frau auch nach der jüngsten Geburt wohlauf. Er besitzt die Niederlassung hier, hier in Küssnacht am Vierwaldstättersee. Er könnte die Bescheinigung herzeigen, was ihm aber nicht in den Sinn kommt, natürlich nicht - wozu auch. Balthasar sitzt mit einem jungen Mann am Wirtshaustisch. In der Brusttasche knistert deutlich hörbar die Abschrift des Briefs, den er soeben vom Amtsschreiber hat aufsetzen lassen, auf dass sein Anliegen vom hohen Rat der Schweiz behandelt werde. Das Blatt knisterte auch, als er aufblickte von seinem Tisch beim Eingang und den jungen Mann verloren in den düsteren Raum treten sah, bedrängt von den Rauchschwaden, die sich unter der tiefhängenden Decke der Wirtsstube exakt über dem Kopf des Eintretenden ineinanderschoben, und jeder im Raum konnte sehen, wie hoffnungslos die Geschicke des jungen Fremden waren. Dann aber geschah es, dass die frische Luft, die mit ihm einströmte, die Schwaden in den Raum zurückdrängte. Und nun waren mit einem Mal er selbst, Balthasar der allein am Tisch beim Eingang saß, und sein Verhängnis für alle sichtbar, wie ihm schien. Während der andere, eben eingetretene jüngere Fremde noch immer in der Tür stand, die Mütze zwischen den Fingern.

Bis Balthasar ihm zunickte, ihn herwinkte.

Der junge Mann hat ihm überschwänglich gedankt, sich umständlich gesetzt, den Stuhl etwas zu laut an den Tisch gerückt.

Die Bauersleute sehen noch immer her.

Balthasar nickt den jugendlichen Überschwang weg, schaut nun unverfänglich, blickt vor sich hin, als sei alles gerade so gekommen wie vorgesehen, nichts Besonderes, wie Onkel und Neffe sitzen sie am Tisch, die sich eben getrennt, nun hier wieder zusammengefunden haben wie vereinbart, alles wie immer. Auch unter uns andern – Auswärtigen oder Fremden, wie er selbst einer ist, obschon er ganz offiziell hier wohnt, aber eben nicht seit immer schon hier ansässig ist – gibt es Gewöhnliches, in dem sich die Bürger und Bauern wiedererkennen, was ihre Gemüter besänftigt, sodass sie sich gelangweilt abwenden. Und so murmelt nun wieder das Schweigen, durchzogen vom Schlurfen der Wirtin über den strohbedeckten Boden, vom Stöhnen eines Tabletts leergetrunkener Gläser, das über die Theke geschoben wird, und vom Klopfen einer Spielkarte auf den Stammtisch. Einer sagt *Stich*. Die Schwaden hängen wieder an Ort.

Netter Bursche, der Junge, das hat Balthasar gleich erkannt, ehrliche Hände, offene Stirn, kindlich, voll prallen Lebens, weiß aber nicht vor und nicht zurück, der Bub. Durch eine Wendung des Schicksals hierher verschlagen. Kein Reisender, kein Jenischer – vielmehr auf dem Weg zur Söldneranwerbung in Unterwalden ob dem Wald, wie er bald erfährt. Balthasar sagt: *Das werden wir sehen*, und ist selbst in höchstem Maß erstaunt über diese seltsame Aussage, lenkt geschwind ab, sagt, bevor er nach der Wirtin Ausschau hält für den Jungen, er, Balthasar, gehe sonst kaum ins Wirtshaus, und wenn, dann nicht allein. Nur heute. Es musste sein. Den Gang zum Amtsschreiber konnte er nur allein tun. Hätten seine Kinder etwa hören sollen, wie es ihm und, Gott behüte, ihrer Mutter ergangen war, weil sie sich hatten trauen lassen, ohne dass es ihnen bewilligt worden wäre in Obwalden – dort oder einem anderen Kanton, wie es Vorschrift war.

Nun, wo der Auswärtige bei ihm sitzt, fühlt sich Balthasar weniger fremd am Ort. Er ist kaum älter als seine Kati, der Junge, und will sich als Söldner verdingen, der Depp. Ihm dieses Vorhaben auszureden, wird nicht allzu schwierig sein, denn es werden keine Schweizer für fremde Dienste mehr angeworben, es ist mittlerweile verboten im Land. Er sitzt nun hier, bei ihm, der verlorene Junge, in Sicherheit für diese Nacht. Er wird es ihm erklären, es wird sich fügen.

Aber erst redet er, Balthasar, und hört nicht auf zu reden.

Erfolgreicher Händler ist er. Die Geschäfte laufen gut, keiner kennt die Märkte so gut wie er, vom Piemont über das Wallis und die traumwandlerisch schöne Waadt bis zurück in die Innerschweiz und hoch ins Elsässische und Badenwürttembergische. Er weiß, was wo gefragt ist, weiß auch, wo welche Marktbewilligung Vorschrift ist und bei wem er sie beantragen muss. Er kann auswendig hersagen, was auf jedem einzelnen der Handelspatente, die er in der Mappe aus italienischem Handschuhleder bei sich trägt, geschrieben steht. Er kennt die Dorfpfarrer und Landjäger, weiß, welchem er wofür wie viel überlassen muss – und wem er auf keinen Fall ein Originaldokument aushändigen darf, weil er es nie wiedersehen wird.

Dem Landjäger Wirts von Sarnen, zum Beispiel. Dem vertraue nichts an, sagt Balthasar, runzelt die Nasenwurzel, was redet er da? Was sagt das denn dem jungen Mann? Kennt Ob- und Nidwalden nicht und das Leben nicht. Hat alles andere im Sinn als einen

Fetzen Papier und einen Sarner Landjäger. Mit einer unwirschen Handbewegung wischt Balthasar den ganzen Papierkram wie ein Häufchen Zigarrenasche vom Tisch. *Ein Nilper,* schickt er hinterher, ohne sich weiter zu erklären. Er meint den Sarner Landjäger, den aber hier natürlich keiner kennt – wir sind im herrlichen Küssnacht am Vierwaldstättersee, Kanton Schwyz. Obwalden ist so weit weg, wie die äußersten Zipfel der beiden lang ausgestreckten Seitenarme des Sees voneinander entfernt liegen. Und das schöne jenische Wort, den Nilper, muss er nicht erklären. *Um es zu verstehen, musst du nur die Laute vor dich hersagen. – Aber leise!,* schickt er hinterher, denn der Junge summt mit tragender Sängerstimme bereits das »N«, die Zunge zwischen die Zähne vorgeschoben, hebt ab für das »il«, spuckt das »per« aus, lacht, und mit ihm lachen die umsitzenden jungen Leute. Auch am Nebentisch wird das Wort nuckelnd und spuckend geformt. »Trottel, Dummkopf, Idiot«, lacht einer, »Toller Dialekt, woher?«, fragt ein anderer.

Er, Balthasar, sieht sich um. Das Wirtshaus hat sich gefüllt. Nur an seinem Tisch sind noch zwei Stühle frei.

Die Wirtin stellt ein Bier vor den jungen Mann, der sich bedankt, als die Frau schon weg ist, endlich seine Tasche von den Knien auf den Boden stellt, sie von da, wegen der im Stroh eingetrockneten Bierlachen, auf den leeren Stuhl hievt. Er umfasst vorsichtig sein randvolles Glas.

Balthasar trinkt ihm und den Tischnachbarn zu, und der Nebentisch – ein paar Bauernburschen und ein blutjunger reisender Zimmermann – dankt es ihm mit hocherhobenen Gläsern. Man lacht, man witzelt. Man feiert den letzten Abend des künftigen Wandergesellen in der Heimat, denn morgen bricht er auf für ein Jahr oder zwei. Und nach einer Weile trinkt man sich nochmals zu, bevor sich beide Tische wieder ganz nach innen wenden.

Die fremden Dienste sind verboten, Junge, sagt Balthasar, sobald die anderen verlässlich in ein eigenes Gespräch vertieft sind. Er spricht so leise, dass er das Wort wiederholen muss: *Verboten!* Seit 10 Jahren schon an allen Orten der Eidgenossenschaft. Doch der junge Mann setzt lächelnd sein Glas ab. Und Balthasar erfährt, dass der Junge sich kundig gemacht und in Erfahrung gebracht hat, dass das in Obwalden anders ist. In den übrigen eidgenössischen Kantonen verboten, das ist wahr, und mag sein, dass es ein Gesetz gibt, das für alle Orte gilt. Aber der Stand Obwalden, an einen Vertrag mit Neapel-Sizilien gebunden, schickt weiterhin Schweizer nach Italien. Der Kanton stelle wie eh und je junge Leute für die Truppen des Königreichs im Süden. Es gibt Gesetze und andere Bundesbeschlüsse, aber wo die befolgt werden, ist eine andere Frage. *So ist das?*, staunt Balthasar und er, der sonst kaum trinkt, jedenfalls kein Bier, hebt das leere Glas seines gut unterrichteten Kumpans und gibt der Wirtin ein Zeichen.

Sie bestellen Brot und Eier, etwas Käse, und – nein, kein Bier mehr: Wein.

In seinem Alter sind auch er und sein Bruder aufgebrochen, nicht um in fremde Dienste zu treten oder sich als Gesellen anzubieten, sondern um zu heiraten, *Leodegar und ich*, sinniert Balthasar und lässt sein Glas auf halber Höhe in der Luft verharren. Der Bursche, über seinen Teller gebeugt, isst mit Appetit. Man nimmt sein Leben selbst in die Hand, so wie es richtig ist. Aber Söldner? Nicht mit der Waffe will der junge Mann dienen, sondern mit seinem Instrument. Er spielt das Flügelhorn. Er werde sich zurechtfinden in Neapel, sagt der junge Fremde, Friedrich heißt er, und aus Solothurn kommt er, er spreche nämlich etwas Italienisch. Und hierzulande gäbe es nichts zu tun für ihn. Hier würde er hungers sterben, sagte der Junge, und beide sind sie eingesunken in diese abschließenden Worte.

Balthasar stellt sein Glas auf den Tisch zurück, sieht den Söldner – ein Bub ist er – mit halb geschlossenen Lidern trinken. Macht sich kundig, spielt ein Instrument, spricht Italienisch, ist ein netter Bursche, will leben. Nun will er selber trinken, lässt das Weinglas jedoch für später stehen, trinkt in großen Schlucken das angefangene Bier leer, fühlt die helle Frische im Gaumen, in der Kehle, mit jedem Schluck kühler, leuchtender, erinnert sich, wie durstig er war, als er aus der Amtsstube trat, wo er den Brief an den hohen Rat der Eidgenossenschaft hat aufsetzen lassen. Wie ausgetrocknet, wie verdorrt stand er danach in der Straße. Dann, an seinem Platz am Wirtshaustisch, war er in sich eingesunken und hatte jeden Wunsch ans Leben vergessen, selbst den Durst vergessen. Bis sein Blick an dem jungen Mann hochkroch, der bald so alt ist, wie er damals war, als er aufbrach ins Tessin, um zu heiraten.

Lange hatte er nicht mehr an die Sache gedacht. Seit er beim Amtsschreiber war, ist ihm nun, als sei da eine Wunde unter seiner Westentasche. Und so erzählt er, langsam erst und etwas stockend, wo er Stolpersteine aus dem Weg räumen muss, hört sich zu dabei.

Ein oder zwei Jahre vor ihm war sein Bruder aufgebrochen, um zu heiraten, Leodegar.

Unsereiner, denkt er, sagt es nicht, denkt aber weiter, kostet den Wein: Unsereiner muss auf die Reise gehen, um sich trauen zu lassen. Anders geht es nicht, ging es schon damals nicht. Das sagt er also nicht, sagt es jedenfalls nicht so. Er sagt, und nun ist er leichtfüßiger unterwegs in den Erinnerungen, obwohl es schwere Jahre waren, aber sie waren jung in der Zeit vor dem Bundesstaat und der Bundesverfassung, und er, dessen Familie aus den beiden Unterwalden stammt, hat bis heute keinen Heimatort. Und wollte man heiraten – nicht anders als heute, nicht wahr –, verlangte der Pfarrer die Bewilligung vom Heimatort.

Also hatte sich Leodegar, sein großer Bruder, mit dessen Braut, der Kiwi – und mit dem Barbi, das damals schon auf der Welt war –, auf den Weg nach Rom gemacht.

Im Vatikan weist du den Taufschein vor und wirst getraut. Doch Rom: Das ist ein weiter Weg, und die Braut, muss man wissen, war hochschwanger mit dem zweiten Kind. Es wäre auf der Reise in Italien zur Welt gekommen, hätte einen fremden Taufschein erhalten, was ihm zuhause zum Problem hätte werden können – nichts Wichtigeres im Leben als ein sauberer Taufschein, nicht wahr –, die Kiwi hätte ihr zweites Kleines unterwegs zur Welt gebracht, wenn Leodegar nicht schon auf halber Strecke fündig geworden wäre: im Tessin. Ein Weggefährte, der den Narren an der kleinen Barbi gefressen hatte, führte sie nicht weit von Lugano in eine Pfarrei. Und die Sache nahm ihren Lauf. Der Dorfpfarrer studierte die Taufscheine, nickte, er wies ihnen den Weg zum Gemeindepräsidenten oder Amtssekretär, jedenfalls dem Mann im Amtshaus von Maias, der werde ein amtliches Papier ausstellen. Der Mann im Amtshaus erhielt sein Geld und schrieb auf der Stelle den Schein für den Dorfpfarrer, der das Dokument aber achtlos, wie angewidert auf den Tisch legte und sich mit der Hand auf dem Papier abstützte, nunmehr seinen Obolus nannte und sich wie zuvor der Mann vom Amtshaus die Münzen in die andere Hand zählen ließ. *Eine feuchte Hand*, unterbricht Balthasar die Erzählung akkurat an der Stelle, an der die Kiwi, die damalige Hochzeiterin, jeweils ausbricht aus der Erzählung von ihrer geglückten Trauung, und berichtet, wie sie als junge Braut am Pfarrtisch, der als Traualtar diente, die heilige Muttergottes anrief, sie möge die Schriftzeichen im Papier vom Amt davor bewahren, unter der Schweißhand des Priesters ineinanderzufließen und im letzten Moment alles zu verderben, so flehte die Braut, bis der Priester die Hand endlich vom Blatt löste und müde *bist du der Leodegar?* fragte, *Sohn des Huser Remigius? Und du die Annamaria, Tochter des Kiwiler Johannes? Willst du ihn, auf dass der Tod euch scheide?*

Oder so ähnlich.

Der Pfarrer sprach Italienisch. Oder die Mundart von Maias oder auch Latein, wer weiß. Und in der Ortskirche von Maias, schließt Balthasar seinen Bericht – unterbricht sich jedoch erneut, wo die Kiwiler ihm jeweils ins Wort fällt, und so erklärt nun er, was sonst seine Schwägerin einwirft: Der Ort heiße ja eigentlich »Malliaso« und nicht Maias, aber wir anderen, kehrt Balthasar zu seiner eigenen Stimme zurück, sagen halt Maias – dort also wurden Balthasars Bruder Leodegar und die Kiwiler getraut.

Leodegar und Kiwi kamen früher als erwartet, ein Paar vor Gott und der Welt, nachhause zurück nach Sarnen.

Und was geschah?

Der Landjäger Wirts nahm Leodegar den Kopulationsschein ab – und das war alles. Ärgerlich und teuer, aber nicht schlimm. Leodegar zahlte den Obolus ein zweites Mal und erhielt eine Abschrift der Ehebestätigung von Magliaso, mit Stempel und Unterschriften und allem. Das wars.

Zwei Sommer später sind dann er, Balthasar – er war 19 –, und seine Marianne – auch sie 19 – ins Tessin aufgebrochen. Von Leodegar wussten sie, wie es zu handhaben war. Und schon ein, zwei Wegstunden vor Magliaso fanden sie ein williges Gemeindepräsidenten- und Priesterpaar, in Bioggio.

Und im Heumonat 1838 wurden sie getraut.

Sie waren völlig arglos, als sie zurückkamen nach Sarnen.

Dies Letzte denkt er nur, sagt es nicht, natürlich nicht.

Sie brechen auf.

Das ligurische Akkordeon

Sie machen sich auf den Weg. *Du bist unser Gast*, verkündet Balthasar. Und Gäste kriegen das Bett des ältesten Sohns, der schlafe schon allein, wie ein Bürger. Wenn Balthasars Bruder da sei, Leodegar, komme dessen ganze Familie dort unter, wo sonst sein Sohn sich hinlege für die Nacht. Für diesen Tag sei der junge Mann die Sorgen los. Am Morgen werde er das beste Frühstück essen, das ihm je auf den Teller gekommen sei, zubereitet von Mutter Elisabeth. Siebzig Jahre alt, und doch kerngesund und lebensfroh. Die gute Seele im Haus. Aber erst wird er sich ausschlafen. Und nach dem Frühstück wird Balthasar ihm auseinandersetzen, sofern das bis dahin nicht hinfällig ist, weshalb das keine gute Sache sei mit dem Söldnertum.

So mancher, sagt er, *der von den fremden Diensten heimkehrte, kriegte im Heimatort gesagt, er sei zu lange weg gewesen.*

Er sei nicht mehr von da.

Heimatlos, erklärt Balthasar dem jungen Mann – der gedanklich die Schultern zuckt, sieht er.

Die Nacht ist sternenklar.

Balthasar geht voran.

In ihrem Fall war es keine lange Abwesenheit vom Ort. In ihrem himmeltraurigen Fall waren es die Sturköpfe von Ob- und Nidwalden, denen alles, was die helvetische Republik beschlossen hatte, ein Dorn im Auge war. Und sein Großvater hatte einen Duldungsschein ausgestellt erhalten damals, weil die Familie immer schon im Lande reiste. Wovon die nachfolgenden Machthaber, als die helvetische Regierung gestürzt war, nichts mehr wissen wollten. So war das.

Sie schreiten aus. Sie riechen die herrlichen Linden, und Wind ist aufgekommen, es ist ihm gar nicht aufgefallen. Vom See läutet die kleine Sturmglocke. Der Wind tut gut.

Wer den Bürgerort verliert, hat ein Problem, und das ist bis heute so, das muss der Junge verstehen. Ihm und Leodegar wurden dann nach Jahren beschieden, sie stammten nun aus dem Tessin. Also sind sie dorthin gereist. Doch im Amt von Lugano wusste man nichts von einem solchen Bürgerort für sie, im Tessin. Dem jüngeren Bruder, Michael, erging es genauso im Wallis: nicht von da. Er bekam keine Heiratsbewilligung. Die Kinder des jüngeren Bruders sind alle unehelich geboren, weil man heute keine Pfarrei mehr findet, die dich ohne Heimatpapier traut.

Er muss lange geschwiegen haben, plötzlich verstummt sein, weiß auch gar nicht mehr, wo er hingelangt war im elenden Bericht. Er dreht sich um nach seinem Schützling, der ihm folgt auf dem Fuß, wie er sieht, und schält sich aus dem Schweigen, das über ihn gekommen sein muss an der frischen Luft. Irgendwo plätschert ein Brunnen, ein Kater ruft. Der Junge sieht ihn an, er weiß nicht, ist es fragend, ist es erwartungsvoll. Er erklärt kurz und bündig, er, Balthasar, habe heute eine schwierige Behördensache eingeleitet, *aber* – so zweigt er sogleich ab vom eingeschlagenen Pfad, der ihn nur in den Sumpf führen kann, von dem er heute schon genug gerochen hat. *Aber*, so verkündet er in aufgehellter Stimmung, führt seinen prächtigen Zeigfinger an die Nase, reckt den Nacken, presst das Kinn an die Kehle in einem theatralischen Gebaren, dass es ihn durchzuckt, denn er erkennt den eigenen Vater darin, so hat sich Vater Remigius einst in Szene gesetzt und die Aufmerksamkeit auf sich gelenkt, wer auch immer sein Publikum war. Jahre ist ihm sein Vater nicht so nah gewesen. Es ist, als habe er ihn in sich, hier auf dem Weg mit dem jungen fremden Freund durch das schlafende Dorf. Balthasar räuspert sich. Ihm ist warm ums Herz. Jahre hat er nicht mehr an die Gesten und die Mimik seines Vaters gedacht, die ihm früher übertrieben schienen, gespreizt, ja lächerlich, nun weiß er genau, wie sie sich anfühlen … *Aber,* nimmt er den Faden wieder auf, und der junge Mann sieht ihn an von der Seite, lächelt, entspannt sich, als Balthasar mit der ganzen herrlichen Inbrunst der väterlichen Geste erklärt, es könne nur eine Fügung sein, dass sie beide zusammengetroffen sind. Hier in Küssnacht gehe er nämlich selbst an Markttagen nicht ins Wirtshaus. Nur heute sei es anders gekommen. Er habe, wie gesagt, eine amtliche Angelegenheit einleiten müssen, deshalb sei er allein unterwegs, denn bei allem Amtlichen mache man allein eine bessere Figur, das müsse man wissen und es beherzigen, kehrt Balthasar auf Umwegen auf den Ausgangspunkt zurück.

Balthasar, Balz genannt, legitimer Sohn des Remigius und der Elisabeth, geborene Dietrich, »Eltern ohne festen Wohnsitz« steht im Taufschein, aber das spielt jetzt keine Rolle, kauft und verkauft, und hier spricht er wieder zu dem jungen Mann, wie schon sein Vater und wie seine Brüder – also Leodegar, der Ältere, und Michael, der Jüngere – Geschirr. Teller, Schüsseln und Tassen, all das, nur vom Besten, hört er sich prahlen. Tafelgut aus Thun verkauft er im Süden und Nämliches aus Vigevano im Norden der Alpenpässe. Er gehöre einer großen Geschirrhändlerfamilie an, so protzt er, aber was solls, ist es denn nicht wahr? Zudem tun ihm und dem jungen Mann die ansehnlichen Bilder gut auf dem Weg durch die Nacht. Stolze Reisende, mit Ross und Wagen. Sie haben das Städtchen hinter sich gelassen, nehmen den Weg zur Allmend, an die Balthasars Haus grenzt, sein Anbau. *Natürlich verkaufen wir auch anderes*, schränkt er ein, will sich nun doch etwas bescheiden, als gehe Tochter Kati neben ihm her, als spüre er ihren prüfenden Blick. Alle haben sie immer schon auch anderes feilgeboten, aber keiner ist so vielseitig versiert wie er, Balthasar. Das ist wahr. Er kauft und verkauft Gängiges und Feines. Wie seine Mutter sage – Mutter Elisabeth –, sei er schon als Kind, kaum angekommen auf dem Marktplatz, an den immer gleichen Kohlköpfen vorbei in jene unbeachtete Ecke gelaufen, wo einer an den Rand gedrängt Fremdartiges zum Kauf anbot, das dort keiner haben wollte, weil es kaum einer kannte. Doch nicht alles, was der Bauer nicht kennt, lässt sich nicht verkaufen. Dem Bauern nicht, das mag sein, aber anderen Leuten anderswo. Was kümmert dich der Bauer!

Das gefällt dem jungen Mann.

Wenn er schmunzelt, verwegen, wie jetzt, gesund bis in die Knochen, sieht man auch den, der er werden kann, Schalk in den Augen.

Hast du denn gar niemanden mehr?, fragt Balthasar, erschrickt ob der unvermittelten Frage.

Der Junge, es ist, als überlege er, suche er, prüfe, ob es denn wahrhaftig so sei, schüttelt den Kopf.

Eine Tante, einen Onkel?

Niemand.

Also, fährt Balthasar verwirrt fort, verkaufe er öfter anderswo als am Bauernmarkt und im Bauernhaus. Ist es nicht das gewesen, was seinem jungen Kumpan die Zuversicht ins Gesicht gezaubert hat?

Sie gehen nebeneinanderher, der Weg ist breit genug. Der Wind hat sich gelegt.

Er sagt: Und nun hör zu.

Er, Balthasar, handelt mit allem, was etwas einbringt. Alles Übrige, Lumpen, Körbe, sowas, überlässt er den andern. Seine neueste Spezialität, neben dem Ton- und Steingut, das Familientradition ist, den Spitzen manchmal und dem feinen Tuch, ist ein Musikinstrument. Ein neues, das atmet. Sein Name: Akkordeon. Es funktioniere mit Luft, sei aber kein Blas-, sondern ein Tasten- und Ziehinstrument. Könne eine ganze Formation ersetzen, so voll und laut klinge es. Alle wollten es haben. Er, Balthasar, hat das Akkordeon zum ersten Mal bei einem Reisenden in der Lombardei gehört, bevor der es dort an einem Instrumentenmarkt zwischen Flöten und Geigen an einen Signore verkaufte. Sie waren, für einmal, alle beisammen, er, Balthasar, seine Frau, die Kinder, Leodegar mit Frau und Kindern, Mutter Elisabeth und die jüngste Schwester. Keiner hatte je eine solche Musik vernommen. Sie waren ihr hinterhergelaufen, sie glaubten, eine Musikantengruppe zu hören, Musiker, so stellten sie sich vor, die sich wie in einer Prozession fortbewegten, plötzlich stehenblieben, um noch dichter und lauter zu musizieren in vielen Klängen, Geige, Dudelsack, Mundharmonika hörten sie und einen Kontrabass oder vielleicht eine eigenwillige Viola da Gamba. Endlich blieb die Musik stehen, und sie stießen zu ihr vor. Sie hatten ein Tanzorchester erwartet. Doch da saß ein Mann allein. Nur einer. Schnauzbärtiger Musikus mit großem Hut. Hielt eine auf den Kopf gestellte zweigeteilte Orgel bescheidener Größe im Schoß. Zog die beiden durch eine Art Faltenrock verbundenen Orgelflügel auseinander und presste sie zusammen. Und während die Musik immer melancholischer wurde, legte der Mann, wie von Fernweh durchdrungen, den Kopf auf den Orgelkasten.

Der Hut fiel ihm vor die Füße.

Auch der junge Mann ist dem Instrument schon begegnet. Das erste Mal an der Kirmes in Luzern, wo er das Flügelhorn und die französische Harfe, auch als Mundorgel bekannt, blies. Er kann ja, wie gesagt, etwas blasen, und zwar ganz gut. Dort kam ein Franzos mit jener tragbaren Orgel, und alle liefen zum Franzosen, und sie, die anderen Musikanten, blieben allein zurück. Auch er, Friedrich, wollte nur noch dem Franzosen zuhören, wie der spielte und spielte, als wäre er viele.

Balthasar schmunzelt.

Sie sind stehengeblieben.

Akkordeon heißt das Instrument also, sagt der Junge.

Niemand kannte es, alle wollten es hören.

Und Balthasar kann es beschaffen. Sie gehen weiter, um nach zwei Schritten wieder einzuhalten. Im See unten spiegelt sich der Mond. Ein Boot fährt durch das Spiegelbild. Sie stehen und sehen ihm nach.

Mittlerweile ist das Akkordeon Balthasars liebstes Gut. Er verkauft die Instrumente, noch bevor er sie in Händen hat, kassiert das Geld ein, lange bevor Kati und Kaspar, seine beiden Ältesten, jede einzelne Orgel in ihren stoffausgeschlagenen Instrumentenkoffer betten, die Koffer in strohgepolsterte Kisten packen, diese auf den Wagen hieven, und die drei, nur sie allein, der Vater und die beiden bald erwachsenen Kinder, alle anderen bleiben zuhause hier in Küssnacht, sich gemeinsam auf den Weg machen, um die Instrumente in Schwyz, Unterwalden, im Wallis, Piemont bei den Kunden abzuliefern, die sie ungeduldig erwarten. Das Akkordeon ist allerorten ein neues Instrument, es ist nicht etwa so, dass es anderswo schon bekannt gewesen und erst jetzt zu uns gelangt wäre, nein, niemand hat es zuvor gekannt, nicht hier, nicht in Frankreich, nicht in Italien, nicht im Elsass, nicht in Straßburg, Karlsruhe, Pforzheim: nirgendwo. Es musste erst erschaffen werden, soll in unseren Tagen zur gleichen Zeit in Wien und Berlin erdacht und gebaut worden sein. Außerdem im Emmental, nicht wahr: das Langnauerli. Heute finden sich Orgeln aus allen Horizonten im Handel – bis vor Kurzem gab es das Instrument noch nicht, gibt Balthasar zu bedenken, und schon bald werden wir uns nicht mehr vorstellen können, ein Fest zu feiern ohne Akkordeon. Im Ohr die Musik einer ganzen Kapelle, doch der Brautvater braucht nicht mehr als einen einzigen Mann zu bezahlen.

Du spielst ein Instrument, stellt Balthasar bewundernd fest.

Sie gehen weiter. Der Weg steigt an.

Es heißt, das Akkordeonspiel zu lernen, sei nicht schwer für Leute, die ein Instrument beherrschen und sich auskennen in den Melodien, schweift Balthasar ab, kommt auf die Frage des Jungen hin wieder auf seinen Handel zurück und erklärt, sein Akkordeon stamme aus dem Vogtland, weit oben in dunklen deutschen Landen, Sachsen heiße das Gebiet, an der Grenze zu Böhmen gelegen, das man auch vom Steingut kenne. Balthasars Akkordeon ist dem Langnauerli aus dem Emmental ähnlich, das aber gedrungener und in der Stimme schwächer, zudem nach wie vor schwer zu beschaffen ist, weil die Emmentaler, die das Instrument fertigen, nur eins ums andere herstellen, während im Vogtland Instrumentenbauer aus der halben Welt zusammenkommen, um die Handorgeln in großer Zahl zu produzieren.

So ist das. Und an der italienischen Adria, kommt Balthasar auf das Thema zu sprechen, das ihm unbestimmt im Kopf herumschwirrt, entstünden filigrane Instrumente von herzzerreißendem Klang. Ein Kunde aus dem Aostatal liege ihm in den Ohren, ein Bürger, einer, der die Kassen seines Burgherrn versorge. Balthasar möge sich kundig machen. Doch er, Balz, hat schon genug um die Ohren, will seine Kreise eher kleiner ziehen, und sein Ältester, Kaspar, sei noch zu jung, um allein zu reisen, zumal in ein neues Gebiet – seine Tochter, Kati, die könnte das, aber auch sie sei noch etwas jung für eine solche Unternehmung, im Übrigen ein Mädchen und nicht verheiratet. Sein Bruder Leodegar finde eine um die andere Ausrede. Wenn der Bruder mitzöge, würde er das Geschäft vielleicht angehen. Andererseits reist der immer mit der ganzen Familie. Außerdem bliebe die schwierige Aufgabe, die Ware beim unbekannten Hersteller auf ihre Qualität zu prüfen, da muss einer schon ein musikalisches Ohr haben. Und nicht zuletzt dort unten, wo sie nur Italienisch sprechen, einen guten Preis auszuhandeln. Wenn er, Balthasar – er wäre mit seiner Kati und dem Kaspar unterwegs –, nur eine fähige Hilfe hätte, einer, der das Geschäft lernen wollte. *Du sprichst doch Italienisch?*

Sie sind angekommen, im Küchenfenster brennt Licht.

12

Trachsler, Untersuchungsbeamter für Heimatlosensachen, Bern, 8. Juni 1857

Die Herren sind fort, die Präsentation beendet, endlich. Die Aufgabe ist ihm gut gelungen. Er war klar in seinen Ausführungen, sagt sich Trachsler, präzise in der Beantwortung der Fragen, aber nicht ausufernd. Seine Kompetenz hallt nach. Trachsler holt die Flasche aus der Lade, dann das Glas. Er schenkt sich ein, nimmt Platz.

Sein Tisch, seine Dossiers: sie gehören wieder ihm allein. Er breitet die Arme aus, legt die Hände flach auf die Tischplatte.

Die rechte kommt auf Akten zu liegen. Obenauf liegt das Schreiben, das heute zu Fragen Anlass gab. *Seit Jahren bin ich genöthigt, mit Frau und Kindern in der Schweiz herumzuziehen …*

Diese Leute schreiben euch?, hatte der Kollege vom Innern gefragt.

In der Regel, hat er erwidert, habe er anderes vor Augen als Bittbriefe um einen Heimatort. Etwas knapp ausgefallen, seine Antwort. Hoffentlich wird ihm das nicht als Unfreundlichkeit ausgelegt.

Das Prozedere in diesem Fall ist so, hätte er ausführen können: Ich mache mich kundig. Wer ist dieser Balthasar, Sohn eines Remigius Huser und einer Elisabeth, niedergelassen in Küssnacht im Kanton Schwyz. Wohin gehört er, wie kommt es, dass ihm bis heute kein Heimatort zugeteilt ist?

Dann verfasse ich meinen Bericht an den Bundesrat – so hätte er enden können.

Das wäre eine adäquate Erläuterung gewesen, aus der im Übrigen nebenher seine einzigartige Position hervorgegangen wäre.

Aber er will sich jetzt nicht weiter geißeln, er hat die etwas schnippische Antwort bestimmt durch andere Ausführungen wettgemacht.

Er, Johann Jakob Trachsler, langjähriger Sekretär des eidgenössischen Justiz- und Polizeidepartements, vor Kurzem zum Untersuchungsbeamten für Heimatlosensachen ernannt und als solcher direkt dem Justizminister unterstellt, dem Vorsteher des Justiz- und Polizeidepartements – er hört ein imaginäres Raunen –, nimmt den Brief des Küssnachter Amtsschreibers in die Hand, legt ihn wieder zurück. Der Schreiber verwendet sich für einen Landfahrer. Er, Trachsler, will jetzt noch nicht arbeiten. Er kann jetzt keine Berichte schreiben, will vielmehr zu Ende führen, was er angefangen hat, und sich seine Ausführungen vor Augen halten. Er ist noch ganz aufgewühlt vom Besuch in seinem Büro. Er gönnt sich einen Schluck.

Die Aufgabe, die er nun bekleidet, wie er den Herren einleitend nicht ohne Stolz ausgeführt hat, war ursprünglich der Bundesanwaltschaft zugeordnet. Diese war eigens zur Klärung des Heimatlosenproblems geschaffen worden. Nach dem Abgang des ersten Bundesanwalts blieb die Funktion des Beauftragten für Heimatlosensachen jedoch lange Jahre unbesetzt. Nun ist er,

Johann Jakob Trachsler, von Bauma, Kanton Zürich, am Werk, und er ist ein engagierter Amtsträger.

In der »Äußeren Gefangenschaft«, wie die seinem Amt zugeteilte Gefängnisanlage heißt, in Bern selbst gelegen, und damit gut erreichbar, lässt er aufgegriffene Heimatlose festsetzen.

Sie werden eingesperrt.

So lange, bis ihr Heimatort ermittelt oder die Klärung zumindest eingeleitet ist.

Gern hätte er die Herren dorthin geführt. Das hätte jedoch zu viel Zeit in Anspruch genommen, und dafür waren die Herren nicht hergekommen.

Zunächst werden die Heimatlosen registriert. Zu diesem Zweck werden sie einvernommen. Manche befragt er selber, will sich ein Bild machen – anders als Amiet, der abgetretene Bundesanwalt, der das Verfahren in der Äußeren Gefangenschaft eingerichtet hat, in der Regel jedoch wohl nur die Unterschrift unter die Verhöre mit diesen Leuten setzte. Name, Vorname, Vatername, Muttername, Geburtsort, Geburtsort der Eltern, Name/Geburtsdatum/Geburtsort der Kinder et cetera. So werden die Heimatlosen, derer man habhaft wird, katalogisiert, samt Spitznamen – denn unter diesem Namen sind sie in ihren Kreisen, Vaganten- oder jedenfalls Landfahrerkreisen, bekannt – und können von Mitvaganten identifiziert werden. Die kennen vielleicht keinen Alois, aber den Sternengugger oder den Ross-Schorsch. Also wird auch der Beiname registriert, der Beruf, Seiltänzer, Vogelfänger, Schuster, Korbflechter, Scherenschleifer. Dann, aus verschiedenen Gründen wichtig: wo der Mann diesen Beruf ausübt. Außerdem die Beischläferin des Vaganten, auch Beihälterin genannt – verheiratet können sie ja kaum sein, wie denn auch, ohne Heimatschein. Der Ausländer – Badenwürttemberger, Schwabe, Bayer –, auch die ausländische Beihälterin und ihre Kinder: Diese werden ausgewiesen; die Hiesigen hingegen – das Parlament hat darüber debattiert, ob man sie landesintern in Lager, zum Beispiel im Gebiet von trockengelegten Sümpfen, stecken oder sie nach Amerika schaffen soll (wobei ersteres als undurchführbar ad acta gelegt, Amerika hingegen geprüft wurde) –, die Hiesigen also werden an den Ort zurückgeschafft, aus dem sie stammen. Oder dem sie jedenfalls zugeteilt sind. Dort sollen sie auch bleiben.

Alle Dokumente, welche die Aufgegriffenen bei sich tragen, werden ihnen abgenommen. Informationen daraus können bei Bedarf die Angaben der Einvernommenen ergänzen: Handelspatente, Marktbewilligungen. Manche führen Reisepässe mit – und in der ersten Zeit nahm er, Trachsler, das als Beweis, dass sich diese Leute nur als Heimatlose ausgeben. Wollen ihre wahre Identität verbergen, weil sie etwas auf dem Kerbholz haben, oder auch nur, damit man sie nicht zurückschaffen kann dorthin, wo sie nicht sein wollen, aber hingehören.

Dann hat er begriffen, dass es für die Gemeinden keine Folgen hat, wenn sie jemandem einen Pass ausstellen – es ist mit keinen weiteren Verpflichtungen verbunden. Wer hingegen einen Heimatschein ausstellt, erklärt, dass der Inhaber des Papiers Gemeindebürger ist. Ein Gemeindebürger hat Pflichten, aber auch Rechte, die ihm die Gemeinde gewähren muss. Und gerät ein Bürger in Not, muss die Gemeinde für ihn und seine Familie sorgen.

Dies letztere Faktum versteht jeder.

Ging es in den ersten Jahren darum, zu ermitteln, woher diese Leute stammen, also welche Gemeinde in welchem Kanton des Landes für sie zuständig ist, sind mittlerweile viele Fälle de jure geklärt, die Leute längst einer bestimmten Gemeinde und somit einem Kanton zugeteilt. Nur wird die Zuteilung von den Kantonen nicht immer vollzogen. Doch was kann der Bund machen, wenn die Gemeinden und Kantone die Verfügungen nicht vollziehen? Der Bundesstaat ist noch jung, und vor allem die äußeren Glieder – nicht selten ehemalige Untertanengebiete –, zudem die alten Erzkonservativen im Zentrum, sind noch nicht richtig eingebunden ins Ganze, die Nation, die Schweiz. Setzen die Gesetze nicht um. Weil sie es nicht besser wissen oder aber: Manche setzen gerade das Heimatlosengesetz bewusst nicht in Kraft, sie verzögern und verschleppen, und wir, beim Bund, können nicht durchgreifen: Der Bund muss umsichtig vorgehen, er darf die Kantone nicht gegen sich aufbringen. Es geht um weit mehr als um die Rechtlosen, nicht wahr. Während rundum die Mächte mit sich selbst beschäftigt waren, haben wir uns eine Verfassung gegeben und sind zum Bundesstaat geworden, 1848.

Er nimmt einen kräftigen Schluck.

Noch nicht einmal zehn Jahre sind vergangen seither.

Seine, Johann Trachslers, Aufgabe ist es, das Heimatlosengesetz umzusetzen, mit Samthandschuhen, was die Kantone betrifft, unbeugsam gegen die Herumirrenden.

Der erste Schritt: Die Vaganten müssen zentral erfasst werden. Dazu werden sie unter der Ägide des Heimatlosenbeauftragten identifiziert und registriert.

Und nun kommt die Besonderheit, derentwegen die Herren ja auch hergekommen sind, es galt, sie darüber auf den neusten Stand zu bringen: Aus erkennungsdienstlichen Gründen – also zur besseren Unterscheidbarkeit, so hat er, Trachsler, sich erklären lassen, als er dieses Amt antrat – wurden die in der »Äußeren Gefangenschaft« festgesetzten Personen in der ersten Zeit möglichst einheitlich eingekleidet, bevor sie abgelichtet wurden. Also den Männern hat man eine Sennenkutte übergestreift, den Frauen eine Art Sackkleid, man gab ihnen Utensilien in die

Hand, die ihr Tagwerk darstellten, dem Korber eine Rute zum Korben und dem Messerschleifer einen Schleifstein, sowas. Indes betreiben viele einmal dies, einmal das, weshalb die Idee mit den Utensilien bald fallengelassen wurde. Was hingegen bis heute gemacht wird: Man keilt ihren Nacken in ein Gestänge ein, damit sie aufrecht sitzen auf ihrem Stuhl, Gesicht nach vorn ausgerichtet, Blick in die Kamera.

So also werden sie abgelichtet.

Auf Fotoplatten gebannt und auf Papier.

Diese Leute werden fotografiert.

Nun nicht mehr durchgehend, wie 1852/53, als der Lithograph – noch unter dem Bundesanwalt – ganze Tage in der Äußeren Gefangenschaft verbrachte. Es gibt bereits eine recht konsistente Sammlung. Worauf sich Trachsler einiges einbilden darf, ist das Bildarchiv doch präzedenzlos und trägt dazu bei, dass diese Leute, die herumvagabundieren, erstens alle erfasst und zweitens identifiziert werden können, aber das hatten wir schon.

Sie werden künftig nicht diesmal diesen und bei der nächsten Festnahme jenen Namen angeben können.

Dieser hier indes, Balthasar Huser, Sohn eines Remigius und einer Elisabeth, meldet sich aus freien Stücken, in Küssnacht niedergelassen, so behauptet er. Geht zum Amtsschreiber, lässt an die Bundesregierung schreiben, *Exzellenz! Hochgeschätzter Herr Landrath!*

Fordert einen Heimatort.

Wer ist der Mann!, deklamiert Trachsler, als stünde die gesamte Bundeskanzlei an seinem Tisch. Draußen singt eine Amsel. Die Uhr schlägt, er hat nicht mitgezählt, und seine Taschenuhr ist in der Reparatur. Nicht nur die Nachbarbüros sind leer, auch im Flur draußen Stille. Alle haben ihr Tagwerk erledigt, sind nachhause gegangen. Er hat an diesem Tag wohl einiges vollbracht, aber nichts zu Ende geführt. Er steht auf, schüttelt die steifen Beine wach, geht zum Schrank.

Er muss die Schachtel mit den Lithografien nur etwas vorziehen und kann bequem darin blättern.

Es findet sich kein »Balthasar Huser« unter den Abgelichteten, aber – da schau her – ein »Michael« dieses Geschlechts, Mürrischer Blick.

Trachsler sucht die Akte zum Foto des Mürrischen hervor. Umfangreiche Dokumentation, staunt er. Also: Michael Huser, interniert im Juli 1853 – vor vier Jahren –, gibt an, er sei Geschirrhändler, reist auch wirklich mit Ross und Wagen, zusammen mit seiner Beihälterin, die er nicht heiraten kann, weil er keine Papiere hat, mit der er aber Kinder hat – das Übliche –, ist der Sohn eines Remigius und einer Elisabeth.

Trachsler zieht den Brief aus Küssnacht heran: Der Briefschreiber, Balthasar, ein paar Jahre älter als der Abgelichtete, ist ein Sohn derselben Eltern … Michael gibt an, er sei im Wallis eingeteilt, weil die Eltern dort geheiratet hätten, die älteren Brüder hingegen im Tessin, die Cousins wiederum in Schwyz.

Und da erkennt Trachsler den Fall.

Diese Leute haben die Behörden jahrelang beschäftigt! Selbst der Vorort hatte sich eingeschaltet. In den frühen 1840er Jahren, also noch vor der Gründung unseres Bundesstaats, wurde der Fall der Ständeversammlung vorgelegt. Zudem waren zwei eidgenössische Schiedsgerichte mit ihm befasst!

Der Fall ist erledigt, und dieser Balthasar behauptet weiterhin, er sei heimatlos!

Trachsler rückt den Stuhl zurecht.

Vier Tage sind vergangen, seit der Amtsschreiber von Küssnacht Balthasars Brief aufsetzte, und Trachsler verfasst einen ausführlichen Bericht an seinen Bundesrat. Er beginnt:

Hochgeehrter Herr Bundesrath!

Mit Bezug auf die Eingabe des Herrn Dr. Sidler in Küssnacht, Knt. Schwyz, betreffend das Heimatrecht des Balthasar Huser seiner Familie habe ich die Ehre dem Departemente folgenden Bericht zu erstatten:

Josef Balthasar Huser stammt aus einer sehr zahlreichen in den Kantonen Schwyz, beider Unterwalden, Wallis und Tessin verbrieften Familie. Ursprünglich aus Wädenswil, Ktn. Zürich, stammend, hat ein Heinrich Huser im Jahr 1609 in Luzern convertiert und ist Stammvater dieser Familie geworden, welche von jeher die kantonalen und eidg. Behörden sehr beschäftigt hat. Durch verschiedene eidgenössische Pfründe aus dem Anfange der 1840er Jahre müssen übrigens ihre heimatrechtlichen Verhältnisse als so ziemlich geordnet betrachtet werden –

Er stockt, bevor er aufblickt, um einen Moment innezuhalten. Er schreibt:

ihre Vollziehung vorausgesetzt

Wie vor den Kopf gestossen, sieht er seine Feder über der letzten Zeile verharren. Ein Schaudern durchzuckt ihn, richtet ihn auf an seinem Pult, und er streicht den Einschub kurzerhand durch. Er stutzt, was sollte das jetzt: «ihre Vollziehung vorausgesetzt»? Das ist nicht ihr Problem, nicht das Problem der Bundesregierung. Aber sein Bericht an den Bundesrat muss vollständig sein. Er fasst sich sogleich. Er setzt eine Klammer, schreibt erneut: «ihre Vollziehung vorausgesetzt», Klammer zu.

Diese heimatlichen Verhältnisse sind geklärt (ihre Vollziehung vorausgesetzt). So ist es richtig.

Und so wird er die Parenthese auch in die Reinschrift seines Berichts an den Bundesrat übernehmen.

13

Die Vollziehung, 1857 bis 1860

Am 9. Juni 1857 findet Jonas Furrer, langjähriger Bundesrat, erster Bundespräsident der Schweiz, derzeit Vorsteher des eidgenössischen Justiz- und Polizeidepartements, aus Zürich, den Bericht des Untersuchungsbeamten Trachsler vor; er antwortet dem Amtsschreiber von Küssnacht, der Balthasars Brief verfasste:

»Hochverehrter Herr!

Auf Ihren im Namen des Landfahrers Huser eingereichten Antrag habe ich Ihnen nach Prüfung der einstweiligen Akten zu vermelden, dass Huser kein Heimatloser ist, sondern nebst seiner Familie Angehöriger des Kantons Tessin, wie Sie aus beiliegenden Aktenstücken entnehmen werden, die ich Ihnen zum einstweiligen Gebrauche des Huser übermittle.

Dr. Furrer«

Ein weiteres Jahr ist seit Balthasars Gang zum Amtsschreiber vergangen, als auch Leodegar sich an den Bundesrat wendet; am 9. September 1858 schreibt er:

»Es ist bekannt, dass laut Verfügung des Länderrathes die Familie Huser nur zur einstwilligen Duldung dem Kanton Tessin zugewiesen und daraus in die grösste Verlegenheit versetzt worden ist, woraus eine für unsere Familie zweite Heimathlosigkeit entstand, indem die Gemeinde Luzern sich weigerte Schriften für meine Tochter zu ertheilen, die sich verehelichen wollte. Durch diesen Umstand gehen zwei Kinder von meiner ersten Tochter ausser der Ehre hervor. Woraus wir alle Folgen einer bloss einstwilligen Zutheilung in einen Kanton zu erdulden haben.

Mit Hochachtung und Ergebenheit
Leodegar der Familie Huser«

Der Beauftragte für Heimatlosensachen Trachsler hält auf dem Blatt fest, es ist der 13. September 1858:

Die Pol. Dir. Zug wird ersucht, den Aufenthalt des Leodegar Huser auszumitteln, ihn zu verhören und Abschriften seiner Papiere zu übersenden etc.

Am 22. Oktober 1858 wird Leodegar in Zug aufgrund von Trachslers Verfügung festgenommen und verhört. Die üblichen Fragen – Name der Eltern und Kinder, Ort der Eheschließung et cetera. Einen Monat später, am 22. November 1858, schreibt er erneut an die Bundesregierung:

»Hochgeehrter Herr Präsident
Hochgeehrter Herr Bundes-Rath

Wiederholt stellt der Unterzeichnete in bedrängten Umständen das Anliegen und die Bitte für seine Familie einen Heimatschaften-Kanton festzulegen.

Seitdem ich Ihnen unsere ganze Angelegenheit mitteilte, sind drei

Monate nutzlos verflossen, dass ich mit jedem Tage von einem Kanton in den anderen gewiesen oder als nicht bleibend betrachtet werde, beleidigt und als lästig angesehen, meinen häuslichen Nachteil tief fühlen muss. Ich warte furchtvoll auf Ihre werte Entscheidung. Derweil ist meine Familie, im Kanton Tessin nur zur einstwilligen Duldung anerkannt, dem Gefängnis preisgegeben.

Sie erlauben: Ich stelle nun die Frage, was mag wohl die Ursache sein, warum die Ermittlung meines Heimatorts von Seiten des hohen Länderrats so lang verschoben wird; dringend sollte entschieden werden, wohin die zwei ausser der Ehre erzeugten Kinder meiner Tochter Barbara Huser hingehören. Können Sie nicht einmal über den Heimatsort der Mutter entscheiden?

In der Hoffnung, dass bald für die Familie Huser ein Heimats-Kanton ausgewählt werde, ja in der Hoffnung, Sie wehrtester Herr, werden aus Pflichtgefühl und aus Humanität und Menschlichkeit überzeugt, den zum zweiten Male verwaisten Heimatlosen zu erhören.

Mit Hochachtung und Ergebenheit

Ihr Leodegar Huser«

Trachsler notiert auf dem Blatt:

»Actum 24. Nov. 1858

1. Das Polizeidepartement Schwyz verfüge, dem Herr Dr. Sidler in Küssnacht die zu seinen Handen liegenden Papiere abzufordern und nach den Brüdern Huser zu fahnden.

2. Die Polizeidirektion Zug in letzterem Sinne ebenfalls.

3. Die Centralpolizei Bern sei zur Ausschreibung im allgem. Fahndungsregister angehalten.

4. Der eidg. Justiz und Pol. Departement sei Bericht gemacht von den getroffenen Anwendungen.

In Fidem Trachsler»

Der kantonale Polizeidirektor von Zug schreibt am 30. November 1858 an den Untersuchungsbeamten Trachsler:

»Hochverehrter Herr!

Die Verhöre mit Leodegar Huser und dessen Familie konnten aus dem Grunde noch nicht beendigt werden, weil Huser als Geschirrhausierer häufig unseren Kanton für einige Zeit verliess, weshalb ich durch meine Arbeit die Aufgabe unterbrechen musste.

Nun aber habe ich gestern den Huser, der einen Passier-Pass hat, angetroffen und angewiesen, in unserem Kanton zu verbleiben, bis er die Erlaubnis erhalte, wieder den Kanton verlassen zu dürfen.

Es wäre mir angenehm, wenn Sie mir gefällig berichten wollten, ob Sie den Huser samt Familie in unserem Kanton zu verhören gedenken, in welchem Falle ich keine eigentlichen Verhöre mit Huser vornehmen würde.

Die unterzeichnete Stelle ladet Sie höflichst ein, unseren Canton zu besuchen. Für das Verhör würde ich Ihnen auf dem Amtshaus in Zug alles Nöthige zur Disposition stellen und bereit halten.

Was übrigens die Deklarationen Husers beim Landesrath betrifft, so ist sie nicht zu verwenden; denn dieser Mann hat seinen eigenen Geist, seine besondere Manie, die Behörden mit Zuschriften zu belästigen.

Ihrer gefälligen Antwort beschliesst entgegenschauend
Andermatt«

In Sarnen schreibt der Obwaldner Polizeidirektor am 2. Dezember 1858 an Trachsler:

»Hochgeehrter Herr!

Der unter Nummer 1376 des allgemeinen schweizerischen Signalementbuches zur Verhaftung ausgeschriebene Balthasar Huser wurde nebst zwei Kindern am gestrigen Sarnermarkt arretiert und demselben beiliegende, unten verzeichnete Schriften abgenommen, wobei er angab, dass er seine übrigen Schriften an seinem jetzigen Niederlassungsort in Küssnacht im Kanton Schwyz habe.

Indem wir Ihnen hiermit davon die verlangte Anzeige machen, benützen wir diesen Anlass, Sie, Tit, unserer vorzüglichen Hochachtung zu versichern.

Im Namen des Polizeiamtes
der Polizeidirektor«

Verzeichnis beiliegender Schriften:

1. Ein Hausierpatent des Kantons Schwyz, v. 29. Mai 1858
für Balthasar Huser, niedergelassen in Küssnacht
2. Verkaufspatent für den Kanton Luzern, v. 2. Juli 1857
für Balthasar Huser aus dem Kanton Tessin
3. ein Hausierpatent des Kantons Uri v. 17. Juli 1857
für Balthasar Huser aus dem Kanton Zürich
4. ein Hausierpatent des hiesigen Kantons vom 22. Juni 1858

Von Sarnen aus meldet sich der Obwaldner Polizeidirektor am 10. Dezember 1858 abermals beim Untersuchungsbeamten Trachsler:

»Hochverehrter Herr!

In Vollziehung Ihres Auftrags vom 5.ten dieses Monats habe ich dem hier arretierten Balthasar Huser, Tollerierter des Kantons Tessin, einen Zwangspass nach Zug ausgestellt und ihm gemäss Auftrage die Beibringung seiner nötigen Schriften auferlegt, wobei ich ihm beiliegenden Reisepasse des Kantons Tessin, wo er als Tollerierter jenes Kantons eingetragen, ebenfalls abnahm, den ich Ihnen, obschon er ausgelaufen, beigegeben übermittle.

Zur Ausbezahlung des Reisegelds an Balthasar Huser fühlte ich mich nicht veranlasst, weil ich sicher wusste, dass er immer gut bei Arbeit ist.

Zudem hoffe ich zuverlässig, Huser werde aufgrund des ihm abgenommenen Passes gewiss rechtzeitig nächsten Montag Morgens 8 Uhr in seinem Bestimmungsort sich einstellen.

Der Polizeidirektor«

Am 13. Dezember 1858 wird im Polizeiamt Zug das Verhör von Balthasar protokolliert, Trachsler beglaubigt:

»Infolge Vorladung erscheint:

Balthasar Huser

– Gebt Eure Familienverhältnisse an:

Ich heisse Balthasar Huser, geboren in Giswil, Kant. Unterwalden ob dem Wald und dort getauft; ich hatte einen Taufschein, der uns nach der Copulation von Landjäger Wirts abgenommen wurde. Ich bin anno 1818 getauft; die Mutter heisst Elisabeth Dietrich und der Vater Remigius Huser.

– Wo sind Eure Eltern copuliert worden?

Ich weiss nicht, ob in Lauerz oder zu Oberwald im Wallis; die Mutter hatte nämlich zwei Männer; der erste Mann meiner Mutter hiess Jacob Siegel; wo dieser gestorben, weiss ich nicht; der Siegel, der dem Kanton Schwyz zugetheilt ist, ist ihr Sohn. Mein Vater war auch 2mal verheiratet; seine Frau hiess Ursula, ihr Geschlecht und den Heimatort kenne ich nicht. Auch die Grosseltern meines Vaters hab ich nicht gekannt [...].

– Seid Ihr verheiratet?

Ja, mit Anna Maria Graf, Schwester meiner Schwager Anton und Josef Graf; sie ist in Aarburg getauft ca. 1820; der Taufschein derselben liegt in Sarnen; wir mussten ihn nach der Regulation mit den anderen

Schriften abgeben. Ich wurde zu Bijot [Bioggio] vor circa 21 Jahren am 5. Heumonat kopuliert; wir haben 8 Kinder [...].
– Habt Ihr Bewilligung zur Copulation gehabt?
Nein, von keinen Behörden

– Ihr besitzt einen Duldungsschein?
Ja, ich hatte einen solchen; es steht aber heimatlos darauf. [...] Als wir im Tessin die letzten Papiere holten, waren wir nur 14 Tage im Land, und es hiess, wir sollen wieder gehen, wir seien nicht Bürgervolk; der letzte Pass ist schon ein paar Jahre ausgelaufen; ich habe schon einige Male um einen neuen schreiben lassen, alleine erhielt ich keinen Pass und keine Antwort.

– Da Ihr einen Toleranzschein vom Tessin besitzt, da seid Ihr doch dort geduldet?
Ich weiss selbst nicht, wie das ist; in Tessin gaben sie uns nur Papiere als Heimatlose; wir seien nicht dort daheim und sie schicken uns nur etwa nach Obwalden; hier aber sagen sie, wir gehören nach Tessin; mir ist das gleich, wenn wir nur einmal eine Heimath haben und das Hin- und Herjagen aufhört. [...]

– Habt Ihr denn nie davon gehört, dass Ihr und Euer Bruder mit den Familien vom Kanton Tessin infolge Eurer Heirathen anerkannt worden seid?
Vor etwa 16 Jahren war die Sache bei der Tagsatzung anhängig; inzwischen waren wir in Sarnen; man sagte uns dann, jetzt seien die Papiere von Bern gekommen, wir gehören nach dem Tessin; ich und mein Bruder und unsere Familien sind dann »nach Haus« spediert worden. Dann schickte man uns von Lugano Papiere [...]; es waren aber nur Heimatlosenpapiere, gleich lautend für mich und meinen Bruder [...].

– Wo habt Ihr Euch vor der Heirath am meisten aufgehalten?

Immer beinahe in Obwalden und Unterwalden war ich; aber meistens in Obwalden. […].

– Habt Ihr noch etwas beizufügen?

Seit Anfang letzten Monat Mai habe ich für die ganze Familie die Niederlassung in Küssnacht, Kt. Schwyz, auf 4 Jahre gültig; da ich aber überall Schwierigkeiten riskiere wegen der Schriften, wünsche ich mir, dass der Bundesrat für meine Einbürgerung sorge, damit ich gehörige Schriften erhalte und wo möglich zum Bürgervolke in Küssnacht [zähle]. […].

Abgelesen und bestätigt
Handzeichen des Balthasar Huser
[Kreuz]
Beglaubigt Verwaltungsbeamter Trachsler«

Einen Tag später wird am gleichen Ort Leodegar Huser verhört.

Dann ist Leodegars Tochter an der Reihe, Barbara Huser, genannt Barbi:

»Infolge Vorladung erscheint:

Barbara Huser, Tochter des Leodegar Huser und der Maria Kiwiler, geboren zu Beinwil am 5. März, 24-25 Jahre alt; dieselbe deponiert:

Ich habe zwei uneheliche Kinder, die Maria, am Sattel getauft und geboren, 2 Jahre alt und Johann Kaspar, getauft in Zug, ¾ Jahre alt; der Vater dieser Kinder ist Michael Weingärtner von Unterägeri; er hat beide Kinder vor dem Gemeinderath Unterägeri anerkannt; ich wurde ein Mal in Baar von der Polizei arretiert, da ich dort bei der Familie Weingärtner war, und nach Tessin transportiert; dort hiess es in Bel-

linzona, dass ich nicht dahin gehöre; sie wollten mich in der Postbahn heimtransportieren, und auf Anhalten gaben sie mir einen Laufpass und liessen mich allein gehen; da ich im Kanton Aargau getauft wurde, stellten sie Aargau als meinen Heimatort in den Laufpass. Ich sagte ihnen, dass man mir sagte, ich gehöre nach Tessin, doch Tessin sagte, ich gehöre nicht dorthin. Unterschrift: [Kreuz]«

Ebenfalls am 14. Dezember 1858, dem zweiten Tag der Verhöre in Zug, wird in Küssnacht der Amtsschreiber befragt, der Balthasars Brief vom Vorjahr verfasste. Der Polizeivorsteher informiert Trachsler:

»*Hochverehrter Herr!*

Herr Dr. Sidler bemerkt über den verlangten Aufschluss über Abstammung, Geburt und Aufenthalt des B. Huser folgendes: ›Tit! Ich versichere Sie auf Ehre und Gewissen und so mir Gott möge gnädig sein in meiner Todesstunde, dass ich über Abstammung und Geburt eines B. Huser keinen Aufschluss erteilen kann, weil ich selben nicht kenne.‹ […] Von Herrn Sidler als richtig bestätigt: Balthasar Huser und seine Familie ist gegenwärtig niedergelassen in Küssnacht […] und besitzt dort ein angebautes Heimsassen. Die Niederlassung in selbigem Orte wurde ihm gestützt auf die unterschriftlich mitgeteilten Schriften erteilt, indem man dafür hielt, dass die Erklärungen des Statthalters Tessin durch die Hand des Vorstandes vom eidg. Justiz- und Polizeidepartement ergangen seien, und […] so dürfe man wohl die verlangte Niederlassung erteilen.

Ob Huser sich gegenwärtig in Küssnacht aufhält, unterliess das Bezirksamt zu berichten. […]

Der Vorstand des Polizeidepartements«

Am 31. Oktober 1859 verfügt der Schweizerische Bundesrat:

»Der Kanton Tessin ist verpflichtet, die Familien Huser Leodegar und Huser Balthasar zu naturalisieren.«

In der Folge nehmen zwei Tessiner Gemeinden Leodegar und Balthasar mit ihren Frauen und Kindern als Bürger auf. Die Brüder und ihre Familien leben weiterhin als reisende Kaufleute, Leodegar mit wechselnden Ausgangspunkten im Raum der Innerschweiz, Balthasar reist von Küssnacht aus.

Mutter Elisabeth stirbt zweiundachtzigjährig am 7. Februar 1868 im Armenhaus des Orts. Im Vorjahr ist Balthasar mit Frau und Kindern weggezogen, ob aus freien Stücken oder als Vertriebener ist nicht bekannt. In Elisabeths Eintrag im Totenbuch von Küssnacht ist vermerkt: *»Geschirrhändlerin, Vagantin«*.

Dritter Teil

1

Die Fecco von Mosaglia

Eine Frau, Jenische, spritzig, gescheiter Kopf, erzählte mir davon, wie sie endlich ihre Akte in Händen hielt. An sie erinnere ich mich im kalkweißen Licht des Lesesaals, während ich denselben Tisch wähle wie letztes Mal, unter dem Fenster, zum Vorplatz hin. Sie war ein Baby, als sie ihrer Mutter weggenommen wurde, wenige Monate alt. Auf meine stumme Frage, wir saßen uns gegenüber, schüttelte sie fast unmerklich den Kopf. Sie hat keine Erinnerung an die Mutter.

Sie hat als Kind nie mehr etwas von ihrer Mutter gehört.

Sie erzählte es mir, wir saßen in einer von hohen Fenstern durchbrochenen Caféstube der Zürcher Altstadt. Heller Ort, gediegen, alles gewöhnlich. Die Frau, sie ist wenige Jahre älter als ich, hat ein offenes Gesicht, lebhafte Augen. Sie ist wortgewandt, spricht schnell. Als erwachsene Frau findet sie in ihrer Akte neben Verfügungen, Berichten, Zeugnissen, neben einem von ihrem Vormund, dem Leiter des Pro-Juventute-Hilfswerks, über sie als junge Frau in Auftrag gegebenen psychiatrischen Gutachten: nie zugestellte Briefe der Mutter an ihr Kind.

Hier sitze ich im nüchternen Lesesaal des Bundesarchivs vor unserer Familienakte und mir ist flau im Magen.

Zwei Aktensammlungen liegen auf meinem Tisch: unsere Familienakte – das Dossier über die Verfolgung meiner Grosseltern – und das Unterstützungsgesuch der Pro Juventute an den Bund von 1929 – die Bundesregierung soll das Projekt zur Verfolgung der Jenischen mittragen. Es ist früher Morgen, der Lesesaal fast leer.

Diese beiden Sammlungen habe ich noch vor mir.

Das Dossier über unsere Großeltern schiebe ich über den Rand meines kleinen weißen Tisches hinaus – die Nachbartische stehen leer, ich habe allen Platz der Welt, um wegzuschieben, was ich an diesem Morgen nicht ertrage. Ich weiß allerdings, was dort liegt, verwaist, als gehörte es zu wem auch immer, jedenfalls nicht zu mir. Kaum, dass ich die Akte meiner Großeltern in Händen hielt, habe ich sie, noch im Stehen, geöffnet, mich an den erstbesten Tisch gesetzt, gleich beim Eingang, nach der Glastür, dort Seite um Seite überflogen. Es sind nur wenige Blätter. Unsere Akte ist dünn, die Machtlosigkeit meiner Leute ist schwer zu ertragen.

Als die ersten Besucher eintrafen, habe ich nach einer geschützten Ecke Ausschau gehalten, und mich hier, im Tageslicht, das vom Vorplatz einfällt, an jene Begegnung erinnert. Ich bin wieder an meinem Platz.

Ja, unsere Akte, wie sie dort liegt, ist dünn – wenige Seiten einer Korrespondenz zwischen Oktober 1928 und Dezember 1929. Beteiligt sind die Pro Juventute, Abteilung Schulkind im stattlichen Gebäude am Seilergraben 1 in Zürich: eine Sekretärin und ihr Abteilungsleiter, der mit »Dr. Siegfried« firmiert und bis ins Tessin ausschwärmt im verbissenen Bestreben, an die Kinder zu kommen. Dann ein Wachtmeister in Rapperswil und sein Amtskollege in Lachen am Südzipfel des Zürichsees. Im Tessin: namenlose Funktionsträger im Gemeindehaus von Magliaso. Außerdem, in Bellinzona, ein Mitglied der Kantonsregierung, Staatsrat Mazza. In St. Gallen Regierungsrat Grünenfelder, der dem kantonalen Justizdepartement vorsteht. – *Grünenfelder?* Noch während ich den Namen murmle, erinnere ich mich, wo ich ihm begegnet bin: unter der Stuckaturdecke des St. Galler Landesarchivs. Ich kenne ihn aus der Geschichte der Familie Huser-Schöffel: Lisa, verheiratete Huser von Magliaso, der man die Kinder nahm – und deren Töchter unziemliche Lieder vorgetragen haben sollen. In jener Akte aus St. Gallen habe ich Grünenfelder als engagierten Justizbeamten kennengelernt – einer, der zuhört und die Akten durchforstet. Er war es, der die Falschinformation über die singenden Mädchen aufgedeckt hat. Ich greife nach unserer eigenen Akte, dem Dossier meiner Großeltern, hole es her vom Nebentisch, schlage es auf. Die verzweifelte Mutter Lisa Huser-Schöffel wird im Mai 1929 in Grünenfelders Vorzimmer vorsprechen, der die Akten nicht lange wird durchforsten müssen, um die Falschinformation der Pro Juventute zu erkennen. Er wird sich an den Fall der singenden Mädchen erinnern, denn er ist selbst daran beteiligt:

Aus unserer Familienakte erfahre ich: Im November 1928 – ein halbes Jahr, bevor Lisa bei ihm auftauchen wird – findet Grünenfelder einen Polizeirapport auf seinem Tisch vor. Einem Rapperswiler Wachtmeister wurden zwei Mädchen gemeldet, die am Kirmessonntag *»schändliche Lieder«* vortrugen. Der Wachtmeister, Cantieni mit Namen, hat die singenden Kinder an der Chilbi vom 21. Oktober 1928 nicht selbst zu Gesicht bekommen, sie wurden vom *»Publikum«* angezeigt; die Gören seien zwölf Jahre alt, sollen Huser heißen und im Wohnwagen hausen, in Lachen.

Der Polizeikollege von Lachen bestätigt, dass dort tatsächlich eine Familie Huser wohnt, die älteren Töchter heißen Frieda, geboren 1918, und Trudi, geboren 1919. Cantieni ist sich nicht sicher, ob diese beiden die singenden Gören von der Oktoberkirmes sind, und hält dies auch so fest. Allerdings scheint es ihm sehr wahrscheinlich, dass Frieda und Trudi die gesuchten Mädchen sind, denn ebendiese beiden Mädchen seien bereits an der Fastnacht vom vergangenen Februar aufgegriffen worden, beim Singen *»ähnlicher Liedchen«*. Die Eltern wurden damals verwarnt. – Dass Frieda und Trudi nicht zwölf, sondern zehn und neun sind, erwähnt der Wachtmeister nicht, das kann sich ja jeder selber ausrechnen, mag er sich gedacht haben. Oder es ist ihm gar nicht erst aufgefallen, auch dass die Familie nicht im Wohnwagen, sondern im Häuschen wohnt, in Lachen gemeldet ist und bleiben will und die Kinder dort zur Schule gehen, berichtet er nicht. Cantieni ist der Meinung, der Vater muss bestraft werden. Das schreibt er in seinen Bericht an den Gemeinderat, und der Gemeinderat regt bei der Kantonsbehörde die Prüfung vormundschaftlicher Maßnahmen an.

Als Grünenfelder sich der Sache annimmt, befindet sich die Familie schon nicht mehr in seinem Kanton. Als Folge des Polizeiberichts wollte die Gemeinde sie nicht länger in Lachen dulden. Für Einheimische gilt zwar Niederlassungsfreiheit im Land – seit es die Bundesverfassung gibt, ist das so –, doch es ist ein Gesuch zu stellen, und über die Gesuche gebieten die Gemeinden. Die Familie ist weg. Grünenfelder, aus Prinzip oder weil ihm die Angelegenheit wichtig ist, lässt die Sache trotzdem nicht auf sich beruhen, sondern informiert den Heimatkanton der Familie, das Tessin. Er hält sich kurz, und in seinem knappen Brief sind alle Ungereimtheiten ausgemerzt. Ab jetzt geht es unmissverständlich um die zehn- und neunjährigen Mädchen Frieda und Trudi, Töchter des Franz Friedrich, damals wohnhaft in Lachen, *»die mit dem Vater herumziehen und unanständige Lieder öffentlich vortragen«*. Der St. Galler Justizminister regt bei den Tessiner Amtskollegen *»zweckdienliche Maßnahmen«* an. Und hier kommt die Pro Juventute ins Spiel.

Magliaso, vom Kanton Tessin kontaktiert, leitet die Sache umgehend an die Stiftung in Zürich weiter. Die Gemeinde Magliaso und die Pro Juventute sind bereits miteinander bekannt. Seit über einem Jahr, weiß ich aus der St. Galler Akte Huser-Schöffel, betreibt der Leiter der Abteilung Schulkind die Wegnahme der ebenfalls in Magliaso beheimateten Kinder der Lisa und des Anton. Und noch bevor der Monat November zu Ende geht, wird Siegfried das kurze Schreiben des Grünenfelder benutzen, um die Huser-Schöffels bei ihrer Wohngemeinde Hundwil anzuschwärzen.

Dieselben Dokumente setzt er im Januar 1929, zwei Monate später, gegen meinen Großvater ein. Die Nachforschungen nach der aus Lachen verschwundenen Familie betreibt er stümperhaft, sie bleibt unauffindbar. Die Sekretärin verschickt einen Brief an die Polizeiposten einiger Gemeinden rund um den Zürichsee, wo man die Familie vermutet (und sie sich auch tatsächlich aufhält, wie ich von Frieda weiß). Wir suchen einen Huser Franz Friedrich im Wohnwagen, der die Töchter zum Betteln schickt, steht in dem Rundschreiben. Die angeschriebenen Wachtmeister antworten noch am gleichen Tag, doch keiner erkennt unter dieser Beschreibung eine am Ort ansässige Familie. Siegfried wendet sich an den involvierten St. Galler Regierungsrat; er will, dass Grünenfelder die Familie zur Fahndung ausschreibt, was dieser jedoch empört ablehnt, wir sind ein Rechtsstaat. Im Frühling erfährt

Siegfried indes »aus sicherer Quelle« (wer mag das sein?), dass sich der gesuchte Huser mittlerweile im Raum Lugano aufhält. Siegfried fährt selbst ins Tessin und wird von Staatsrat Mazza empfangen. Der stimmt mit dem Mann von der Pro Juventute überein, dass diesen Eltern alle Kinder weggenommen werden müssen, aber auch Mazza will sie nicht polizeilich suchen lassen. Über die Wegnahme der Kinder ist man sich einig, nur wie das zu handhaben ist, bleibt unklar. Nach dem Gesetz ist die Wohngemeinde zuständig, doch gibt es in diesem Fall keine solche Gemeinde. Siegfried macht Druck, mahnt, dass man hier nicht peinlich nach dem Buchstaben des Gesetzes handeln könne. Darauf lassen sich die Südschweizer jedoch nicht ein. Außerdem fallen Kosten an, die für gewöhnlich von der Heimatgemeinde zu tragen sind. Und Siegfried betont, die Kinder der Huser von Magliaso seien – selbst im Vergleich mit anderen Vagantenkindern (»figli di girovaghi« heißt das auf Italienisch) – so widerspenstig, dass sie keiner Privatfamilie zugemutet werden können, sondern in Heimen untergebracht werden müssen. Das koste. Im Feuereifer vergreift sich der Abteilungsleiter manchmal in den Argumenten, denn Magliaso dürfte wenig Interesse verspürt haben, sich noch mehr Kosten aufzuladen. Im Mai 1928 – Siegfried schreibt dies stolz an Staatsrat Mazza – sind bereits 23 Kinder von Eltern Huser von Magliaso »in der Obhut der Pro Juventute«.

23 Kinder!

Dass die Verfolgung meiner Großeltern und die Jagd nach den Kindern versandet – sie strandet am 2. Dezember 1929 mit einem nicht weiterverfolgten Schreiben an Magliaso –, ist einem Zusammenspiel von Umständen zu verdanken, wie es scheint. Diese Eltern fliehen weiträumig mit ihren sechs Kindern. Siegfried wiederum ist anderweitig beschäftigt. Bei jenischen Familien, die einen festen Wohnsitz haben, kommt er leichter ans Ziel. Auf diese konzentriert er sich, hat hier alle Hände voll zu tun. Meine Großeltern wiederum können dank ihres Berufs reisend überleben. Mein Vater und seine Geschwister kommen auch deshalb davon, so wird mir klar, weil ihre Eltern Musikanten sind. Entscheidend ist: sich nicht niederlassen, sich in keiner Gemeinde anmelden, die Kinder nicht zur Schule schicken. Es ist eine makabre Umkehrung: Die Vorurteile zu erfüllen, ist die einzig mögliche Rettung.

Ich schiebe unsere Akte zurück auf den Nebentisch.

Ich bin noch nicht fertig.

Ich rücke meinen Stuhl zurecht, nehme mir das Unterstützungsgesuch der Pro Juventute an den Bundesrat vor. Ich ziehe die Papiere aus der Kartonhülle: die Originale vom Februar 1929.

Der Bund soll sich an den *»Fürsorgemaßnahmen für die Kinder vagabundierender Schweizerfamilien«* beteiligen, lese ich. Der Gesuchsteller hat 35 Gemeinden angeschrieben, um die jenischen Familien im Land zu ermitteln, ganze 35 Ortschaften – ein Bruchteil aller Schweizer Gemeinden. Er dürfte solche ausgewählt haben, die bereits als Bürgerorte von Jenischen bekannt waren, Gemeinden wie Magliaso.

Der Gesuchsteller erklärt dem Bundesrat, dass die Stiftung bereits seit zweieinhalb Jahren *»Kinder versorgt«*. Jenische vagabundieren, so die Darstellung. Andere Gründe, Kinder aus ihrer Familie *»zu entfernen«*, werden nicht genannt, und die Minister und ihre Beamten scheinen nicht nachgefragt zu haben. Zuständig ist das Justizministerium, dem allerdings Bundesrat Häberlin vorsteht, der gleichzeitig als Stiftungsratspräsident der Pro Juventute amtiert. Dieser gibt das Dossier an den Kollegen Innenminister ab, der es dem Gesamtbundesrat vorlegt. Er empfiehlt Annahme.

Ob sich der Bundesrat auch den beigefügten Familienstammbaum angeschaut hat, ist nicht bekannt.

Das Original ist ein sorgfältig zusammengefaltetes dickwandiges Papier. Ich lehne mich vor an meinem Tisch.

Aufgefaltet ist der Bogen so groß wie eine Kinderdecke, er bedeckt meinen weißen Tisch im Lesesaal, hängt oben wie unten ins Leere.

Ich sitze nicht mehr, ich stehe.

Es ist mir, als hätte ich ein Tuch über Haare und Schultern gelegt oder den Hut gezogen, der meinen Kopf nicht bedeckte.

Viele Bündel rot-schwarzer Luftballons sind auf das Blatt gemalt, jeder Ballon ein Mensch, am dünnen Faden an den beiden Kreisen festgemacht, die seine Eltern darstellen.

Jedes Individuum ein Kreis, und jedem Kreis ist das Geburtsjahr eingeschrieben.

Ich überschlage die Kreise: 200 Menschen etwa. Sie gehen alle auf ein einziges Paar zurück, Adam und Eva sozusagen, 1813 geboren laut Zeichnung. Drei der vier Söhne – die Töchter spielen vorerst keine Rolle – haben Nachkommen. Und so fort. Je nach Familienast entstehen über drei oder vier Generationen neue Familien, die jüngste Generation entspringt den 1920er Jahren.

»Aufnahme nach dem Bürgerrodel
von Dr. A. Siegfried
31. Dezember 1928«,

steht unten auf dem Bogen, nach dem Titel, in dicker schwarzer Tinte von verschnörkelter Hand hingemalt:

»Familie Fecco von Mosaglia«.

Die Fecco von M.

Das jüngste aller Kinder, 1928 zur Welt gekommen, ist wenige Monate alt: ein Mädchen namens Rosa.

Nein, nicht unsere Rosa. Natürlich nicht.

Der Kreis dieser kleinen Rosa ist doppelt umrandet.

Die doppelte Umrandung, so die Anmerkung auf dem Bogen, bezeichnet Kinder, die sich bereits *»in Fürsorge des Hilfswerks«* befinden.

1928 geboren, im Dezember 1928 der Mutter bereits entrissen.

Der Kreis der kleinen Rosa ist außerdem quer durchgestrichen, was auf die uneheliche Geburt verweist.

Rosas Mutter (der Kreis, an dem das Neugeborene am dünnen Faden festgemacht ist) heißt Katharina. Sie ist 18, als sie das Kind zur Welt bringt und man es ihr nimmt. Auch sie ist markiert: *»in Fürsorge des Hilfswerks«*. Ebenso ihr jüngerer Bruder, acht Jahre alt.

Ein Säugling, seine Mutter, deren achtjähriger Bruder.

Der Schrecken fährt mir ins Herz.

Die Hospitantin der Pro Juventute, die 1929 eine Kindswegnahme beschreibt, trägt einen Säugling fort, während einer der Beamten eine junge Frau abführt.

Die kleine Rosa das Baby, das die Hospitantin aus der Wiege nahm? Während ein Junge floh, einer der Männer die Großmutter festhielt, der andere die 18-Jährige wegführte: die Mutter des Säuglings.

Katharina.

In ihrer Abschlussarbeit nennt die Hospitantin die Leute so: *»Fecco von M.«*. Sie sei bei der Arbeit im Büro der Pro Juventute auf diesen Familienverband gestoßen.

Ich löse den Blick von der jungen Mutter Katharina und dem kleinen Bruder, der fliehen konnte, aber später doch noch gefasst worden ist.

Siegfried hat den Stammbaum der *»Fecco von Mosaglia«* nach dem »Bürgerrodel« erstellt, wie er schreibt. Das heißt, er war im Gemeindearchiv jener Gemeinde, die er Mosaglia nennt, hat dort die Namen und Geburtsdaten der Familienmitglieder abgeschrieben.

Ich selbst war auch im Archiv meiner Heimatgemeinde gewesen, Magliaso, habe mir dort die Einträge zu meinen Leuten angesehen. Vor mir war jemand da gewesen, der die in italienischer Form festgehaltenen Namen durchgestrichen und die deutsche Variante darübergeschrieben hat – aus Francesco Federico wurde Franz Friedrich. Männerhandschrift. Ich konnte mir damals keinen Reim darauf machen.

Der Mann von der Pro Juventute?

Ich stehe über den Kreisen in Bündeln, wie Trauben, wie Luftballons. Mein Blick trifft auf ein Paar, das die Vornamen meiner Großeltern trägt. Die Vornamen sind als Klarnamen ausgeschrieben. Er ist es, mein Großvater Franz Friedrich, meine Großmutter, kein Zweifel, denn an diesem Elternpaar festgemacht sind mein Onkel, Franz, meine Tanten – Frieda, Trudi, Rosa und ihre Zwillingsschwester, das Gritli.

Und mein Vater, Toni, der kleine To.

Ja, die Fecco von M., das sind wir.

Nein, nicht genug: Lisa und Anton, die Huser-Schöffel, sind auch hier verzeichnet, Lisa, der man die Kinder wegnehmen und die bis vor das Bundesgericht gehen wird, wo sie Recht bekommen wird, doch es wird zu spät sein. Ja natürlich, auch sie sind Huser von Magliaso, verwandt mit meinem Großvater, der zusammen mit Anton aufgewachsen ist.

Wir sind der Familienverband, den die Pro Juventute *»ohne Zweifel eine der schlimmsten Sippen unter den Fahrenden«* nennt.

Die Kreise zuunterst in Bogenmitte, von denen alle abstammen, heißen Jos Leodegar und Anna Maria.

Ich erkenne Leodegar, Bruder des Balthasar und Sohn der Elisabeth und des Remigius, Enkel des Eustachius. Ich begrüße sie und begreife: Sie sind unsere Ahnen.

Die kleine Rosa und ihre Mutter, der kleine To und seine Geschwister und Lisas Kinder sind hier verzeichnet, weil sie Nachkommen des Leodegar Huser sind, Sohn des Remigius und der Elisabeth.

Die Kinder der Lisa und des Anton Huser-Schöffel sind nicht doppelt umkreist – der Stammbaum spiegelt den Stand vom 31. Dezember 1928. Von diesem Datum aus sind es noch 19 Tage, bis man Lisa die Kinder wegnehmen wird.

Alle weiteren Kinder in diesem Stammbaum sind auch dazu bestimmt.

In Gedanken zerreiße ich das Papier in der klimatisierten Luft des Lesesaals, hier im Berner Bundesarchiv. Die Fetzen rieseln auf mich und den Boden, hinter mir auf den Stuhl, vor mir auf den weißen Tisch nieder. Dort, wo zuvor die schwarz und rot gemalten Menschenkreise lagen.

19 Tage verbleiben der Lisa Schöffel, weil sie in ein jenisches Geschlecht eingeheiratet hat, eine verheiratete Huser geworden ist: 19 Tage verbleiben ihr mit den Kindern, verbleiben den Kindern mit ihren Geschwistern, mit der Mutter, dem Vater, den Freunden und Verwandten, die zu Besuch kommen. Das weiß ich, Anna, Tochter des Tony Huser, Enkelin eines Musikergroßvaters, die in einer fernen Zukunft über ein Papier gebeugt

steht, das sich vor mir auf dem Tisch wieder zusammensetzt, sich nicht zerreißen lässt, selbst in Gedanken nicht. Ich verfluche es und seinen Autor, den Stiftungsratspräsidenten, den Bundesrat. Ich kann Lisa, Anton und ihren Kindern, und all den anderen, nicht helfen, es ist nichts mehr zu machen, nie mehr.

2

Im Wald, die Flucht der Kinder, Frieda, Frühling 1929

Sie lagern im Wald, das ist wahr, aber nur für diese Nacht. Sie, Frieda, geht in die fünfte Klasse. Sie ist das älteste von vier Mädchen – sie hat drei Schwestern und zwei Brüder. Von vorn, natürlich, der Reihe nach: Franz ist der Älteste, 13. Dann kommt sie selbst – Frieda, 11 Jahre alt, das Trudi, 10, dann To – also Toni, 8, Rosa und Gritli, Zwillinge, 4 1/2. *Abgesehen von den Zwillingen, die sind noch zu klein, gehen wir alle zur Schule*, sagt sie, und fast hätte sie den Ort genannt, den sie doch bestimmt verschweigen soll, außerdem haben die Männer nicht danach gefragt, auch nach dem Berti haben sie nicht gefragt. *Unsere Cousine passt auf uns auf*, erklärt Frieda gleichwohl, damit sie alle jeden Tag in die Schule gehen, auch wenn die Eltern nicht da sind. *Sie können den Lehrer fragen*, sagt Frieda. Und sie beginnt zu weinen, sie kann nicht anders. Die Tränen kommen stoßweise, sie bringt nicht hinaus, was doch wahr ist: Schon als das Berti noch nicht bei uns war, sind wir immer alle sauber gekleidet zur Schule gegangen. Darauf hat sie geachtet, Frieda.

Sie hat es doch gesagt, herausgepresst. Sie hört, dass es gelogen klingt. In den Augen von einem der Männer sieht sie, wie gelogen es klingt – sie schreckt auf, die Augen ganz nass, dass sie gar nichts sehen kann.

Sie lagern im Wald. Sie hat geträumt. Sie liegt auf trockenem Holz.

Das Fuhrwerk haben sie am Weg stehen lassen.

Der große Bruder wacht. Er hat sie abgelöst, sie solle noch etwas schlafen, hat er gesagt, bald komme der Morgen. Ihre Beine sind starr. Trudi und die Kleinen schlafen ineinander verschlungen. Frieda rückt Rosis kompakten kleinen Körper etwas vor, breitet sich auf Franz' Schlafplatz aus, sucht die Wärme des Bruders, der jetzt wacht. Frieda setzt sich auf, der große Bruder schaut her. Nein, es ist nichts. Sie legt sich wieder hin, schiebt Rosas Knie vom Bauch.

Der Schrecken will nicht weichen, obwohl es doch nur ein Traum gewesen ist. Und Franz wacht, er hat Arga bei sich, die Uniformen gegen den Wind riechen kann. Sie streichelt Rosas Knie, so klein, so fein, Rosi hat die Decke von sich geworfen, über das Trudi hinweg auf ihre Zwillingsschwester, die auf der anderen Seite der Holzpalette an Trudis Rücken klebt, an den Rand gedrängt, Schweißperlen auf der Stirn. Frieda löst die Decke von der zarteren, dunkleren der Zwillingsschwestern, zieht Trudis Becken zur Mitte hin, so dass die Kleine folgt, auch sie sicher auf trockenem Holz gebettet. To schläft am Kopf der Mädchen, ein Schweif, der Arm ausgestreckt, die Hand in Rosis Haar.

Gut, dass Tos Palette auf dem Wagen lag.

Mutter hatte sie wegschaffen wollen. Wer weiß denn, sagte sie, woher die stammt.

Toni war mit dem Ding angekommen, kurz nachdem sie ins Haus am Hang eingezogen waren. Als Mutter den Untersatz sah, erbleichte sie. Blass vor Schreck und Zorn, hat sie To an der Schulter gepackt, vor Schmerz verzog er das Gesicht. Mutters Atem flatterte. Wo hast du das her? Es ist gefährlich! Ihre Stimme zersplitterte. Mutter hatte ihnen verboten, am Wegrand

Blumen und im Wald Beeren zu pflücken, verboten, auch nur einen einzigen Maiskolben aus dem Feld zu brechen, verboten, die Abkürzung über die Weide zu nehmen, das Gras zu zertrampeln, im Kornfeld Verstecken zu spielen. Verboten, gefallene Äpfel vom Boden aufzulesen. Manch einer wartet nur darauf, Kinder! Selbst ein vierblättriges Kleeblatt am Wegrand zu pflücken war ihnen bei Strafe verboten, es sei denn, der Bauer hätte es ihnen erlaubt. Welcher Bauer erlaubte sowas. Es ist gefährlich, drohte Mutter, die sich früher darum nicht geschert hatte, warum denn auch. Nun sollen sie nicht mehr singen an den Fastnachten, auch das nicht, das sowieso nicht. Ja nicht singen!, keine Verse vortragen, nichts darbieten, und auf gar keinen Fall betteln. Zur Schule jeden Tag. Sonst holen sie euch.

Mutter hatte, ohne Vater zu fragen, das Berti kommen lassen, damit sie ordentlich geputzt zur Schule gehen, wenn Vater und Mutter zum Musizieren im Luzernischen sind. Die Cousine kümmert sich um die Kleinen, während die Großen, *auch du, Frieda,* hatte Mutter erklärt, zur Schule gehen. Jeden Tag!

Die neue Saison steht an, die Eltern haben ein festes Engagement.

Das Engagement, das Häuschen am Hang, das Berti, die Schule, es geht uns gut, sagt Mutter. Nie ist es uns besser gegangen.

To hatte die Palette unter dem Vordach platziert, regengeschützt.

Mutter umklammerte seine Schulter. Toni erklärte, die Palette habe am Lagerplatz über dem Bach gelegen, im Wald. Durchreisende hätten sie zurückgelassen, Jenische. Die brauchen sie nicht mehr, wollen sie nicht mehr, hatte To erklärt, den Blick störrisch in Mutters Augen gebohrt, du kannst mir den Arm brechen, ich weiß, dass ich im Recht bin. Dann aber doch wankend plötzlich: wegen Mutters Tränenblick. Sie starrte ihn an, lockerte den Griff nicht.

Mutter!, bat Frieda. Der Untersatz hat durchreisenden Jenischen gehört! Sie haben ihn zurückgelassen.

To soll sich nicht immer bei den Jenischen herumtreiben, sagt Mutter. Er streift gern herum, sitzt gern bei Jenischen, spricht insgeheim noch immer Jenisch, obwohl sie es doch nicht mehr reden sollen. Es könnte sie jemand hören. Und die Palette hat er mitgebracht, weil er lieber draußen schläft. Im Haus ersticke er, kriege keine Luft, ganz besonders im Frühling, ob die Fenster nun offen sind oder geschlossen, die Tür offen oder zu. To will draußen schlafen, einzig die Hündin an seiner Seite, seine Arga.

Nun schläft er, ein Schweif am Kopf der Schwestern, auf seiner Palette im Wald, die Nase in Rosas Haar.

Arga, Franz zu Füßen, hat sich auch hingelegt, zuckt mit den Läufen.

Franz wacht. Auf ihn ist Verlass.

Frieda streift eine Socke über Rosas Füßchen. Um den Glanz abzudecken, Licht fällt auf Rosas weiße Ferse.

Zwischen den Wipfeln hoch über ihnen klafft eine tischtuchgroße Öffnung, der Himmel hell.

Nur hier unten ist es düster. Mit Ausnahme des Lichtkegels auf der Ferse der Schwester.

Es ist eine helle Frühlingsnacht draussen auf den Feldern, die Wolkenwand weitergezogen, dorthin, wo die Eltern sind, die nachkommen werden. Bald, so bald wie möglich.

Franz kennt die Lagerplätze bis in die Innerschweiz hinein. Frieda schreckt hoch. Die Axenstraße! Der Gedanke reisst ihr eine Kuhle in die Brust. Sie fasst sich an den Hals, die Brust, spürt nichts als das Pochen des Herzens. Wie sollen sie, einmal in der Innerschweiz angelangt, je über jenen Flaschenhals hinauskommen?

Wer in den Süden will, muss dort hindurch. Es gibt keine Schleichwege. Auf jener Straße, hatte Franz gesagt, wird vielleicht eine Gebühr eingezogen. Wie viel mag das sein? Selbst wenn Mutter ihm genug zugesteckt hat:

Wir sind Kinder.

Franz ist erst 13.

Sie werden uns nach den Eltern fragen.

Frieda will es gleich mit Franz besprechen, stützt sich auf die Ellenbogen, legt sich wieder hin.

Was können sie denn anderes tun, als weiter in Richtung Gotthard zu laufen.

Es gäbe jenen anderen Pass über die Alpen, der nach einem Heiligen oder einem Hund heißt. Doch sie dürfen keinen anderen Weg einschlagen, wie sollen denn die Eltern sie sonst finden.

Noch nie hat Frieda eine so laute Nacht erlebt. Die Dunkelheit ist nicht leiser geworden, seit sie nicht mehr wacht und verantwortlich ist, Gefahr zu erkennen aus der Mitte der Geräusche. Zweige krachen, von Stiefeln niedergedrückt. Irgendwo fliegt ein Vogel auf, aufgescheucht von einem Nachttier, Luchs, Fuchs. Nicht lauter als sonst, aber näher. Gleich hier, neben ihr, wird das Gebüsch von gewaltigen Armen zerrissen. Es ist nichts, nur der Wind. Als sie wachte, war es schlimmer. Frieda hörte Räder rollen, Hufe aufschlagen, Nüstern blähten sich, sie hörte Hunde hecheln, vernahm ein Flüstern, Zischeln, sah Augen auf sich gerichtet, wusste, es waren Tiere, und fürchtete sich doch. Als stünde dort ein Mann in Uniform. Nun scheint ihr, dass das Pferd zittere. Es ist keine Täuschung: Die Pferdebeine flattern, glänzen, kalter Schweiß bedeckt die dürren Beine.

Frieda beruhigt das Gritli, bläst jenen Ton, der nach Wind klingt, die Kleine wimmert. Frieda legt ihr die Fingerspitzen auf die Stirn, zu mehr reicht es nicht, das Gritli liegt zu weit weg. Über Trudi und das Rosi hinweg schlüpft das Gritli, geschmeidig, wie es ist, behände in ihre Arme, und Frieda spricht, erschrickt, wie dünn die Stimme ist: *Das Pferdchen träumt, Kind, schlaf,* spricht Friedas furchtsame Stimme fremd, *bald kommt der Morgen, bringt uns die Mutter, den Vater, das Berti.* So flüstert sie. Die Pferdebeine werden ruhig. Die Geschwister schlafen reglos, dahingerafft wie gemähtes Gras. Die Nacht, lau, schon morgenblass. Ob das Berti auch nachkommt? Frieda wird Franz nicht fragen, ob er weiß, was ausgemacht war mit dem Berti, wann sie zurückkommt – so etwas weiß Franz nicht. Was hatte Mutter gesagt? Die Cousine beim Onkel zu Besuch. Hilft dort aus. Ein paar Tage wollte Berta wegbleiben, was weiß ich. Das Berti, durchzuckt es Frieda, wird zurückkommen vom Besuch, vor dem Häuschen wird sie stehen, der Zürichsee unten wird blau schimmern, als wäre nichts, doch Berta wird die Leere spüren – da ist nichts als Stille. Sie wird auf dem Weg zum Haus stehen bleiben, noch bevor sie einen Fuß auf den Vorplatz setzt, stutzen, sie wird rufen, und niemand wird antworten. Verlassen steht das Haus am Hang. Der Heuwagen nicht da. Der Gaul weg, der Hund weg.

Der Suppentopf auf dem Küchenboden ausgeleert. Die Katze stiebt davon, das Berti stößt die Tür auf.

Hinter ihr, aus dem Nichts, werden die Beamten auftauchen, ihr den Weg aus dem Haus versperren, sie nach den Kindern fragen. An ihrer statt werden die Polizisten das schöne Berti mitnehmen. Es verdingen. Niemand wird je erfahren, wo. Die Palette hatte vielleicht doch dem Bauern gehört. Die Jenischen hatten sie ihm *tschoret – Jenisch für gestohlen*, denkt Frieda trotzig.

Der Bauer hat sie angezeigt.

Oder eines von uns hat, gedankenverloren, ohne es wahrzunehmen, einen Apfel vom Ast gedreht oder vom Boden am Wegrand aufgelesen. Noch fallen keine Äpfel. Es ist Frühling.

Wir haben nichts getan. Am liebsten würde Frieda singen, leise, sehr leise nur, traut sich nicht. Sind Uniformierte in der Nähe, weist das Lied ihnen den Weg. Sie singt leise, sehr leise.

3

Nirgendwo gefällt es Frieda besser als in Lugano, Sommer 1930

Nirgendwo gefiel es Frieda besser als in Lugano. Es war der zweite Sommer im Tessin, und Vater hatte eine Anstellung gefunden, sie logierten in einem edlen Hotel. Friedas blaue Augen lächeln, wenn sie erzählt.

Im kastanienbestandenen Park spielen sie zum Nachmittagstee auf. Vater am Schwyzerörgeli, Mutter am Kontrabass, und auf der Bühnenmitte, vor der Palme: Franz an der Klarinette. Gerade hält er sich, wie Mutter. Steht wie ein Pfeil. Ganz anders als sie, Frieda, von der die Großmutter sagt, dass sie in dieser Beziehung eher nach dem Vater kommt, der sich beim Spielen über das Instrument beugt, wie um ein Kind vor dem nahenden Unwetter zu schützen. Nur wird sie, Frieda, ja hier kein Instrument spielen, *hörst du, Oma Diez*, denkt Frieda mit aller Kraft, presst die Augen zusammen, um sich weit fortzuwünschen zur Großmama, ist ja noch keiner da, und dort, weit weg, ist das Grosi Diez und wartet. *Und ich werde kerzengerade auf der Bühne stehen.* Trudi und ich, berichtet Frieda ihrer Großmutter in Gedanken, werden zum Auftakt mitsingen, später die Gesangseinlage geben. Wir tragen Innerschweizer und Berner und nun sogar zwei norddeutsche Lieder vor. Die vornehmen Gäste an den Tischchen sind entzückt, der Hoteldirektor, stets im Hintergrund irgendwo, zufrieden.

Uns geht es gut.

Wie geht es dir?

To und die Zwillinge, erklärt Frieda der Großmutter, sind mit dem Berti zum Fischen an die Landzunge unterwegs, wo wir am Abend den Fisch über dem Feuer braten.

Mutter sagt, sie habe dem Grosi geschrieben. Dass es uns gut geht. Wo sie sind, darf Mutter nicht schreiben, weil ja jeder so eine Karte lesen kann. Wir essen frischen Fisch, über der Glut gebraten, dazu Tomaten, liebes Grosi. Immer auch eine Polentascheibe, wie die Tessiner sie essen, salbeibestreut, etwas Salz, etwas Knoblauch. Die Salbei im Salz kurz über dem Feuer knusprig gebraten. Polenta ist hier wie die Kartoffel bei uns, Polenta essen die Leute jeden Tag. Wir dürfen sie aus der Hotelküche mitnehmen, manchmal auch Weißbrot. Ein Brot, so luftig, Omi! Die Ticinesi backen ganz wunderbares Weißbrot.

Fisch gibt es nun reichlich, da wir zwei richtige Angelruten und ein Netz besitzen. Am Vortag hatte Mutter das Berti angewiesen, mit To und den Zwillingen, damit die etwas lernten, statt zum Fischen vorzugehen, am hintersten Tisch Platz zu nehmen. Toni im Hemd mit Kragen, das Haar akkurat gescheitelt nach hinten gekämmt, die Mädchen im Rüschenkleid, Geschenk des Direktors. Aufgemacht, als wären sie Hotelgäste und das Berti die Zofe der Kinder, sind sie zum Teekonzert erschienen. Doch Vater, kaum dass sie saßen, hob den Blick vom Instrument, als sei ihm Angebranntes in die Nase gestiegen, und das Berti erkannte sofort, was zu tun war. Sie ist aufgesprungen, hat die Mädchen von den Stühlen gerissen, To, der sich widersetzte, von seinem Platz gezerrt. Der Vater wollte die Kleinen nicht dahaben. Was sie, Frieda, nicht verstehen kann, bleibt der Tisch ganz hinten doch stets leer. Weil niemand zuhinterst Platz nehmen will, vielleicht. Oder vielleicht weil ein verzweigter Ast den hintersten Platz überdacht und jene scharlachroten Blüten die Kleider der Gäste streifen, einen Kragen bestäuben könnten, einen Hut. Zum Tee wie zum Essen tragen die Gäste stets Weiß. Die Damen, besonders die rothaarigen, mit manchem rosa Tupfer, hie und da flattert ein blassgrünes Foulard von einer bleichen Schulter, und zumindest eine Dame gibt es an jedem Tisch – bis auf den Blütentisch ganz hinten, der leer bleibt. Dort könnten die Kleinen nun sitzen, wenn Vater nicht so stur wäre. Sie würden nicht stören. Mag sein, dass das Berti auffiele. Nur schon, weil es so adrett ist, sinniert Frieda, während der Kellner, der nette, an einer Tischdecke zupft, ein Kuchentellerchen vorrückt, die Teetasse nachschiebt und wieder etwas zurück. Während Mutter im Schatten der Kastanie ohne Blick für niemanden ihr Instrument stimmt; Vater, der Kapellmeister, als Letzter der Musikanten die Treppe zum Garten herunterkommt; Trudi nach dem vergessenen Textbuch rennt; Franz ihr etwas hinterherruft; und sie selbst, Frieda Huser, Sängerin, und ein paar Stücke könnte sie durchaus auf der Laute oder Mandoline begleiten (wenn Vater nur nicht so streng wäre!), artig vor dem noch nicht versammelten Publikum knickst, wie Großmutter Diez es ihr und Trudi fürs Singen an den Fastnachten beigebracht hat. Die Leute, ob in Zürich oder Uster, fanden das süß, und wer konnte, gab zum Schluss eine Münze mehr in die Sammelbüchse.

Frieda weiß schon gar nicht mehr, wie die Großmutter aussieht.

Das zweite Jahr sind sie nun schon im Tessin.

Ob der Lehrer sich noch an sie erinnert? Wo er sie doch sehr gelobt hat, wie alle immer picobello gekleidet zum Unterricht gekommen sind. Er wisse sehr wohl, sagte er, wessen Werk das sei. Auch dass der kleine Bruder schon am ersten Schultag habe lesen können, sei ihr Verdienst, meinte er, obwohl Toni sich das ganz allein beigebracht hatte, was sie dem Lehrer jedoch verschwieg. Frieda horcht nach dem schlechten Gewissen: verflogen.

Was mag mit den Zeugnissen geschehen sein?

An ihrem Platz, in der Schulbank neben Esther, ihrer Freundin, wird ein anderes Mädchen sitzen.

Die erste Zeit ist schwer gewesen im Tessin, wo sie fremd, die Menschen arm und die Wege überflutet waren. Die Erde wollte das viele Wasser gar nicht mehr aufnehmen. Der Frühling ertrank im Schlamm, und sie selbst fanden keinen Unterschlupf. Und wie sollten sie auch musizieren im Dauerregen, wie Handel treiben, wenn man die Sprache nicht spricht, keine Geschichten erzählen kann, so dass die Leute kaufen, was man anzubieten hat.

Als sie über den Gotthard hinweg waren, mussten sie die Ortschaften nicht mehr meiden. Aber in den Dörfern herrschten der Regen, ohne Ende, und das Elend, das alteingesessen schien. Manche Weiler waren lange schon verwaist, sie öffneten Türen verlassener Häuser. Es gab nichts zu essen, es schien, als wären die Igel ertrunken, die Vögel fortgeflogen. Mutter und das Berti erfragten den Weg nach Magliaso. Sie klopften an Türen, die Zwillinge im Arm, je eine Blume im Haar. Es war schwierig, die Gesichter sauber und die Kleider in Ordnung zu halten. Sie blickten in alarmierte Gesichter, Augen voller Furcht oder Abscheu, manche böse Stirn, ein Knüppel in beiden Händen oder eine Axt. So wurden sie abgewiesen. Doch da war auch die Signora, die sie zu einer Mühle führte, wo sie im Dachzimmer unterkamen. Einer wies ihnen den Weg zum Kloster. Am Morgen brachten zwei Nonnen Milch, und beide pflichteten der Mutter bei, dass sie nirgendwo anders als nach Magliaso gehen sollten. In den Heimatort. Geht heim, wo ihr hingehört. Auch hier hörten sie das. Jedenfalls klang es so, wenn einer, statt sie anzuhören, sich wegdrehte auf der Straße – die Leute sprachen einen Dialekt, den sie erst gar nicht für Italienisch hielten. Es klang eckig, rau, anders als die Sprache, die sie von den italienischen Maurern und Architekten an den Richtfesten kannten, wo die Eltern aufgespielt hatten. Vater und das Berti verstanden ein paar Brocken; der schickt uns zum Teufel, übersetzten sie, oder eben dahin, wo wir herkommen. Dahin sind wir unterwegs, liebe Leute, antwortete Mutter, die mit jedem laut und deutlich in ihrer eigenen Mundart sprach: nach Magliaso. Da kommen wir her, so steht es geschrieben, auf dem Papier, das sie mitführen – ihr wertvollstes Gepäck. Bürgerort: Magliaso/TI. Wobei das TI für Ticino steht, Tessin. Wir sind heimatberechtigt durch Abstammung in einem Dorf namens Magliaso, das im Tessin liegt, unserem Heimatkanton, ihr Leute. Hat doch jeder Mensch seit Menschengedenken eine Herkunft, das ist ein Ort, und der liegt dort, wo die Altvorderen gewachsen und verwurzelt sind. So ist das.

Aus dem Heimatort kann niemand nicht vertrieben werden, sagte Mutter. Und dort nehmen sie einem die Kinder nicht weg. Denn dort gehört man hin, dort sind wir keine Fremden und keine Fahrenden.

Drum bleiben die meisten Leute da, hatte Franz im Ton des Wissenden erklärt, als Mutter sich dem Pferd zuwandte. Sie fuhr fort, es am Hals zu streicheln und zu kraulen. Aber auch Mutter hörte zu. Sie verzichten auf die Reise, um nie vertrieben zu werden, bleiben in ihrem Magliaso, wo auch immer ihr Magliaso liegt, in welches magere Handwerk auch immer sie geboren werden, in welche Knechtschaft, welches Elend.

Es war ein armes Dorf, nicht weit vom Luganer See, dem kleinen der beiden Tessiner Seen, an der Grenze zu Italien. Und was auch immer die Leute angebaut hatten, es erstickte im Schlamm. Das Dorf versank im Dreck, während es weiter regnete, als hätten die sieben mageren Jahre begonnen. Die Leute sagten, das sei normal, in diesem Jahr vielleicht etwas anhaltender als sonst. Wer laufen konnte, fand sich in der Kirche ein, die etwas erhöht auf einem Hügel stand. Dicht aneinandergedrängt hielt man sich warm, auch nachts, und aus den Beichtstühlen stöhnten die Seelen der Sünder. Oder es waren die Ratten, die ja auch nicht wussten, wohin. Sie selbst lagerten auf der hintersten Kirchenbank, von der sie eine Bettlerin und ihr blödes Kind vertrieben, ein Bursche, der ein paar Brocken Deutsch sprach und mit dem sich To bald anfreundete. Im Dorf standen viele Häuser leer – wer jung genug war, war ausgewandert nach Italien und Spanien, die Mutigsten nach Amerika. Ihre Toten waren auf dem überschwemmten Friedhof zurückgeblieben. Je nach Windrichtung drang der süßliche Gestank bis in die Kirche.

Als die Sonne die Wolken wegbrannte, wurde ihnen ein Steinhaus zugewiesen. Es war feucht. Vater fand jemanden, der ihm auf Kredit das Dach flickte, und Franz half. Sie, Trudi und To besuchten Morgen für Morgen die Dorfschule, wo sie erst nichts verstanden, selbst To nicht, obwohl der von seinem Freund, dem Idioten, schon einiges gelernt hatte, doch offensichtlich nicht die Sprache des Lehrers. Der sprach Mundart. Oder dann in Versen. Eine schöne Geschichte, Geschichte eines Jenischen erzählte er. Sie handelte von einem Reisenden, der in der Mitte seines Lebens, so berichtete To am Abend, die Orientierung verlor, *stellt Euch vor*, und vom Weg abgekommen, in eine unbekannte Welt geriet, dort vor einem Tore stand. Genauso sagte er, Tore, nicht Tor. Und obwohl der Jenische, als er eintrat, alle Hoffnung zurücklassen sollte, würde die Geschichte gut ausgehen, versicherte To. Der Lehrer habe es ihm verraten. Mutter drohte, dass sie weggesperrt würden, wenn sie statt zum Unterricht an den See oder in die Wälder liefen. An den Nachmittagen fischten sie mit Ruten aus dem Kastanienwald vom Seeufer aus. Der Pfarrer wies die Mutter an, Körbe zu flechten, denn das sei ihre angestammte Berufung. Sie ruinierte sich damit die Hände. Die waren dann nicht mehr gut für den Kontrabass. Körbeflechten, Kessel ausbeulen, Schirme flicken, hatte der Dorfpfarrer ihr zur Auswahl gegeben – wie man Kessel ausbeulte, wusste Mutter nicht, und Schirme gab es kaum im Dorf. Die Körbe wollte ihnen dann keiner abnehmen, nicht für Geld. Die Tessinerinnen flochten ihre Körbe selbst.

Mais erbettelten sie sich. Wenn ihnen ein größerer Fisch ins Netz ging, tauschten die Kinder Kastanienmehl ein. Die Kleider hingen ihnen in Fetzen vom Körper. Schuhe hatten sie keine, doch das machte nichts – die anderen Kinder liefen auch barfuß herum. Beinah hätten sie die Instrumente verkauft. Doch wem? Ein Mann aus der Gemeinde interessierte sich für die Klarinette, doch zum Glück behagte ihm das Mundstück nicht.

Hier in Lugano belegen sie zwei Zimmer unter dem Hoteldach, ach!, und wenn das Wetter nachts auf die Ziegel trommelt und an den Fenstern zerrt, liegen sie trocken im warmen Klüngel auf Matratzen. Am Morgen ist der Regen vorbei, der Himmel blau.

Wenn das Hotel aus dem Mittagsschlaf erwacht, tragen sie ihre Instrumente die Treppe hinunter, in den Park. Hotelgeräusche mischen sich in das Grillenzirpen, Stühle rücken, Türme von weißen Kissen werden auf die Sessel verteilt.

Vor den Tischchen unter den gestutzten Kastanien steht ein kleines Podest. Die Plane, die das Podium vor dem Morgentau schützt, wird jeden Tag neu eingeholt, wie ein Netz. Es erscheint ein königsblauer Filzboden: ihre Bühne, leicht erhöht, auf Paletten – genau wie Tonis Untersatz damals, doch hier sind es acht Paletten, im Quadrat von vieren aufeinandergeschichtet, dass sie ein Himmelbett abgäben, stünden sie draußen im Wald – weißt du noch, To, hatte Frieda gesagt und den kleinen Bruder an sich gedrückt, als sie das Podest zum ersten Mal aufbauten.

Noch bevor sie auf die Bühne treten, Vater, der Kapellmeister, sich auf den Stuhl setzt, den Frieda ihm vorangetragen hat, erstarren die Gesichter der Musiker zur Maske. Ausdruck der Konzentration, sagt Oma Diez. So ist das in der Volksmusik. Alle Bewegung geschieht im Innern, fließt aus den Fingern ins Instrument. Volksmusik ist eine ernsthafte Darbietung, die Würde verlangt. Man ist ein Musikant unter vielen Vorangegangenen, Nachkommenden, trägt Schweizer Volksgut vor, spielt Tanzmusik, Seelenmusik, Walzer, Ländler, jene weichen Weisen aus lieblichen Klängen wie beim Sonntag auf der Alp. Fernes Glockengeläut von Kleinvieh, Ziegen blöken, Summen von Bienen, Brummen von schwereren, dunkleren Insekten, irgendwie hierhergetragen aus wärmeren, flacheren Gefilden, wo die Seen zum Meer werden. Mit Vögeln vielleicht waren von weit her die Falter gekommen, und ein Mädchen fern singt ein Lied, ein Bursche bläst die Melodie ins schroffe Tal, aus dem es widerhallt. Das ist der Schottisch. Es folgt der Ländler. Die Häuser näher jetzt, in Hörweite das erwachende Dorf, die Glocken schwer, läuten von Kirchtürmen, Kuhhälsen, Ziegennacken. Auf Wunsch spielt die Kapelle auch einen Marsch.

Sie spielen den Hotelgästen das Repertoire, mit dem Vater in der Innerschweiz aufgetreten ist, die Frau an seiner Seite rank am Kontrabass und so groß wie er: Mutter, nach der sie, Frieda, benannt ist. Wie Franz nach dem Vater heißt. Die drei tragen ihre weißen Sennenhemden, Schweizerkreuz an jeder Brust, Franzi hat außerdem eine Zipfelmütze wie vom Geißenpeter auf dem Kopf und seine Hose gibt die starken Knöchel frei, ist er doch in die Höhe geschossen in diesem guten zweiten Jahr im Tessin. Er steht reglos bis auf den Fuß, der den Rhythmus klopft. Seine Füße stecken in festen Lederschuhen, Männerschuhen, auf die er stolz ist wie ein Pfau. Hätte er einen Federkranz, er würde ihn auffächern, hier bin ich, seht her, ich bin der Franz im Männerschuh. Sobald sein Einsatz kommt, ruht auch das Bein. Denn wie die Gesichter erstarren beim Vortrag auch die Körper der Musikanten. Franzi bläst souverän vom ersten bis zum letzten Ton. Aber immer in derselben Lautstärke, denkt Frieda – da muss er noch dazulernen, Mutter hat Recht. Jetzt, da sein Part zu Ende ist, jauchzt Frieda Huser senior (die Maske starr wie zuvor, nur am Hals eine Schwellung), und dann: und dies nun ist Mutters extravagante Kapriole – einer Laune im Hotelgarten entsprungen, wie Vater sagt, die sie nicht so schnell ablegen wird, wohin die Reise uns auch führen wird: Sie lässt den Kontrabass mit Schwung ein paar Runden um sich selbst drehen. Was die Hotelgäste auch dieses Mal fröhlich stimmt. Mutter jodelt auch, dies strikt nach Tradition, so hört es sich jedenfalls an, obschon sie doch ein Stadtkind ist, Mutters Vater Straßenbahnschaffner, und Mutters Mutter, Oma Diez, aus dem Deutschen stammend, eingewandert, ja. Die gemischte Herkunft stört nicht, sie hat als Jodlerin Preise gewonnen, was neue Engagements einbrachte in der Zeit, als es begann, ihnen besser und besser zu gehen.

Deshalb vielleicht sind die Beamten auf uns aufmerksam geworden?

Es ist lange her. Bald zwei Jahre, dass sie im Wald allein auf die Eltern gewartet haben, die dann noch in derselben Nacht eingetroffen sind. Die Kleinen sahen verschreckt, wie Mutter und Vater und das Berti heulten.

Das Berti war, dem Himmel sei Dank, gerade noch rechtzeitig zurückgekommen. Und zu dritt waren sie unverzüglich aufgebrochen, hatten dann den Wagen am Wegrand stehen gesehen – und so haben die Eltern uns gefunden und brachten das Berti mit.

Gemeinsam machten sie sich auf den Weg, bis an der Axenstraße ein Mann im Weg stand.

Als hätte er auf sie gewartet. Franz stoppte erschrocken das Pferd. Das ist doch der Aschwanden Michael, erklärte Mutter dem Berti, der Fotograf von Seelisberg, der sie schon beim Wettmusizieren fotografiert hatte. Die Kinder wussten nicht, war es aus Furcht oder aus Stolz, dass der Vater dem Mann gutes Geld in die Hand zählte. Sie sollten sich aufstellen, gleich hier, ja, in der Straße. Der Fotograf dirigierte die Frauen auf den Wagen, als wäre es eine Kutsche, die großen Mädchen an die Zügel des Pferds, To wurde auf den Rücken des Gauls gehoben, das Akkordeon dazu. Er legte die Rechte an die Knöpfe des Instruments, als wäre es seins. Der Fotograf verschwand unter dem schwarzen Tuch, und alle sahen zu ihm hin.

Das Foto, erklärte er, als er wieder aufrecht auf der Straße stand, würde sein Neffe ihnen gleichentags bringen – sie konnten weiterziehen, der Junge würde sie einholen auf dem Rad. Später könnten sie Postkarten nachbestellen. Per Brief oder Fernsprechgerät – man brauchte nichts als eine Zustelladresse. Postkarten sind die beste Werbung für eine Musikkapelle, was Vater, wie um sich kundig zu zeigen, bestätigte. Jedenfalls konnten sie ihren Weg fortsetzen.

Seitdem trägt Mutter die Abbildung ihrer Familie, der die Flucht gelang, in der Rocktasche zwischen den Deckeln eines Buchs.

Für eine Postkarte, befand sie, eignet sich die Aufnahme nicht – wegen der Alltagskleider und der schlechten Schuhe. Aber sie liebt das Foto.

Das sind wir, Kind, sagt sie zu ihrer ältesten Tochter staunend. Die ganze Familie auf einem Bild.

Weitere Gäste kommen im hellen Gewand zum Tee, die Gesichter gepudert, das Kopfhaar behutet, setzen sich in den Schatten der Kastanien. Die Tische unter dem weißen Sonnensegel sind schon besetzt. Es sind alles Engländer. Das einzige deutsche Paar sitzt wie immer ganz vorn, auch das Kind im Rollstuhl ist da. Zu Beginn des Sommers hat der weiß gelockte Mann sie, Frieda, zu sich gewinkt, ihr ein Liederbuch mit norddeutschen Weisen geschenkt, das er selbst aufgeschrieben hat, auch die Noten, die Frieda jedoch nicht lesen konnte – der Hoteldirektor hat sie ihr vorgesummt, und sie hat die Melodie der Familie beigebracht, denn das Schwyzerörgeli und der Kontrabass begleiten, und die Klarinette spielt den Refrain mit. Frieda und Trudi werden heute zwei Lieder aus dem Buch vortragen. Die Engländer schieben winzige Kuchen in den Mund und blicken freundlich. Manche setzen ihre Zwicker auf, andere spähen über die aufgesetzten Brillengläser hinweg. Trudi und sie, Frieda, nehmen auf dem kleinen Holzpodest Aufstellung. Einander leicht zugewandt, Gewicht auf beide Füße, wie Großmama Diez es ihnen beigebracht hat. Großmutter kennt mehr Lieder als Mutter. Oma Diez ist eine wunderbare Sängerin, mit einer eher dunklen, aber kühlen Stimme wie Trudi, sicher auch in den unteren Tönen, wo Frieda nun Fortschritte macht. Wenn Großmutter sie nur hören könnte!

Die vornehmen Dicken an den hinteren Tischen lehnen sich zurück, die Damen im Baumschatten schieben ihr Kinn vor, und der Norddeutsche mit dem Haarschopf eines Konzertmeisters verschränkt die Arme, nun, da Trudi und sie zu singen beginnen. Sie tragen die Schürzenkleider, die Franz kurz vor dem Tag, als sie fliehen mussten, fürs Schulfoto besorgte. Aufgebügelt sehen die Stücke aus wie neu. Friedas Haar ist frisch onduliert, vom Seitenscheitel weg in weiche Wellen nah an die Kopfhaut gepresst. Jetzt sind wir eine Familienkapelle, sagte Franzi, als er sie so sah. Eine Spange verhindert, dass eine Locke in die Stirn fällt, denn anders als Franz, wenn er bläst, wippen Trudi und sie beim Singen leicht mit, fast unmerklich hier, verhaltener als an den Fastnachten, denn hier stehen sie vor Hotelgästen und einem norddeutschen Dirigentenpaar, Konzertmeisterpaar, mit Enkelin, ein Kind im rollenden Stuhl. Und am Ende des letzten Lieds werden sie, wie in Großmutters Küche einstudiert, ihre fessellangen Röcke aufeinander zuschwingen – hier allerdings nur andeutungsweise, ist doch nicht klar, ob sich das schickt im Hotelpark. Zum Schluss werden sie die mädchenranken Nacken neigen, so, als wollten sie die Köpfe aneinanderlegen (wie in Großmutters Küche nur angedeutet, wie ein Handkuss, hatte Omi gesagt und geklatscht, als es gelang). Frieda ist glücklich, fühlt sich schön an der Seite ihrer Schwester auf dieser Bühne im bewegten Schatten der Zweige, im Wind vom nahen See. Sie singen besser denn je, scheint ihr, inniger, auch etwas vornehmer vielleicht (Vater wird sagen: *Warum habt ihr denn so leise gesungen? Wie sollen wir Euch denn hören so?* Aber er wird sich von Mutter besänftigen lassen, denn den Engländern, das sieht auch er, gefällts.). Auch dem norddeutschen Maestro gefällt es, für den sie auf Geheiß des Hoteldirektors das Stück einstudiert haben – ein Lied in Plattdeutsch, das sie zwar lesen, teilweise auch verstehen, dessen Aussprache ihnen jedoch nicht klar ist. Selbst der Direktor wusste keinen Rat. Der kann zwar Noten lesen, sie leidlich vorsingen, spricht aber nur rudimentär Deutsch und findet die Aussprache der Wörter auch gar nicht wichtig. Die Melodie sei wichtig. Und so passen Frieda und Trudi die plattdeutschen Wörter in die Klangfolge ein, wie Vater sie auf seinem Instrument wiedergibt. Zum Auftakt (zum Abschluss beginnt alles nochmals von vorn) singt allein die kleine Ziehharmonika, ein Klang wie aus der Ferne, dass jedermann die Ohren spitzt, wie vom Zauber gebannt einhält in seinem Tun (keinen Kuchen mehr in den Mund schiebt), dann, wenn die Sinne offen sind, setzt mit kurzen Strichen, fast wie gezupft (Mutter hat sich eine Grundierung ausgedacht), der Kontrabass ein. Und Frieda und Trudi, getragen von Mutters entschlossener zweiten Stimme, singen die letzte Strophe, während Vaters Linke, die Bassgeige unterstützend, auch der Klarinette den Boden bereitet, und Franz bläst die Melodie mit einer kleinen Variation (er liebt Schnörkel, und diesen lässt Vater durchgehen) – bis zum Abschluss die Mädchen (und Mutter am Bass mit langen Strichen) die Eingangspassage wiederholen werden.

Bevor das Lied auf Plattdeutsch hinzukam, übten sie ihr Repertoire morgens auf der Lichtung am See, wo Toni eine betörende zweite Stimme auf Schilfrohren, einmal auch schrill auf einem fleischigen Blatt mitblies, das ihm dann aber wie ein frisch geschliffenes Messer in die Unterlippe schnitt. Berti wusste nicht, wie sie das Blut stillen sollte, bis Vater seine Orgel hinstellte und Toni eine knallte. Auf der Lichtung am See konnten sie bald nicht mehr üben, denn das Stück sollte des Direktors Überraschung für den Konzertmeister sein, und das Wasser hätte den Klang bis zur Promenade getragen, wo das Künstlerpaar das Kind im Rollstuhl spazieren fährt. Der Meister sollte es erst hören, wenn es perfekt ist.

Nun tragen sie es vor, im Hotelpark, den Gästen zum Tee.

Hinter den Hecken am Rand des Hotelparks stehen die Einheimischen.

Frieda singt die Schlusspassage, exakt die Stelle, wo sie die Stimme senken soll. Friedas Ohr lehnt sich an Trudis sicheren Gesang an, ihr Blick hält sich am roten Blütenzweig über dem leeren Tischchen fest. Von hinten stützt Mutter. Es gelingt. Ihr hüpft das Herz, der Blick nun in Trudis lächelnden Augen – ja, selbst Trudi lächelt. Hinter den Hecken am Rand des Hotelparks klatschen die Einheimischen. Sie rufen *bravi, bravi!*

4

Frieda würde lieber bleiben, Herbst 1930

Frieda würde lieber bleiben. Doch das Hotel wird bald schließen, und anderswo in Lugano kann man nicht unterkommen, nicht im Winter, sagt Vater, das weißt du doch. Im gesamten Tessin ist zur Winterzeit kein Auskommen. Und nach Magliaso zurück will auch sie nicht, natürlich nicht.

Durch die beiden runden Fenster fällt das Licht wehmütiger als sonst ins Zimmer. Herbstlicht ist Reiselicht, sagt Franz jeden Morgen, wenn die Köchin das Konfitüreglas auf den Küchentisch stellt. Sie sollten längst weg sein. Die Brüder können es kaum erwarten. Nach Luzern!, sagt To verheißungsvoll, als wäre es ein Zauberwort. Frieda sitzt mit Mutter und Trudi auf dem Bett im Mädchenzimmer, die Herbstsonne wärmt ihr den Nacken. Sie befreit die Mandoline aus dem Wäscheknäuel auf dem Laken. Sie spielt den Lauf, der von der Sonne singt, die aufgeht bis zum Jüngsten Tag. *Und danach*, fügt Frieda ketzerisch an, *soll sie dann sterben?* Sie legt ihr Instrument weg. *So spiel doch weiter*, sagt Mutter. Später. Erst die Wäsche sortieren, sie sorgfältig falten, damit sie am neuen Ort wie frisch gebügelt daherkommt, oder fast. *Nun spiel schon, mach*, sagt Mutter, langt selbst nach dem Instrument, spielt Friedas Lauf von der Sonne, die aufgeht, aufgeht, aufgeht. Wenn Mutter spielt, klingt es nach fernem Rufen, Echo im Fels. Frieda hat ein Bein eingeschlagen, das andere hängt seltsam lang vom Bettrand. Sie ist gewachsen, das ist wahr, besonders die Beine, vielleicht auch nur der Abschnitt vom Knie bis zum Knöchel, der Unterschenkel scheint ihr eigentümlich langgezogen. Das will sie nicht. Wieso kann nicht alles so bleiben, wie es ist? Das gute Kleid wird bald zu kurz sein, und es spannt über der Brust. Beim letzten Auftritt sagte Vater: Nanu? Sie wusste nicht, war sein Blick verärgert oder vergnügt. Es ist kein Stoff mehr da, es auszulassen. Frieda will bleiben, wie sie ist und wo sie ist. Morgen geht es los, es gibt einiges zu tun. Wie soll sie da jetzt spielen. Die Mutter beginnt von vorn und singt den Bass, bricht ab. Sie will Vater fragen, ob Friedas Stück nicht ins Wochenendrepertoire passt. Vater entscheidet. Vielleicht kann sie, Frieda, dann mit auf die Feenbühne in Luzern. Die Mutter will sie locken. Und wer schaut dann auf die Kleinen? *Kommt dann das Berti wieder zu uns?*, fragt Frieda. Sie streicht die Socken glatt, legt sie aufeinander. Trudi, die am Boden vor Friedas Schienbein kniet, plättet mit dem Eisen aus der Wäscherei die Kragen, verteilt, was reisebereit ist, in die Wäschestapel. Was auszubessern ist, geht an Mutter, die auf der Stuhlkante sitzend, weit zurückgebeugt, die Mandoline an der Brust, singt und spielt, statt zu flicken. Mutter freut sich auf den Wandgemäldesaal in Luzern. Im Wirtshaus am Bahnhof spielt man nun, und das hat wirklich so in der Zeitung gestanden, die der Wirt schickte, vor einem übermenschengroßen Wandbild, das aber kein Alpenpanorama mimt und kein Dorf mit Kirche und Brunnen, nein: Schlanke Frauenwesen wehen wie vom Wind getragen im Rücken der Musikanten vorbei, wenn sie auf der Bühne stehen. Die bemalte Wand wirft den Klang wie vom Berg zurück in den Saal, schreibt der Wirt, und die Musiker auf der Bühne hören sich spielen, als säßen sie gleichzeitig unten im Saal. Man ist hier und das Ohr ist dort. Trudi wird mitspielen, an den Wochenenden selbst To. Als Familienkapelle, urschweizerisches Volk vom Berg, so sind sie angekündigt, werden sie vor den Fe-enwesen zum Tanz aufspielen, urchig, und die Leute denken, sie seien eben von der Alp herabgestiegen, wo man solches spiele. Allein für den Felsen und für die Kuh. Vor dem Wandbild würde Frieda auch gern spielen. Das Publikum sei, schwärmt Mutter, wie man es sich nicht besser wünschen kann: Musikantenkollegen aus dem Luzerner Umland und ihre Frauen, und Jodlerinnen und ihre Musikantenmänner. Wird das ein Wiedersehen! Außerdem Touristen von der Art des Dirigentenpaars: vornehme Leute. Vor allem Engländer, aber auch Holländer, die den Musikern einen ausgeben. Mutters Miene verdunkelt sich. Frieda weiß, sie wird achtgeben müssen, dass Vater nicht zu viel trinkt.

Sie werden mit der Bahn über den Gotthard fahren. Im Luzernischen will Vater zwei Wagen bauen lassen, während sie in der Stadt logieren. Und ein Pferd kaufen. So ist das. Zwei Wagen und ein Pferd für alle Fälle. Es sind keine Socken und Unterhosen mehr da, der Berg ist abgetragen. Frieda nimmt Tos Socke mit dem Loch vom großen Zeh. To würde lieber mit nackten Füßen in die Schuhe schlüpfen als mit Strümpfen, er hasst Strümpfe. Wie kann man sich nur auf einen Saal freuen oder Strümpfe hassen. – Warum auch nicht? Warum ist sie denn nur so mürrisch heute, auch etwas traurig.

Socken flicken kann sie gut.

Sie blickt hoch: Das Licht ist weg. Ein Schatten hat sich auf das Haus gelegt. Frieda folgt Mutters Blick, dreht sich dem Bullauge zu – blauer Himmel im Fenster, so dass Frieda das Bein an sich zieht, zum Fenster kriecht. Das Hotel erhebt sich hoch über die Häuser rundum, und ihre beiden Zimmer liegen ganz oben. Die Betten schmiegen sich mit dem Kopfteil an die Wand unter den Bullaugenfenstern. Frieda kauert am rechten Bullauge, sieht dem Schatten zu, der sich an der gegenüberliegenden Hauswand hinauffrisst, die erste Etage hinter sich lässt, die zweite einnimmt, unter der Wachtmeisterwohnung verharrt. Wo der Junge wohnt, der diesen ernsthaften Blick hat, und seine Schwester wohnt, das Mädchen mit dem schönen langen braunen Haar.

Kissen liegen zum Sonnen am Fensterbrett.

Das Mädchen heißt Giulia.

Das weiß sie schon lange. Sie hat gehört, wie der Bruder sie bei diesem schönen Namen rief.

Sie hätte Giulia gern zur Freundin, wie früher Esther.

An den Samstagen hat sie Giulia manchmal zwischen den applaudierenden Einheimischen gesehen. Manchmal auch nur den Bruder. Die Bühne im Hotelgarten ist lange schon abgebaut. Sie treten nicht mehr auf, und Giulia und ihr ernsthafter Bruder denken, sie seien fort. Es ist wichtig, daheim Pferd und Wagen zu besitzen, sagt Vater. Für alle Fälle, man muss mobil bleiben, sagt der Vater.

Der Onkel hat bereits eine Wohnung besorgt. Ihr Pferd und den Wagen werden sie beim Bauern unterstellen, das koste nichts, weil das Pferd dort ja auch arbeite, und wenn sie es bräuchten, könnten sie es jederzeit abziehen, sagt Vater. Frieda zweifelt, ob denn das alles auch so klappen wird. Es wäre schön, wenn Giulia und der Ernsthafte wüssten, dass sie noch immer da sind. Sie hockt am Fenster, kringelt eine Locke ihres viel zu kurzen Haars um den Zeigefinger. Kurze Haare sind praktisch, ganz besonders auf der Reise, das mag sein. Auch wegen der Läuse. Kurze Haare, sagt Mutter, seien modern. Wir sind doch keine Bäuerinnen mit

Zöpfen, sagt Mutter – als wäre Giulia mit dem schönen langen Haar eine Bauerntochter.

Es würde Frieda gefallen, wenn Giulia wüsste, dass sie jetzt hier oben Socken sortiert, im eleganten Hotel.

Jemand war noch im Sommer zum Direktor gekommen: Die Musikantenkinder müssten zur Schule, die Sommerferien seien vorbei. Der Direktor sagte, macht Euch keine Sorgen. Die sind schon fast weg. Sie werden im Norden der Alpen überwintern, dort die Schule besuchen; für die paar Wochen eingeschult zu werden, lohne sich nicht. Friedas Haar ist wieder fast blond von den Tagen am Seeufer, ihre Haut von einem nougatbraunen Schimmer. In der Schule würde sie vielleicht neben Giulia sitzen. Im Hotel sind ein Zimmermädchen, der nette Kellner und die Köchin zurückgeblieben, sie versorgen das norddeutsche Paar, das nirgendwo erwartet wird, denn sie sind alt. Und To sagt, ein Kind im Rollstuhl müsse wohl auch nicht zur Schule. Manchmal singt es oder summt, wenn sie spielen.

Vater wird zwei Wagen bauen lassen, weil Jungen und Mädchen nicht im gleichen Gefährt schlafen sollen. Auch hier, in Lugano, gibt es das Mädchenzimmer, wo die Eltern und die Mädchen schlafen, und das kleine Zimmer, für die Buben. Wobei Rosa morgens zu To ins Bett schlüpft und das Gritli ihr hinterher.

Kann denn ein Pferd zwei Wagen ziehen?

Die Kissen der Wachtmeisterfamilie sind weg, das Fenster geschlossen. *Und, wie sieht es denn nun aus?*, fragt Mutter. Frieda öffnet das Bullauge, streckt den Kopf aus dem Fenster, Blick nach oben. Die Luft ist warm und träge, windstill. Der Wind hat die Wolke über ihrem Dachzimmer abgesetzt und sich davongemacht, und da hängt sie nun, groß, starr. Von der Farbe abgestandener Milch. Der Wolke wachsen Eselsohren.

Morgen brechen sie auf.

Die Autorin dankt

Ich danke dem Historiker und Schriftsteller Thomas Huonker für die Beantwortung zahlloser Fragen während vieler Jahre. Der Kenner einer Schweizer Geschichte, die erst punktuell veröffentlicht ist, außerdem Autor historischer Schriften über Jenische, unter anderem des derzeit vergriffenen, aber online verfügbaren Werks »Fahrendes Volk«, hat mein Rohmanuskript auf Faktenfehler und Fehlinterpretationen durchgesehen. Falls mir in der Überarbeitung doch noch ein Fehler unterlaufen sein sollte, ist dies einzig mir anzulasten.
Ich danke allen, die mir Einblicke in jenische Lebensweisen gegeben haben; so danke ich besonders meiner Tante Frieda Boll, geborene Huser, Kauffrau, die im hohen Alter starb, noch bevor ich den Roman beenden konnte. Anregungen und wertvolle Hinweise verdanke ich auch Venanz Nobel, der Autor und Jenischer ist wie ich, im Gegensatz zu mir aber das reisende Leben aus eigener Anschauung und darüber hinaus die jenische Sprache kennt.
Der Historiker Rolf Wolfensberger hat mir Red und Antwort gestanden in meiner Auseinandersetzung mit seinen Schriften über Heimatlose, außerdem mit der von ihm als Coautor verfassten Publikation über die Fahndungsfotografien von

Carl Durheim, wofür ich ihm herzlich danke. Dem Historiker Thomas Meier danke ich für die Beantwortung meiner damals sehr dringlichen Fragen zur Studie »Das Hilfswerk für die Kinder der Landstrasse«, die er mitverfasst hat. Dem Historiker Angelo Garovi wiederum bin ich für die Orientierungshilfe in der Geschichte von Ob- und Nidwalden dankbar.

Ich habe in vielen Archiven von kundigen Experten und Mitarbeitenden Unterstützung erhalten; insbesondere danke ich Patric Schnitzer in St. Gallen, der mich auf die Akte Huser-Schöffel aufmerksam gemacht hat, in Sarnen Willi Studach, der in seinen Beständen eine Schachtel mit der Aufschrift »Huseriana« entdeckte (darin eine Aktensammlung zur Vorbereitung der Schiedsgerichte von 1842/43); ebenso danke ich dem früheren Landschreiber von Küssnacht Wolfgang Lüönd, der mir neben dem örtlichen Archivkeller die Stelle am See zeigte, wo einst das Armenhaus der Gemeinde stand.

Ich danke meinen Geschwistern und allen Freundinnen und Freunden, die sich Lesungen aus dem Manuskript angehört und mir ihre Eindrücke zurückgegeben haben, insbesondere meiner Schwester Daniela Huser, Kommunikationsexpertin und Tänzerin, mit der ich mich über so manches gestalterische Problem auslassen konnte, Fee Liechti, die mich in einer fragilen Phase des Schreibens mit dem Blick einer erfahrenen Filmcutterin stützte, und den Filmautorinnen Irene Loebell und Viola Stephan, die die ganze erste Fassung meines Rohmanuskripts mit mir durchgegangen sind. Und ich danke Andreas Hoessli, Filmautor, meinem Mann und wichtigsten Kritiker, der mich in der gesamten Entstehungsgeschichte der Nachforschungen und des Romans begleitet hat.

Dank der vertrauensvollen, belastbaren Zusammenarbeit mit

meinem Verleger Ricco Bilger und dank der Arbeit am Text mit dem unter anderem als Verleger mit der »Anderen Bibliothek« befassten Christian Döring, der das Manuskript lektorierte, hat mein Roman sehr gewonnen und ist zu diesem von Dario Benassa gestalteten Buch geworden.

Isabella Huser
Zürich, im März 2021

Foto: Daniela Huser

Isabella Huser, in die Schweiz der 1960er-Jahre hineingeboren, studiert Übersetzung an der Dolmetscherschule Zürich, lebt als Übersetzerin in Mailand, ist in Locarno und Vevey in verschiedenen Funktionen im Filmbereich tätig. Sie ist Produzentin international beachteter Dokumentarfilme wie »Epoca – The Making of History«, den sie gemeinsam mit ihrem Mann Andreas Hoessli realisierte.
2008 erscheint im Bilgerverlag ihr Roman »Das Benefizium des Ettore Camelli«.

Isabella Huser, Tochter einer italienischen Lehrerin und eines jenischen Musikers, beginnt bald nach der Veröffentlichung ihres ersten Romans, über die Schicksale ihrer jenischen Vaterfamilie zu recherchieren. Die Nachforschungen und Arbeiten an ihrem zweiten Roman sollten 10 Jahre dauern. Sie lebt heute als Autorin und Übersetzerin in Zürich und Berlin.

1. Auflage 2021 / 2. Auflage 2023

Die Arbeit der Autorin an diesem Roman wurde mit den folgenden Beiträgen gefördert: Werkbeitrag des Kantons Zürich, Werkbeitrag der Schweizer Kulturstiftung Pro Helvetia, Atelierstipendium Berlin der Kulturstiftung Landis & Gyr.

Der bilgerverlag wird im Rahmen des Förderungskonzeptes zur Verlagsförderung in der Schweiz vom Bundesamt für Kultur mit einem Förderbeitrag für die Jahre 2021 – 2024 unterstützt.

Lektorat: Christian Döring

Satz, Buch- und Umschlaggestaltung: Dario Benassa, d.a.b.studio

Druck: Finidr s.r.o.

ISBN 978-3-03762-093-9

9 783037 620939